Medick/Waffenexporte und auswärtige Politik
der Vereinigten Staaten

Waffenexporte und auswärtige Politik der Vereinigten Staaten

Gesellschaftliche Interessen und politische Entscheidungen

Monika Medick

1976

Verlag Anton Hain · Meisenheim am Glan

CIP-Kurztitelaufnahme der Deutschen Bibliothek

Medick, Monika
Waffenexporte und auswärtige Politik der Vereinigten Staaten: gesellschaftl. Interessen u.
polit. Entscheidungen. — Meisenheim am Glan:
Hain, 1976.
    ISBN 3-445-01395-0

D 30

© 1976 Verlag Anton Hain Meisenheim GmbH
Herstellung: Hain-Druck KG, Meisenheim/Glan
Printed in Germany
ISBN 3-445-01395-0

VORWORT

Die beiden wissenschaftlichen Disziplinen, deren Gegenstand
die internationale Gesellschaft der Gegenwart ist, bieten dem
Beobachter das Bild feindlicher Brüder; sie bekämpfen sich
nicht nur, sondern sind auch bestrebt, ihre Verwandtschaft zu
leugnen. Die Friedensforschung teilt dennoch mit den Internationalen Beziehungen das erkenntnisleitende Interesse, um dessen
vermeintlicher Preisgabe willen sie diese so heftig attackiert:
die Frage nach den gesellschaftlichen Ursachen von Kriegen.

Umschreibt das Schlagwort vom Primat der Außenpolitik das
eine Extrem, dem sich das Verhältnis von gesellschaftlicher
Organisation und Außenverhalten annähern kann, so weist das
traditionelle Verständnis der Vereinigten Staaten in entgegen-
gesetzte Richtung; hier vermutete man eher die Unterordnung
der auswärtigen Beziehungen unter innergesellschaftliche, vor
allem ökonomische Interessen. Die vorliegende Studie versucht,
mit der Analyse der Rüstungsexport-Politik einen kleinen Beitrag zur Bestimmung dieser Wechselbeziehung zu leisten.

Die Publikation ist eine überarbeitete und im Anmerkungs-
apparat und Dokumentarteil gekürzte Fassung einer Arbeit, die
vom Fachbereich Gesellschaftswissenschaften der Universität
Frankfurt im Wintersemester 1974/75 als Dissertation angenommen wurde.

Die Niederschrift wurde im November 1974 abgeschlossen,
auf der Basis einer Datensammlung, die mit dem amerikanischen
Haushaltsjahr 1971 endete. Die Angaben über Umfang und Zusammensetzung der Rüstungsexporte wurden bis zum Haushaltsjahr
1973 bzw. 1974 vervollständigt; neuere Daten auf der gleichen
Berechnungsgrundlage sind noch nicht zugänglich. Die Konsequenzen der jüngsten Entwicklung werden in Kap. 1 und 2
zusammenfassend kurz erörtert; die Datenbasis mehr als nur
selektiv zu erweitern war jedoch unmöglich.

Eine Rechtfertigung für diese Vorgehensweise liegt in der
Struktur der amerikanischen Rüstungsexport-Politik selbst,
zeichnet sie sich doch ungeachtet der beträchtlichen Ausweitung der Waffenexporte seit 1973 durch ein erhebliches Maß an

Kontinuität in den Zielen und im Entscheidungsprozeß aus.
Hier liegt das Erkenntnisinteresse der Studie, und aus dieser
Sicht erweist sich nicht die Energiekrise, sondern der Beginn
der Ära Nixon als der politisch bedeutsame Einschnitt. In den
Jahren 1969 und 197o hat die Rüstungsexport-Politik im Rahmen
des umfassenden außenpolitischen Konzepts der sog. Nixon-
Doktrin die Züge erhalten, die sie auch heute noch charakte-
risieren.

Mein Dank gilt der Stiftung Volkswagenwerk, die mir den
für die Materialsammlung unerläßlichen Forschungsaufenthalt
in den Vereinigten Staaten ermöglichte; der Deutschen Gesellschaft für Friedens- und Konfliktforschung für die Förderung
des Forschungsprojekts "Bedingungsfaktoren der amerikanischen
Rüstung und Außenpolitik" an der Hessischen Stiftung Friedens-
und Konfliktsforschung; ganz besonders aber Ernst-Otto Czempiel,
Gert Krell und Manfred Knapp.

Trier, im Mai 1976   Monika Medick

I N H A L T

Verzeichnis der Abkürzungen[+] und Siglen

Abkürzungen

ACDA	-	U.S. Arms Control and Disarmament Agency
AFMA	-	Armed Forces Management Association
AID		U.S. Agency for International Development
APSA	-	American Political Science Association
b.o.p.	-	balance of payments
EDIP	-	European Defense Improvement Program
D.	-	Democrat
DIAC	-	Defense Industry Advisory Council
Doc.	-	Document
DOD	-	Department of Defense
FMS	-	Foreign Military Sales
FY	-	Fiscal Year (1. Juli des vorangegangenen bis 3o. Juni des laufenden Kalenderjahres)
GAO	-	General Accounting Office
GPO	-	Government Printing Office
H.R.	-	House of Representatives
ILN	-	Office for International Logistics Negotiations, DOD
ISA	-	International Security Affairs Division, DOD
JCS	-	Joint Chiefs of Staff
MAAG	-	Military Assistance Advisory Group
MAP	-	Military Assistance Program
MASF	-	Military Assistance Service Funded
MIC	-	Military-Industrial Complex
NASA	-	National Aeronautics and Space Administration

+) Die Namen der amerikanischen Bundesstaaten wurden nicht aufgenommen.

NSIA	-	National Security Industrial Association
P.L.	-	Public Law
R.	-	Republican
Rep.	-	Representative
S.	-	Senate
Sen.	-	Senator
SIPRI	-	Stockholm International Peace Research Institute
Stat.	-	United States Statutes at Large
USA	-	U.S. Army
USAF	-	U.S. Air Force

Siglen

AFM	-	Armed Forces Management
APSR	-	American Political Science Review
CR	-	Congressional Record
CQ	-	Congressional Quarterly
DIB	-	Defense Industry Bulletin
DoSB	-	Department of State Bulletin
EA	-	Europa-Archiv
FP	-	Foreign Policy
JoCR	-	Journal of Conflict Resolution
JoPR	-	Journal of Peace Research
MER	-	Military Export Reporter
NPL	-	Neue Politische Literatur
PSQ	-	Political Science Quarterly
PVS	-	Politische Vierteljahresschrift

SZ   –   Süddeutsche Zeitung

TIAS   –   Department of State, Treaties and Other International Agreements

WP   –   World Politics

Verzeichnis der Tabellen, Schaubilder und Übersichten im Text

Schaubilder und Übersichten

Personenverzeichnis[+]

Alne, Leonard	–	Director, Red Team, ILN
Barr, Joseph W.	–	Under Secretary of the Treasury
Bell, David	–	Administrator, AID
Bundy, William P.	–	Deputy Assistant Secretary of Defense, ISA
Feigl, Peter	–	Director, Grey Team, ILN
Gownley, Hugh J.	–	Director, White Team, ILN
Hoopes, Townsend	–	1964-1967 Deputy Assistant Secretary of Defense, ISA; 1967-1969 Under Secretary of the Air Force
Johnson, U. Alexis	–	Under Secretary of State for Political Affairs
Kitchen, Jeffrey	–	Deputy Assistant Secretary of State for Politico-Military Affairs
Kuss, Henry J.	–	1962-1969 Leiter des Office for International Logistics Negotiations bis 1964 Special Assistant, ILN, to the Assistant Secretary of Defense, ISA; 1964-1969 Deputy Assistant Secretary, ILN
Pickering, Thomas	–	Deputy Assistant Secretary of State for Politico-Military Affairs
Rostow, Eugene	–	Under Secretary of State for Political Affairs
Sloan, Frank K.	–	Deputy Assistant Secretary of Defense, ISA
Tyler, William P.	–	Assistant Secretary of State for European Affairs

---

+) Aufgeführt werden die zitierten Mitglieder der amerikanischen Administration unterhalb der Secretary-Ebene.

Warnke, Paul C.   - Assistant Secretary of Defense, ISA

Warren, Robert H.   - Lt. Gen., seit 1969 Deputy Assistant
                            Secretary for Military Assistance and
                            Sales (Nachfolger von Kuss)

Wood, Robert J.   - Gen., Director of Military Assistance,
                            Department of the Army

1. DIE RÜSTUNGSEXPORT-POLITIK: FRAGESTELLUNG, GEGENSTAND, ANALYTISCHE KONZEPTE

1.1 Die Fragestellung

Die Beschäftigung mit dem Zusammenhang von Gesellschaft und
Außenpolitik läßt sich unmittelbar auf ein gesellschaftliches
Interesse zurückführen: die Suche nach den Ursachen von Kriegen und den Möglichkeiten ihrer zukünftigen Verhinderung. Sie
war Ansatzpunkt in den staatsphilosophischen, historischen und
soziologischen Werken, die sich zunächst mit diesem Problem
auseinandersetzten, und sie war und ist wichtigstes erkenntnis-
leitendes Interesse für die politikwissenschaftliche Spezial-
disziplin der Internationalen Beziehungen und für die Friedensforschung [1].

Es ist kein Zufall, daß erst im Europa der Neuzeit Kriege
als gesellschaftliche Phänomene begriffen und damit der Versuch unternommen werden konnte, die Bedingungen ihrer Entstehung sowohl im Verhältnis der Staaten untereinander als auch
- und das ist das Neue - innerhalb der staatlich organisierten
Gesellschaften aufzusuchen. Mit der Entstehung der europäischen
Staatenwelt der Neuzeit, der Funktionsdifferenzierung, besonders
der Herausbildung eines separierten Bereichs des Militärischen, und mit der Entwicklung des kapitalistischen Wirt-
schaftssystems wurde es möglich, Kriege als eine unter einer
Anzahl anderer Funktionen und Verhaltensweisen der Staaten zu
begreifen und diese untereinander in Beziehung zu setzen [2]. Die
Erfahrungen des 3ojährigen Krieges, der selbst ein Moment in
diesem historischen Umwandlungsprozeß gewesen ist, haben, wie
die Schriften von Hobbes und Pufendorf zeigen, als auslösen-
der Faktor eine wichtige Rolle gespielt.

Neu und charakteristisch für diese ersten Beschäftigungen
mit dem Krieg als gesellschaftlichem Phänomen ist nicht so
sehr seine Verknüpfung mit der Organisation der Staatenwelt,
wie sie bei Hobbes noch weitgehend im Mittelpunkt steht; neu
ist vielmehr, daß ein Zusammenhang hergestellt wird zwischen

dem Krieg als spezieller Variante staatlichen Außenverhaltens
und der inneren Organisation der staatlich verfaßten Gesellschaften[3]. Bei Adam Smith wird Kriegführung bezogen auf parti-
kulare gesellschaftliche Interessen und verschiedene Funktions-
bereiche, vor allem ökonomische Organisation und Herrschafts-
sicherung. Den Krieg gegen die amerikanischen Kolonien führt
er auf die Interessen bestimmter ökonomischer Gruppierungen
innerhalb der britischen Gesellschaft zurück und stellt diesen
ein hypothetisches Gesamtinteresse, die ökonomische Wohlfahrt
der britischen Nation, gegenüber, das durch diesen Krieg nachweislich geschädigt werde. Auch eine rudimentäre Soziologie
des Militärs in der bürgerlichen Gesellschaft findet sich bei
Adam Smith[4].

1.11 Internationale Beziehungen und Friedensforschung

Für die Konstituierung der Internationalen Beziehungen als
eigenständige Disziplin[5] waren die Erfahrungen des Ersten
Weltkriegs zentral. Die politische Notwendigkeit einer friedlichen Organisation der Staatenwelt bestimmte den Gegenstand,
während die organisatorische Lösung, der Völkerbund, Perspek-
tiven und Methoden präjudizierte.

In der Planungs- und Gründungsphase der Vereinten Nationen
wurde das Modell der kollektiven Friedenssicherung durch eine
Internationale Organisation zum zweiten Mal bestimmend für die
Fragestellung. Wie schon partiell in der Zeit nach dem Scheitern des Völkerbunds, so traten jedoch mit der Entstehung des
Kalten Krieges und der Pervertierung der UNO zum Instrument in
der Auseinandersetzung der Supermächte wiederum die Ansätze
in den Vordergrund, die die Perspektive des internationalen
Systems zugunsten der außenpolitischen preisgaben. Die Internationalen Beziehungen wurden angesichts der Dominanz der
amerikanischen Forscher zu einer auch in der Perspektive, den
Wertmaßstäben und den Interessen amerikanisch bestimmten Wissenschaft[6]. Die Arbeiten der sog. realistischen Schule, namentlich ihres Hauptvertreters Hans Morgenthau[7], machen dies

ebenso deutlich, wie die Theorien des Gleichgewichts[8] und die
militärstrategisch orientierten Arbeiten zum Abschreckungs-
system[9].

Jenseits aller methodischen Differenzen bewegen sich zu
dieser Zeit die beiden prinzipiellen Richtungen, Traditionalis-
mus und Scientismus[10], doch auf der Basis eines Grundkonsensus.
Er läßt sich am leichtesten charakterisieren durch das, was
nicht erforscht wurde: die innergesellschaftlichen Bedingungs-
zusammenhänge und Rückwirkungen von Außenpolitik. Damit waren
drei Problemkreise praktisch ausgeblendet: inhaltlich die Frage
nach dem Beitrag der USA zur Entstehung des Kalten Krieges,
methodisch eine reflektierte Behandlung des Zusammenhangs von
Gesellschaft und Außenpolitik und damit auch - als Problem des
Erkenntnisinteresses und der gesellschaftlichen Standortbestimmung der Disziplin - eine Beschäftigung mit Frieden als
innergesellschaftlichem und intergesellschaftlichem Phänomen.

Innerhalb der Disziplin selbst wurde Mitte der 6oer Jahre
ein Korrekturimpuls sichtbar; er war zumindest teilweise Reflex
der Veränderungen im internationalen System, der Lockerung der
bipolaren Struktur und der Einleitung einer partiellen Kooperation der Supermächte[11]. Der Blick auf die innergesellschaftlichen Begründungszusammenhänge von Außenpolitik wurde damit
prinzipiell wieder freigegeben, wie sich an der Rezeption der
Ergebnisse der revisionistischen Schule der Geschichtswissen-
schaft und der Beschäftigung mit den Ursprüngen des Kalten
Krieges ablesen läßt[12].

Zur selben Zeit artikulierte die Friedensforschung - deren
Hervortreten als eigenständige Wissenschaft als Beweis für die
weitgehende Abdunkelung des Gegenstands und des Erkenntnisinteresses "Friede" in den Internationalen Beziehungen gelten
kann[13] - ihr Selbstverständnis in der Abgrenzung gegenüber der
traditionellen Disziplin. Mit den Internationalen Beziehungen,
wie sie nach dem Ersten Weltkrieg angetreten waren, hat die
Friedensforschung zwar das Erkenntnisinteresse gemeinsam,
nicht jedoch die Sichtweise des Gegenstands. Lagen für erstere
die Ursachen von Kriegen primär in der Organisation der Staatenwelt und damit in intergesellschaftlichen Konflikten, so ver-

lagert sich für letztere der Schwerpunkt eindeutig auf die innergesellschaftlichen Bedingungen von Kriegen[14].

Die polemische Abgrenzung gegenüber den Hauptströmungen der amerikanischen Disziplin, die sich in dieser neuen Akzentsetzung manifestiert, war zweifellos berechtigt, ja überfällig; nur schlug das Pendel zu weit nach der anderen Seite aus, und die Kritik kam in bezug auf Wissenschaftsverständnis, Gegenstand und Methoden vielfach einer Überreaktion gleich. Dies läßt sich vor allem an der Richtung des "revolutionary peace research" zeigen[15]. Kennzeichnet die traditionellen Internationalen Beziehungen eine Definition des Friedens als Absenz organisierter Gewaltanwendung zwischen Staaten, die von sozialen Inhalten weitgehend abstrahiert, so reduziert die revolutionäre Friedensforschung das Verständnis nach der anderen Seite: die globale Friedensproblematik wird von einem exklusiv innergesellschaftlich definierten Gerechtigkeitsbegriff abgedunkelt.

Die Analyse von struktureller Gewalt, Hunger und Ausbeutung im Weltmaßstab und der Entwurf von Strategien zu ihrem Abbau sind zweifellos vordringliche Aufgaben der Friedensforschung; aber da die Verbesserung der menschlichen Existenzbedingungen zunächst einmal voraussetzt, daß kollektiver Selbstmord nicht stattfindet, dürfen die Strategien die organisierte Gewalt zwischen Staaten weder legitimieren noch vorsehen. Die Gefahr einer Eskalation zum dritten Weltkrieg läßt sich sonst nicht ausschließen[16]. Damit wird jedoch nicht, wie zuweilen behauptet, einem Pazifismus um jeden Preis das Wort geredet. Das Revolutionsproblem, die Gewaltanwendung innerhalb staatlich organisierter Gesellschaften, wird von diesen Überlegungen nicht berührt.

Ebenso folgenreich für die wissenschaftliche Auseinandersetzung mit gesellschaftlicher Organisation und Außenpolitik ist, daß es auch in der neuen kritischen Theorie der Internationalen Beziehungen vergleichbare Tendenzen wie im "revolutionary peace research" gibt. Sie äußern sich in einem dezidierten Primat der Innenpolitik, einer Position, für die Außenpolitik die geradlinige "Fortsetzung von Innen- bzw. Gesellschaftspolitik mit anderen Mitteln" (Krippendorff)[17] ist und in deren Augen die sozio-ökonomische Struktur einer Einheit nicht nur ihr Außenverhalten wesentlich beeinflußt - das ist mittlerweile communis opinio -, sondern den einzigen und damit absolut determinierenden Bestimmungsfaktor von Außenpolitik überhaupt darstellt[18]. Eine Theorie der Internationalen Beziehungen, die die Frage nach dem Zusammenhang von Gesellschaft und Außenpolitik auf kategorialer Ebene vorentscheidet, indem sie einen der möglichen Bestimmungsfaktoren zum einzigen hochstilisiert, hat jedoch für eine systematische Erforschung der innergesellschaftlichen Bedingungen und Rückwirkungen von Außenpolitik genau die gleichen fatalen Konsequenzen, die der apologetischen Richtung der International Relations eigen waren: sie blockiert den wissenschaftlichen Fortschritt.

Zu den wissenschaftlichen Folgen dieser unbeabsichtigten Übereinstimmung kommen die politischen : die Beurteilung der amerikanischen Außenpolitik seitens der Verfechter einer Pax Americana und eines Teils ihrer marxistischen Kritiker bietet ein ausgezeichnetes Beispiel dafür[19]. Beide halten das Informal Empire für ein zwangsläufiges Ergebnis, die einen des Nationalcharakters bzw. der politischen Bestimmung der Vereinigten Staaten, die anderen ihrer ökonomischen Organisation. Wenn aber außenpolitisches Verhalten in dieser Weise determiniert ist, dann kann es keinen Spielraum für Reformen geben, graduelle innergesellschaftliche Veränderungen scheiden ebenso aus wie friedlicher Wandel im außenpolitischen Einzugsgebiet der Vereinigten Staaten, und was bleibt, ist Hypostasierung des Bestehenden oder Revolution.

1.12 Außenpolitik als Forschungsproblem

In der deutschen politischen Theorie wurde die Sichtweise des Verhältnisses von Innen- und Außenpolitik lange Zeit durch die These vom Primat der Außenpolitik[20] bestimmt; dagegen führte die andersartige politische Wirklichkeit in den Vereinigten Staaten und Großbritannien zu Forschungsansätzen, die das Problem mit einer charakteristischen Akzentverschiebung formulierten: sie thematisierten den Zusammenhang von gesellschaftlicher

und politischer Organisation - also der Basis von Innenpolitik,
verstanden als interne Herrschaftsausübung - und Außenpolitik[21].
Unterstellten diese Arbeiten auch naiverweise den demokratischen
Charakter der Außenpolitik von - ihrem Selbstverständnis nach -
demokratischen Systemen, so ist doch die Fragestellung im wesentlichen bis heute bestimmend geblieben. Die Sichtweise des Gegenstands hat sich allerdings in der Nachkriegszeit entscheidend
gewandelt, wiederum als Reflex der Veränderungen in der politischen Realität.

Zwischen den Industrienationen des westlichen Lagers erreichte die Interaktionsdichte eine neue Qualität; das Auftre-
ten einer Reihe nicht-staatlicher Akteure und grenzüberschrei-
tender Handlungszusammenhänge, unterhalb des außenpolitischen
Entscheidungsprozesses oder auf supranationaler Ebene angesiedelt, schränkte die Souveränität der nationalstaatlichen Akteure - besonders in Westeuropa - spezifisch ein und ließ die
strukturelle Differenz zwischen Innen und Außen, Akteur und
System, immer undeutlicher werden. Wurde dieser Befund, zumindest im Kern, allgemein akzeptiert, so waren doch die Schluß-
folgerungen in bezug auf die Analyse der beobachteten Phänomene
unterschiedlich.

Karl Kaiser fügt in seinem Konzept der transnationalen
Politik den Analyseebenen Akteur und System eine dritte, die
der grenzüberschreitenden Handlungssysteme, hinzu[22]; Außenpolitik und Innenpolitik werden als interagierende und sich wechsel-
seitig beeinflussende, aber doch strukturell verschiedene Bereiche aufgefaßt. Demgegenüber gehen Rosenau und Hanrieder[23] davon
aus, daß diese Differenzierung auch zu analytischen Zwecken un-
statthaft sei. Sie entwickeln ein spezifisches Instrumentarium,
mit dem sie der "linkage", der Verklammerung der vormals ge-
trennten Bereiche, habhaft zu werden suchen[24].

Mit "compatibility" als Maß für die Vereinbarkeit der außenpolitischen Zielsetzungen einer Einheit untereinander und mit
der Struktur des internationalen Systems und "consensus" als
Maß für die innergesellschaftliche Übereinstimmung über diese
Ziele entwickelt Hanrieder ein Doppelkonzept; für Rosenau dagegen erlaubt es das "issue area"-Konzept, den grenzüberschrei-

tenden Zusammenhang politischer Systeme getrennt nach Funktionsbereichen zu bestimmen und damit den je verschiedenen Ver-
knüpfungen und unterschiedlichen Graden der Penetration in den
einzelnen "issue areas" Rechnung zu tragen.

Gegen beide Ansätze lassen sich erhebliche inhaltliche und
methodische Bedenken vorbringen. Der gravierendste dürfte sein,
daß beide einen Sonderfall, die Interaktionsdichte des Subsystems
Westeuropa, zur Regel des Verhältnisses von Akteur und Umwelt
hochstilisieren. Ein solches Verfahren erscheint zunächst mit
Blick auf Asien, Lateinamerika, Afrika als äußerst bedenklich;
aber auch in den EG-Staaten existieren neben einigen Sektoren,
die in der Tat ganz oder partiell der Jurisdiktion der Einzel-
staaten entzogen sind[25], nach wie vor eine Mehrzahl wichtiger
Entscheidungsbereiche, die zwar keineswegs von externen Ein-
flüssen frei sind, sich aber dennoch mit gutem Recht als Innenpolitik bezeichnen lassen. Der zweite Einwand ist methodischer
Art: Da sich Sozialsysteme durch Ausgrenzung konstituieren,
erscheint es fraglich, ob sie sich ohne Rekurs auf die Unterscheidung zwischen Innen und Außen überhaupt analysieren lassen[26].

Mit dem Konzept der wechselseitigen Anpassung ("adaptation")
nationaler politischer Systeme und ihrer internationalen Umwelt
stellt Rosenau einen Zugang zur Verfügung, der zweifellos weiter führt[27]. Während ältere Ansätze häufig die Umwelt als Kon-
stante betrachteten und unberücksichtigt ließen, daß national-
staatliche Akteure ihr außenpolitisches Einzugsgebiet nicht
nur zwangsläufig strukturieren, sondern Veränderungen auch
planvoll anstreben können, wird hier gerade dieser Gesichtspunkt der aktiven Anpassung stärker in den Vordergrund gerückt.

Außenpolitik, also die Regulierung des grenzüberschreitenden
Austausches von Personen, Gütern und Informationen, bezieht notwendigerweise die internationale Umwelt zurück auf die internen
politisch-gesellschaftlichen Grundstrukturen, und vice versa.
Erfolgreiches adaptives Handeln eines politischen Systems
zeichnet sich dadurch aus, daß es die Ansprüche seiner internationalen Umwelt mit denen der eigenen Gesellschaft in Balance
hält. Aber nicht diese Definition, die vorab keinen Beitrag zur

Theoriebildung enthält, sondern lediglich eine neue Formulierung eines bekannten Forschungsproblems darstellt, ist das Interessante an Rosenaus Ansatz, sondern die vier Grundmuster des
adaptiven Verhaltens nationaler Akteure, die er entwickelt[28].

Das erste Muster ist das der "acquiescent adaptation" (füg-
same Anpassung), die dann vorliegt, wenn eine Einheit die eigenen politisch-sozialen Strukturen einseitig den Umweltanforde-
rungen anpaßt; so verhalten sich z.B. halbkoloniale Staaten.
"Intransigent adaptation" (unnachgiebige Anpassung) ist demgegenüber dadurch gekennzeichnet, daß die Einheit ihr außenpolitisches Einzugsgebiet einseitig den eigenen Interessen
anpaßt; in diese Kategorie fiele Hitler-Deutschland. "Promotive
adaptation" (fördernde Anpassung) bezeichnet ein Verhalten, das
sowohl die Umwelt als auch das eigene politisch-soziale System
im Sinne eines längerfristigen Plans aktiv verändern will.
"Preservative adaptation" (bewahrende Anpassung) schließlich
ist die konservative und kurzfristig agierende Variante der
doppelgleisigen Anpassung.

Innerhalb dieser Typologie werden jedem Grundmuster nicht
nur spezifische Ziele zugeordnet, sondern auch - freilich erst
ganz grob - die Mittel angegeben, mit denen sie in der Regel
realisiert werden. Es ist vor allem diese Relationierung von
Zielen und Mitteln, die es lohnend erscheinen läßt, den Adap-
tionsansatz weiter zu verfolgen.

1.13 Die Vereinigten Staaten: bürgerlich-liberale, kapita-
listische oder demokratische Außenpolitik?

Eine Analyse der amerikanischen Rüstungsexport-Politik, die die
Ergebnisse auf Hypothesen über gesellschaftliche Grundtatbe-
stände und Strukturmuster amerikanischen Außenverhaltens rückbe-
ziehen möchte, operiert innerhalb eines Diskussionszusammenhangs,
der wie kaum ein anderer in der Theorie der Außenpolitik und
der Internationalen Beziehungen durch bittere Kontroversen über
bestimmte Grundannahmen, Hypothesen und Erklärungen charakterisiert wird, der aber dessen ungeachtet - oder vielleicht

gerade deswegen - zahlreiche "Blindstellen" aufweist, wichtige,
aber weitgehend vernachlässigte theoretische und empirische
Probleme. Die Frage nach den spezifischen Ziel-Mittel-Kombina-
tionen in der Außenpolitik bürgerlich-demokratischer Systeme,
die den theoretischen Rahmen am umfassendsten beschreibt, führt
zugleich mitten in die Kontroverse. Eine Position, die sich dieser Formulierung bedient, zieht notwendig den Ideologieverdacht
des einen Lagers auf sich und hat sich noch glücklich zu schät-
zen, wenn ihr ein schlimmeres Verdikt erspart bleibt[29].

Bürgerlich-liberale Außenpolitik

Die ältere Soziologie, so Auguste Comte, Lorenz von Stein, auch
schon Adam Smith[30], hat die Frage nach den Charakteristika
bürgerlich-liberaler Außenpolitik in einer Weise beantwortet,
die nach den Erfahrungen des späten 19. und des 2o. Jahrhunderts
als zumindest voreilig bezeichnet werden muß: Der Übergang von
absolutistischen und autoritären Regimes zu bürgerlich-liberalen,
auf die Bedürfnisse der wirtschaftenden Individuen ausgerichteten Gesellschaftsverfassungen war für diese Theoretiker gleichbedeutend mit dem allmählichen Wegfall kriegerischer Auseinandersetzungen und einer friedlichen Organisation der internationalen Gesellschaft.

Interessant ist, daß sich Marx und in seinem Gefolge Lenin[31]
methodisch gesehen genau des gleichen Verfahrens der geradlini-
gen Extrapolation innergesellschaftlicher Entwicklungstendenzen
auf die Beziehungen zwischen den Staaten bedienen; die unterschiedlichen Prognosen über die Zukunft zwischenstaatlicher
Konflikte sind das Ergebnis der verschiedenen Konzeptionen der
innergesellschaftlichen Entwicklung des Kapitalismus. Die Metho-
de ist angreifbar, doch die zugrunde liegende Hypothese einer
spezifischen Mittelpräferenz bürgerlich-liberaler Systeme hat
nichts von ihrer Berechtigung eingebüßt; sie zu leugnen wäre
gleichbedeutend mit der Behauptung, daß zwischen der politisch-
gesellschaftlichen Struktur einer Einheit und ihrer Außenpolitik kein Zusammenhang besteht.

Kapitalistische Außenpolitik

Der interessanteste unter den Entwürfen, die Außenpolitik
- oder eine spezifische Variante, Rüstung, Krieg, ökonomischen
Expansionismus - geradlinig auf die ökonomische Organisation
einer staatlich verfaßten Gesellschaft zurückführen, ist zweifellos die klassische Imperialismustheorie[32]. Sie bietet eine
plausible Erklärung für das Verhalten bestimmter kapitalistischer Staaten in einem genau zu beschreibenden Stadium ökonomischer Entwicklung; in bezug auf ihren weitergehenden Anspruch,
den einer allgemeinen Theorie der Außenpolitik kapitalistischer
Staaten, kann sie nur als scharfsinnige, vorab jedoch nicht ausreichend getestete Hypothese gelten. Die verschiedenen Neo-
Imperialismustheorien[33] bleiben nicht selten sowohl in ihrem
theoretischen Gehalt als auch in dem, was sie an empirischer
Analyse bieten, erheblich hinter ihrem Vorbild zurück; sie sind
nicht nur nicht zureichend getestet, sondern oft genug auch
ihrer Anlage nach untestbar.

Angesichts der Verdienste der klassischen Imperialismustheorie erscheint der Versuch, im Rückgriff auf sie eine neue,
kritische Theorie der Internationalen Beziehungen zu begründen,
als durchaus gerechtfertigt; umso mehr, wenn man die Vernachlässigung ökonomischer Faktoren in Rechnung stellt, die für die
amerikanische Forschung der 5oer und 6oer Jahre durchgängig
charakteristisch war und teilweise noch ist. Die von deutscher
Seite bis jetzt vorliegenden Versuche schöpfen jedoch die Möglichkeiten, die in einer kritischen Überprüfung des Einflusses
der ökonomischen Organisation einer Einheit auf deren Außenverhalten und - so möchte man hinzufügen - des Stellenwerts
ökonomischer Zielsetzungen und Instrumente im außenpolitischen
Ziel-Mittel-Arsenal liegen, keineswegs aus[34]. Der Vorwurf man-
gelnder Differenziertheit, mit dem sie die traditionellen Internationalen Beziehungen amerikanischer Provenienz mit Recht
belegen, kann ihnen selbst nicht erspart werden. Ein Theorem,
das die Struktur des internationalen Systems exklusiv auf das
Prinzip der kapitalistischen Produktionsweise zurückführt, ist
nicht nur bar jeder empirischen Überprüfbarkeit; es fällt auch
theoretisch hinter den Diskussionsstand der vielgeschmähten

bürgerlichen Wissenschaft der Internationalen Beziehungen zurück. Das wird ohne weiteres deutlich, wenn man die Arbeiten
Stanley Hoffmanns[35] zum Vergleich heranzieht, der sich, ebenso
wie die ihrem Selbstverständnis nach kritische Richtung, histo-
risch-soziologischer Methoden bedient.

Demokratische Außenpolitik

Eine begrenzte Anzahl von Arbeiten befaßt sich explizit mit dem
Problem demokratischer Außenpolitik. Unter dieser Fragestellung
untersuchen einige ältere Arbeiten im wesentlichen die Außenpolitik von - ihrem Selbstverständnis nach - demokratischen
Systemen, vor allem der USA und Großbritanniens[36]; in anderen
Analysen steht dagegen die Frage nach den Kriterien im Vordergrund, die es gestatten, eine Außenpolitik als demokratisch zu
bezeichnen, und nach den Faktoren, die fördernd oder begrenzend
auf eine solche Politik einwirken[37].

Diese Arbeiten analysieren in der Regel außenpolitische Entscheidungsprozesse innerhalb der staatlich organisierten Gesellschaft, vor allem den Einfluß der Legislative und der öffentlichen Meinung und die Möglichkeiten seiner Erweiterung, unter
dem Gesichtspunkt demokratischer Kontrolle; die Rahmenbedingungen des internationalen Systems und die multinationalen Prozesse,
die nationale Entscheidungssysteme übergreifen oder unterlaufen,
werden demgegenüber nur unzureichend berücksichtigt[38], obwohl
sie die Kontrollmöglichkeiten von Parlament und Öffentlichkeit
nachhaltig beeinflussen können.

Aber auch mit einer Analyse des Entscheidungsprozesses, die
die externen Bestimmungsfaktoren mit einbezieht, wäre die Frage
nach den Kriterien demokratischer Außenpolitik erst zur Hälfte
beantwortet. Mehrheitsentscheidungen, das verfassungs- und
gesetzeskonforme Zustandekommen einer Politik und ihre Kontrolle
durch die dafür vorgesehenen Organe sind die notwendige, nicht
jedoch die hinreichende Bedingung demokratischer Außenpolitik.
Die Analyse demokratischer Kontrolle bedarf der Ergänzung durch
die Bestimmung der demokratischen Norm, in Gestalt von Kriterien, die es gestatten, eine Politik als inhaltlich demokratisch - und das heißt in Zielsetzung und Instrumenten - zu be-

zeichnen. Diese zweite Dimension wird in der wissenschaftlichen
Diskussion jedoch weitgehend vernachlässigt; demokratische
Außenpolitik wird mit demokratisch kontrollierter und legiti-
mierter Außenpolitik gleichgesetzt[39].

1.2 Gegenstand und analytische Konzepte: Ziele und Instrumen-
te, gesellschaftliche Interessen und Einflußverteilung
in der Rüstungsexport-Politik

1.21 Der Gegenstand: Rüstungsexporte als Segment der amerika-
nischen Rüstungspolitik

Für die Fragestellung "gesellschaftliche Interessen und
Außenpolitik" ist Rüstungspolitik[40] ein besonders lohnendes
Feld der Analyse. Als auswärtige Militärpolitik kann sie von
den Bedingungen außerhalb der Einheit und dem Verhalten der
anderen Akteure nicht isoliert werden; insofern ist sie Außenpolitik. Andererseits stellt sie einen integralen Bestandteil
des internen Interessengeflechts und der sozio-ökonomischen
Bedingungsstruktur in der Einheit dar; insofern ist sie auch
Innenpolitik, und ihre Bedeutung für die Binnenstruktur der
staatlich organisierten Gesellschaft ist um so größer, je
stärker die ökonomische Bedeutung der Rüstungsproduktion[41] und
je größer die Rolle des Militärs in der politisch-sozialen
Tradition der Einheit war und ist[42]. Daß der Binnenbezug von
Rüstung in seinem Ausmaß auch von der Zielsetzung der Einheit
im Hinblick auf ihre Umwelt und vom Maß ihrer internationalen
Verflechtungen abhängt, wird im Falle der Vereinigten Staaten
besonders deutlich.

Mit minimalen Außenkontakten und der Ablehnung von "entangling alliances"[43] angetreten, führte erst der Eintritt in
den Ersten Weltkrieg die USA zu einer anderen Großmächten ver-
gleichbaren Militärmacht - wenn man einmal von der Ausnahme
der Marine absieht. Wie in der Zwischenkriegszeit der Umfang
der militärischen Organisation und der Anteil des Rüstungshaushalts am Bruttosozialprodukt wiederum auf den Vorkriegsstand
zurückgingen[44], so blieb auch die innergesellschaftliche Be-

deutung des Militärs gering, was sich in niedrigem Sozial-
prestige und Nicht-Zugehörigkeit zu den politisch-gesellschaftlichen Eliten ausdrückte. Erst mit dem Zweiten Weltkrieg änderte sich dies: Die qualitative Zunahme der weltweiten "commitments" der Vereinigten Staaten[45] und ein ebensolches Anwachsen
ihres Verteidigungshaushalts[46] wurden begleitet von einer Veränderung des gesamtgesellschaftlichen Stellenwerts des Militärs.
Die Aufhebung seiner gesellschaftlichen Segregation, zunehmende
Angleichung der sozialen Herkunft und des Ausbildungsstandes
des Offizierskorps an die gehobenen zivilen Positionen und
schließlich die Aufnahme in den Kreis der politisch-gesellschaftlichen Eliten sind Ausdruck dieser Entwicklung[47].

In der jüngeren Forschung ist die außenpolitische Dimension
von Rüstungspolitik hinter der Beschäftigung mit ihren innergesellschaftlichen Bedingungen und Rückwirkungen erheblich
zurückgetreten[48]. Angesichts der vorwiegend amerikanischen Wis-
senschaftspraxis, die bis in die 6oer Jahre weitgehend im
Schatten des Kalten Krieges stand und dementsprechend die Struktur der eigenen Gesellschaft bei der Behandlung von Rüstung
ausklammerte, liegt dieser Schwerpunktverlagerung ein be-
rechtigtes Interesse zugrunde. Seine Verfolgung darf jedoch
nicht dazu führen, daß nun der Außenbezug von Rüstung abgedunkelt oder einfach zur Quantité négligeable erklärt wird.
Rüstungspolitik - und das gilt zunächst ganz allgemein und
unabhängig von der gesellschaftlichen Binnenstruktur des in
Frage stehenden Akteurs - läßt sich nach Entstehungsbedingungen
und Inhalten nur dann erklären, wenn man die innergesellschaftliche und die außenpolitische Dimension berücksichtigt. Erst
jenseits von Aussagen wie der, daß Rüstung "im wesentlichen
innenbestimmt"[49] sei, beginnen die interessanten Fragen; nach
den unterschiedlichen innergesellschaftlichen Bedingungsfaktoren und Rückwirkungen von Rüstungspolitik, nach den außenpolitischen bzw. systemischen Bedingungen, nach der Größenordnung, d.h. dem relativen Einfluß der beiden Dimensionen und
nach der Art und Weise, wie sie interagieren.

Im Mittelpunkt dieser Arbeit steht ein Segment der amerikanischen Rüstungspolitik: die Verkäufe militärischer Güter
an ausländische Regierungen oder Internationale Organisationen

im Rahmen der militärischen Auslandshilfe[50].

Das Auslandshilfe-Gesetz von 1961 (Foreign Assistance Act of 1961, as Amended)[51] autorisiert neben Schenkungen ("grants") auch Verkäufe ("sales") von Waffen und militärischen Gütern[52] als Instrumente der Militärhilfe. Sie werden von der Abnehmerseite her definiert: alle Verkäufe an ausländische Regierungen oder Internationale Organisationen - letztere machen allerdings nur einen Bruchteil des Gesamtvolumens aus - und gliedern sich auf in

- Verkäufe von Regierung zu Regierung ("Foreign Military Sales") und
- Verkäufe amerikanischer Produzenten an ausländische Regierungen ("private sales", "commercial sales").[53]

Im offiziellen Sprachgebrauch lautet die Bezeichnung für die übergeordnete Kategorie, also die Gesamtheit der Verkäufe im Rahmen der militärischen Auslandshilfe, "Military Assistance Sales" oder "Military Export Sales"; es kommt jedoch auch vor, daß der Terminus "Foreign Military Sales" (FMS), den die Gesetzgebung des Jahres 1968 (Foreign Military Sales Act, as Amended[54]) für einen Unterfall, nämlich die Verkäufe von Regierung zu Regierung reserviert, als Synonym für die übergeordnete Kategorie "Military Assistance Sales" gebraucht wird[55].

Für deutschsprachige Arbeiten kommen zu den Schwierigkeiten, die sich aus der terminologischen Unschärfe ergeben[56], noch die der Übersetzung. Die Wiedergabe von "Military Assistance Sales" mit "Militärhilfe-Verkäufen" wäre zwar inhaltlich korrekt, erscheint jedoch insofern bedenklich, als man im Deutschen mit Militärhilfe nahezu zwangsläufig Schenkungen assoziiert. Für den Untersuchungsgegenstand "Military Assistance Sales" werden deshalb im folgenden die Bezeichnungen "militärische Auslandsverkäufe", "Rüstungsexporte" oder "Auslandsverkäufe von Rüstungsgütern" synonym verwandt. Diejenigen Transfers amerikanischer Rüstungsgüter, die die Auslandshilfe-Gesetzgebung nicht abdeckt - die Verkäufe privater amerikanischer Anbieter an private Abnehmer im Ausland[57] - bleiben unberücksichtigt.

Wie die Auslandshilfe-Gesetzgebung, so schloß auch die Politik der militärischen Auslandsverkäufe, die die Kennedy-

Administration ins Werk setzte, beide Subkategorien, Foreign
Military Sales und Commercial Sales, gleichermaßen ein; ihre
politische Bedeutung ist also identisch. Eine Differenzierung
zwischen beiden wird im wesentlichen nur dort notwendig, wo es
um die Feststellung von Umfang und Zusammensetzung der militärischen Auslandsverkäufe geht, um die Datenbasis also.
Hier, wie in allen anderen Zusammenhängen, für die eine Unterscheidung wesentlich erschien, wurden die amerikanischen Ter-
mini technici übernommen oder einer deutschen Umschreibung hin-
zugefügt.

Die Vereinigten Staaten tätigen Verkäufe von Rüstungsgütern ins Ausland in nennenswertem Umfang erst seit Ende
der 5oer Jahre; das wirtschaftliche Erstarken der westeuropäischen Verbündeten und die Rückkehr der wichtigsten europäischen Währungen zur freien Konvertierbarkeit (1958) ermöglichten die Substituierung eines Teils der bis dahin durchweg als Schenkungen gegebenen Militärhilfe durch Verkäufe[58].
Während die Militärhilfe-Schenkungen in der zweiten Hälfte
der 5oer Jahre durchschnittlich 2,1 Mrd. Dollar ausmachten[59],
erreichten die Rüstungsverkäufe in dieser Zeit nur einen
Bruchteil dessen, 4o bis 5o Mio.Dollar pro Jahr. Um die Mitte
des nächsten Jahrzehnts hatten sich die Größenordnungen entscheidend gewandelt: im Haushaltsjahr 1965 übertrafen die
militärischen Auslandsverkäufe die Militärhilfe-Schenkungen
um rund 4oo Mio. Dollar[60].

Die Jahre 1958 und 1959 sind als Beginn einer Entwicklung
anzusehen, die um die Mitte der 6oer Jahre zu einem steilen
Anstieg der amerikanischen Rüstungsverkäufe ins Ausland führte.
Die programmatische Formulierung der neuen, expansiven Rüstungsexport-Politik erfolgte nach der Ablösung Präsident Eisenhowers
durch Kennedy; mit der Errichtung einer speziellen Verkaufsabteilung im Pentagon, euphemistisch "Office for International
Logistics Negotiations" (ILN) (Amt für internationale Nach-
schubverhandlungen) genannt, schuf die neue Administration in
den Jahren 1961/62 die organisatorische Basis einer koordi-
nierten Politik, die das Ziel einer beträchtlichen Steigerung
der Auslandsverkäufe von Rüstungsgütern verfolgte[61].

Kann demnach die Übernahme der Präsidentschaft durch
Kennedy als sinnvoller Ausgangspunkt einer Analyse der Rüstungsexport-Politik gelten, so markiert das Ende der Johnson-
Administration einen ersten wichtigen Einschnitt. 1968/69 wurde
diese Politik programmatisch, sachlich und personell umgestal-
tet, nachdem sie seit 1967 zunehmend ins Kreuzfeuer der Kritik
des Kongresses und der Öffentlichkeit geraten war. Daß auch
das umfassende außen- und sicherheitspolitische Design der Ära
Kennedy-McNamara, dessen integraler Bestandteil die Rüstungsexporte gewesen waren, von der Nixon-Administration revidiert
wurde, macht die Zäsur noch deutlicher;die sog. Nixon-Doktrin
bringt die Neubewertung dieses außenpolitischen Instruments
klar zum Ausdruck[62].

Wie die nachfolgende Tab. 1[63] deutlich macht, ist das
Volumen der amerikanischen Rüstungsexporte bis zur Mitte
der 6oer Jahre kontinuierlich angestiegen; die Zwei-Milli-
arden-Grenze, erstmals 1966 überschritten, wurde bis 197o
nicht mehr erreicht. Der Anteil der Foreign Military Sales,
also der Exporte durch Regierungskanäle, lag durchgängig - mit
der Ausnahme des Jahres 197o - bei rund 7o %. Diese Verteilung
gibt bereits einen Hinweis auf das relative Gewicht außenpolitischer und kommerzieller Interessen.

Betrug der Anteil der Barverkäufe an den Foreign Military
Sales 1966 noch mehr als 8o %, so ist er seitdem, wenn auch
nicht kontinuierlich, gesunken. Diese Tendenz ist Ausdruck des
Wandels in der regionalen Schwerpunktsetzung; Tab. 2 vermittelt
hier eine Übersicht. Während auf die verbündeten Industrienationen 1966 noch 66 % der FMS-Aufträge entfielen, waren sie
1971 nur noch mit 26 % beteiligt. Für die Regionen "Ostasien
und Pazifik" ist eine mäßige Zunahme zu verzeichnen, der Anteil Afrikas und Lateinamerikas blieb weitgehend konstant;
dagegen ergaben sich erhebliche Veränderungen für die Regionen
"Naher Osten und Südliches Asien": ihr Anteil hat sich zwischen
1966 und 1971 mit einem Anstieg von 2o % auf 54 % mehr als
verdoppelt.

Tab. 1: Militärische Auslandsverkäufe der USA (Aufträge), Haushaltsjahr 1961 - 1974 (in Millionen Dollar)

FY	Rüstungs-verkäufe insg.	davon Foreign Military Sales	(Bar-/Kredit) in %	direkt durch Produzenten (commercial sales)
1961	63o.o	-	-	-
1962	1.518,3	-	-	-
1963	1.377.o	-	9o,5/ 9,5[+]	-
1964	1.262.o	-	-	-
1965	1.465.o	1.19o.6	-	274.4
1966	2.o97.4	1.785.1	82,2/17,8	312.3
1967	1.472.8	1.128.3	71,4/28,6	344.5
1968	1.446.8	1.112.o	76,3/23,7	334.8
1969	1.926.8	1.597.9	83,7/16,4	328.9
197o	1.4o9.8	842.6	92,5/ 7,5	567.2
1971	2.339.5	1.923.4	6o,2/39,8	416.1
1972	3.2	-	-	-
1973	3.8	-	-	-
1974	8.26	-	-	-

[+]195o - 1965 kumuliert

Quellen: 1961 - 1964 nach Angaben des Department of Defense
in: AFM 13 (Jan.1967), 38
1965 - 1971 nach: Joint Economic Committee, 91/2,
Hearings, Economic Issues in Military Assistance, 52,
2o4, 3o5 f. Zu 1972 ff. vgl. Anm. 63

Tab. 2: Foreign Military Sales (Aufträge), nach Regionen (in Millionen Dollar)

FY	1950-1965	%	1966	%	1967	%	1968	%	1969	%	1970	%	1971	%
FMS insg.	6308.8		1785.1		1128.3		1112.0		1597.9		842.6		1923.4	
Ostasien u.Pazifik	699.4	11,1	174.3	9,8	134.9	12,0	164.3	14,8	158.3	9,2	172.8	18,5	258.5	13.6
Naher Osten u. Südl.Asien	368.0	5,8	355.3	19,9	354.1	31,4	345.6	31,1	606.7	35,3	246.2	26,4	1o30.9	54,3
Europa u. Kanada	4804.7	76,2	1180.7	66,2	524.8	46,5	521.8	46,9	863.2	50,2	472.3	50,6	499.9	26,4
Afrika	15.4	0,2	2.1	0,1	37.8	3,4	3.3	0,3	21.3	1,2	6.6	0,7	21.2	1,1
Lateinamerika	283.6	4,5	47.2	2,6	43.1	3,8	48.0	4,3	35.8	2,1	16.3	1,8	72.0	3.8

Quelle: Senate Committee on Foreign Relations, 92/1, Foreign Assistance Legislation, 4o2 f.

Beide Übersichten tragen dazu bei, einen Eindruck zu korrigieren, den die journalistische Berichterstattung durchweg
vermittelt; für die amerikanische Rüstungsexport-Politik
stellt das Jahr 1973 offenbar keine so ausgeprägte Zäsur dar
wie vielfach angenommen. Die Energiekrise und der neue Reich-
tum der ölexportierenden Staaten sind offenbar nicht die Ursachen der Zunahme der Rüstungsexporte und der regionalen
Schwerpunktverlagerung; vielmehr hat eine Entwicklung, die sich
bereits um 1970 abzeichnete, durch diese Ereignisse zusätzliche
Impulse erhalten.

Die Determinanten der veränderten Rüstungsexport-Politik
liegen in erster Linie in der außenpolitischen Interessen-
struktur der Vereinigten Staaten, wie sie die Nixon-Doktrin
formuliert hat[64]. Die Bedeutung der Zieldimension des Devisen-
ausgleichs tritt hinter die Funktion der Rüstungsverkäufe für
die Wahrung amerikanischer Interessen im Nahen und Mittleren
Osten, an der südöstlichen NATO-Flanke und in Südostasien zurück,
und die Verkaufsentwicklung spiegelt die veränderte politische
Schwerpunktsetzung. Ergeben sich Kontinuität und Wandel also
aus ihrem Stellenwert im umfassenden außenpolitischen Konzept
der Nixon-Doktrin, so erweisen sich die Rüstungsexporte damit
primär als außen- und sicherheitspolitisches Instrument. In
diesem Kontext muß die rüstungsökonomische Dimension diskutiert werden; nur so sind sinnvolle Aussagen über den Beitrag
kommerzieller Interessen zur Formulierung und Ausgestaltung
dieser Politik möglich und ergeben sich Anhaltspunkte für
eine Projektion der Entwicklung seit 1970, vor allem angesichts der Zunahme des relativen Gewichts der Exporte für die
Rüstungsproduzenten.

1.22 Ziel-Mittel-Komplex

Zur Analyse der Rüstungsexport-Politik dient zunächst das Konzept des Ziel-Mittel-Komplexes. Ihm liegt die Annahme zugrunde,
daß die Zuordnung der Ziele, die eine bestimmte Politik anvisiert, und der Mittel, mit denen sie implementiert werden,
nicht beliebig ist, sondern bestimmten, empirisch ablesbaren
Mustern folgt. Die Kombination spezifischer Ziele und Mittel
erlaubt daher Rückschlüsse auf den Charakter des in Frage
stehenden politischen Systems. Betrachtet man nur die Zielstruktur oder allein das Mittelarsenal einer politischen Einheit, so verfehlt man einige interessante Fragen; sie stellen
sich erst dann, wenn man die Kombination von Zielen und Mitteln,
also den Ziel-Mittel-Komplex, ins Zentrum rückt[65].

Man kann davon ausgehen, daß jeder der drei Funktionsbe-
reiche staatlich organisierter Gesellschaften - der politisch-
herrschaftsmäßige, der ökonomische und der militärische[66] -
durch eine je spezifische Ziel-Mittel-Kombination gekennzeichnet wird. Die Differenzierung zwischen diesen drei Sektoren
verläuft quer zur Unterscheidung von Innen- und Außenpolitik.
Beide Kategorisierungen schließen sich jedoch nicht aus, sondern lassen sich kombinieren; innerhalb der drei Funktionsbe-
reiche zwischen internen und externen Dimensionen von Wirtschaftspolitik, Militärpolitik und Herrschafts- und Einflußsicherung zu differenzieren, ist so lange sinnvoll, wie die
Unterscheidung von Innen und Außen in bezug auf staatlich
organisierte Gesellschaften noch irgendein empirisches Korrelat
hat.

Rüstungsexporte lassen sich mit Hilfe dieses analytischen
Instrumentariums zunächst ganz grob als Ausschnitt eines
Mittelarsenals kennzeichnen, das dem ökonomischen und dem
militärischen Funktionsbereich zuzuordnen ist.

Die Dimensionen

Als Instrumente sind Rüstungsexporte umfassenden politischen

Zielen zugeordnet: primär der Absatzsicherung der Rüstungsindustrie und der Sanierung der Zahlungsbilanz. Diese Zieldimensionen sind Gegenstand von Kapitel 2; die Analyse orientiert sich an der Fragestellung, in welchem Ausmaß einerseits
die Förderung des Absatzes von Rüstungsgütern - Abschnitt 2.1 -
und andererseits die Notwendigkeit der Zahlungsbilanz-Sanierung - Abschnitt 2.2 - für Inauguration und Gestaltung der
Rüstungsexport-Politik ausschlaggebend gewesen sind.

Die amerikanische Zahlungsbilanz war schon in den 5oer
Jahren durchgängig negativ; erst das sprunghafte Anwachsen des
Defizits zwischen 1957 und 1959, verbunden mit dem Verlust von
Goldreserven als Ergebnis der Defizit-Finanzierung durch Gold-
verkäufe, die nach dem Übergang der europäischen Währungen zur
freien Konvertierbarkeit notwendig geworden war, veranlaßte
jedoch die Regierung Kennedy zum Entwurf eines breit angelegten
Programms der Zahlungsbilanz-Sanierung[67].

Angesichts der positiven Handelsbilanz war das Defizit im
wesentlichen eine Funktion des Auslandsengagements der amerikanischen Regierung, hierin wiederum in erster Linie der militärischen Auslandsverpflichtungen. Hier liegt die Begründung
der Forderung nach "burden-sharing", mit der sich erstmals die
Regierung Kennedy an die wirtschaftlich wiedererstarkten westeuropäischen Verbündeten wandte und die seitdem für einen
wichtigen Sektor der amerikanisch-europäischen Beziehungen bestimmend geblieben ist. Die Forderung bezog sich in erster
Linie auf die Entlastung der USA von den Zahlungsbilanz-Konsequenzen ihres militärischen Auslandsengagements, oder - in der
offiziellen Sprachregelung - ihres Beitrags für die gemeinsame
Verteidigung des Westens[68]. Diesem Ziel waren die Rüstungskäufe der reichen Verbündeten in den USA zugeordnet; mit Hilfe
des Dollar-Zuflusses aus dem Export von Rüstungsgütern sollte
der Dollar-Export, der sich aus den militärischen Auslandsverpflichtungen ergab, nach Möglichkeit ausgeglichen werden. Der
Bundesrepublik kam in diesem Lastenteilungskonzept eine Schlüs-
selposition zu; sie war einerseits Konsequenz des Umfangs der
amerikanischen Truppenstationierung auf deutschem Boden - im
Jahre 1962 28o.ooo von insgesamt 7oo.ooo amerikanischen Solda-

ten im Ausland[69] -; andererseits war sie in der ökonomischen
Leistungsfähigkeit der BRD und in ihrer besonderen politischen
Abhängigkeit von den Vereinigten Staaten begründet.

Gehören zu den umfassenden Zielen der Rüstungsexport-Politik also die Besserung der Zahlungsbilanz-Position, die Förderung des Absatzes von Rüstungsgütern, die Einflußnahme auf den
Verbündeten Bundesrepublik, so sind die militärischen Auslandsverkäufe ihrerseits, von einer niedrigeren Stufe der Ziel-Mit-
tel-Hierarchie aus betrachtet, auch Ziele, denen bestimmte,
eingeschränktere Mittel zuzuordnen sind. In diesem Sinne lassen
sich die Devisenausgleichs-Vereinbarungen mit der Bundesrepublik[70] als Instrumente im Dienst der Steigerung der Rüstungsexporte verstehen; die Rüstungsexport-Politik wiederum hat
ihren Platz unter den Instrumenten, die der Absicherung der
außenpolitischen Interessensphären der USA dienen. Vom umfassendsten Ziel aus betrachtet, sind die nachgeordneten also
Instrumente. Ein Wechsel der Perspektive läßt jedoch jede
Stufe als mittel- bzw. kurzfristiges Ziel erscheinen, dem
seinerseits bestimmte Instrumente auf der nächsttieferen Ebene
zugeordnet sind.

1.23 Das Entscheidungssystem: Interesse und realisierter Einfluß

Die Frage nach den gesellschaftlichen Interessen, die die
Rüstungsexport-Politik beeinflußt bzw. bestimmt haben, läßt
sich am besten mit Hilfe einer Analyse des Entscheidungssystems
beantworten[71]. Es wird zum einen von denjenigen legislativen
und exekutiven Einheiten gebildet, die autoritativ, d.h. aufgrund verfassungsmäßiger Kompetenzen oder gesetzlicher Regelungen partizipieren; zum anderen durch diejenigen gesellschaftlichen - hier rüstungswirtschaftlichen - Interessengruppen, die regelmäßig durch Interaktionen mit den gouvernementalen Einheiten an den Entscheidungen über Rüstungsexporte mitwirken. Auf der Seite der Exekutive gehören der Präsident, das
Department of State, das Department of Defense, das Treasury
Department, ACDA und AID zum Rüstungsexport-System; ferner sind

beide Häuser des Kongresses beteiligt, insbesondere die Auswärtigen und die Bewilligungsausschüsse. In die Sprache der Elitetheorie übersetzt, handelt es sich bei diesen Einheiten um gouvernementale Eliten[72].

Das Machtmuster im Rüstungsexport-System ergibt sich aus der Kombination zweier Arbeitsschritte; die mit Hilfe des Doppelkonzepts "Interesse und Einfluß" ermittelte Machtverteilung zwischen den Einheiten muß zusätzlich mit der Norm konfrontiert werden, mit der Entscheidungshierarchie also, wie sie sich aus den verfassungsrechtlichen und gesetzlichen Bestimmungen ergibt. Interessen und Einflußverteilung im Rüstungsexport-System sind Gegenstand von Kapitel 3.

Die Begriffe "Interesse" und "Ziel" werden im folgenden synonym verwendet, und zwar für die Intentionen, die eine Einheit in bezug auf eine anstehende Entscheidung oder für die Rüstungsexport-Politik insgesamt formuliert und durchsetzen will. Ausgehend von der Annahme, daß Interesse prinzipiell nur als individuelles und/oder gruppenspezifisches formuliert werden kann, gesamtgesellschaftlich also als partikulares verstanden werden muß[73], wird hier ein "subjektivistischer" Interessenbegriff verwandt. Dieser Entscheidung liegt zunächst nichts weiter zugrunde als die Überlegung, daß ein sog. "objektives" Interesse allemal außerhalb eines an empirischer Nachprüfbarkeit orientierten Wissenschaftsverständnisses steht[74], während ein partikularer Interessenbegriff es gestattet, innerhalb eines solchen Wissenschaftskonzepts nachprüfbare Aussagen zu machen.

"Einfluß" läßt sich operationalisieren als Grad der Übereinstimmung des Interesses einer Einheit mit den Entscheidungen über Rüstungsexport-Politik auf höchster Ebene, mit dem "policy output". Der Begriff bezeichnet also "realisiertes Interesse"; er bezieht sich stets auf die Verteilung zwischen mindestens zwei konkurrierenden Einheiten, ist also eine relationale Kategorie.

Für Interessen und Einfluß im Rüstungsexport-System sind drei Dimensionen ausschlaggebend: das Verhältnis von gouvernementalen Einheiten und rüstungswirtschaftlichen Interessengruppen, von Legislative und Exekutive und - innerhalb der letzteren - von State Department und Pentagon.

Die Rüstungsexport-Politik bildet zunächst ein begrenztes Prüffeld für diejenigen Hypothesen und Theorien, die die ökonomische Bedeutung der amerikanischen Rüstung als Bestimmungsfaktor politischer Entscheidungen und den Einfluß rüstungswirtschaftlicher Interessengruppen im Entscheidungsprozeß zum Gegenstand haben[75]. In bezug auf die zweite Dimension kann die Rüstungsexport-Politik uneingeschränkt als Paradigma des Verhältnisses von Legislative und Exekutive in der Außenpolitik gelten. Die Kontroverse um die "war powers"[76], die die Eskalation des amerikanischen Engagements in Vietnam entfacht hatte, wurde auf dem Gebiet der Militärhilfe und der Rüstungsexporte ausgetragen. Schließlich ermöglicht die Analyse des Rüstungsexport-Systems in begrenztem Umfang eine Überprüfung derjenigen Ansätze, die die amerikanische Außenpolitik der Nachkriegszeit vornehmlich auf die Militarisierung der Gesellschaft und das Übergewicht der militärischen über die zivilen Entscheidungsträger zurückführen[77].

1.24 Rüstungsexporte und amerikanische Außenpolitik: Interesse und Einfluß im Umfeld Nicht-USA

Die Frage nach der Realisierung von Interessen stellt sich auf drei Ebenen: zunächst als Einflußverteilung innerhalb des Entscheidungssystems, dann als Durchsetzung gegenüber konkurrierenden Interessen innerhalb der eigenen Gesellschaft, dem "Umfeld USA",und schließlich in bezug auf das "Umfeld Nicht-USA", die auswärtigen Adressaten der Rüstungsexport-Politik. Für die zweite Perspektive bedeutet der Entscheidungssystem-Ansatz eine Einengung; er läßt die nicht realisierten Alternativen einer Politik nur dann sichtbar werden,wenn sie als Interessen einer der Einheiten im Entscheidungssystem selbst präsent sind. In der Rüstungsexport-Politik ist diese "non-events"-und "non-decisions"-Problematik[78] jedoch praktisch nicht existent, da gesamtgesellschaftliche Alternativen zur Rüstungs- und Außenpolitik seit 1967 zunehmend im Kongreß - also im Entscheidungssystem selbst - diskutiert werden[79].

Auch auf die außenpolitische Dimension der Rüstungsexport-
Politik lassen sich die Konzepte "Interesse" und "Einfluß" an-
wenden. Die Zielformulierungen und die Entscheidungen auf
höchster Ebene erscheinen aus der Perspektive ihrer außenpolitischen Adressaten als Gesamtinteresse der Einheit USA. Im
Umfeld Nicht-USA entspricht also der relative Einfluß der
Vereinigten Staaten dem Ausmaß, in dem sie ihre Interessen -
hier die Zielformulierungen in der Rüstungsexport-Politik -
ihrem jeweiligen außenpolitischen Widerpart gegenüber durchsetzen konnten. An den Devisenausgleichs-Abkommen mit der
Bundesrepublik läßt sich die Differenz zwischen dem Interesse,
also dem intendierten Einfluß der USA, und dem tatsächlich
realisierten Einfluß sichtbar machen.

Interesse und Einfluß im Umfeld Nicht-USA lassen sich
zwar beide auf innergesellschaftliche Faktoren zurückführen,
aber in sehr unterschiedlichem Maße: Während Interesse als
überwiegend innergesellschaftlich vermittelt gelten kann, wenngleich die Verarbeitung früherer Auseinandersetzungen mit der
Umwelt in Form gespeicherter sozialer Erfahrung mit eingebracht wird, ist realisierter Einfluß unmittelbar an die politischen Ziele und die Machtmittel derjenigen staatlich organisierten Gesellschaften gebunden, auf die die USA beim Versuch
der Realisierung ihrer außenpolitischen Ziele treffen. Relativen Einfluß auf diese Weise bestimmen zu wollen wäre nur
unter einer Prämisse falsch und sinnlos: wenn nämlich der Einfluß der USA total, der der Adressaten ihrer Rüstungsexport-
Politik dagegen nicht vorhanden wäre. Eine solche Konstellation ist in der Einschätzung einiger Autoren zumindest an-
näherungsweise vorhanden[80]; die USA sind für sie zwar nicht
der absolut einzige, aber doch der einzig relevante Strukturfaktor ihres außenpolitischen Umfeldes, das Verhalten anderer
Akteure ist nur abhängige, unter keinen Umständen unabhängige
Variable.

Trotzdem schließt diese Studie mit der Wahl einer rela-
tionalen Einflußkategorie nur aus, was sich nicht ernsthaft behaupten läßt: daß nämlich die westeuropäischen Staaten, voran

die BRD, amerikanische Satelliten ohne eigene Gestaltungsmöglichkeiten in ihrer Außenpolitik seien. Ebenso deutlich ist
allerdings, daß sich das Verhältnis keineswegs als symmetrisch
beschreiben läßt[81]. Die tatsächliche Einflußverteilung - in
der Rüstungsexport-Politik und darüber hinaus - liegt zwischen
Omnipotenz der USA und Symmetrie. Zudem unterscheiden sich
Machtmuster und Nutzenverteilung in den ökonomischen Beziehungen nicht unerheblich von denen der politisch-militärischen
Dimension; auch dies macht die Analyse der Rüstungsexport-
Politik deutlich. Sie läßt sich darüber hinaus für ein um-
fassenderes Forschungsproblem fruchtbar machen: für die Frage,
unter welchen Bedingungen und wie weit sich amerikanisches
Außenverhalten in den drei Funktionsbereichen, der auswärtigen
Militärpolitik, der Wirtschaftspolitik und der "politischen"
Außenpolitik, einerseits - in der Terminologie Rosenaus[82] -
dem Muster der "unnachgiebigen Anpassung", andererseits dem
der "bewahrenden Anpassung" annähert, also annähernd gleichgewichtig von kurzfristig konzipierter außenpolitischer Inter-
essenwahrnehmung und einer ebensolchen Reaktion auf die An-
forderungen der Umwelt bestimmt wird.

1.3 Die Quellen

Die Schwierigkeiten einer Analyse der Rüstungsexporte als Segment der amerikanischen Rüstungspolitik liegen nicht etwa in
einem Mangel an zugänglichen Informationen, wie er sich in der
wissenschaftlichen Auseinandersetzung mit der bundesrepublikanischen Rüstungspolitik auswirkt; sie liegen vielmehr gerade
in der Fülle des relevanten und zugänglichen Materials. Das war
nicht immer so. Bis Mitte der 6oer Jahre, d.h. solange Außen-
und Rüstungspolitik in den USA von einem breiten Konsensus ge-
tragen wurden, stand vielmehr an Informationen nur das zur Verfügung, was das Pentagon oder andere Regierungsstellung zu
veröffentlichen für gut befanden. In den Hearings der Kongreß-
Ausschüsse, in deren Zuständigkeitsbereich die Rüstungspolitik
gehört, findet sich zu dieser Zeit kaum darüber hinausgehendes
Material.

Nahezu alle Informationen über die Rüstungsexport-Politik, ihre Ziele, ihre Handhabung als Instrument, ihren Entscheidungsprozeß, und alles verläßliche Datenmaterial stammen dementsprechend aus der Zeit nach 1966. Von seiten der Regierung wurden bis Mitte der 6oer Jahre keine Informationen zu dieser Politik veröffentlicht, und im Kongreß mangelte es gleichermaßen an Kenntnissen über sie wie an Interesse an ihr.

Im Januar 1967 erschien die vom Stab des Senate Committee on Foreign Relations erarbeitete Studie "Arms Sales and Foreign Policy"; sie ist die früheste Veröffentlichung, die die Rüstungsexport-Politik verläßlich nachzeichnet und den Finger auf ihre wunden Punkte legt: die Fragwürdigkeit der Waffenverkäufe an Entwicklungsländer, die Unzufriedenheit der NATO-Partner mit der aggressiven Verkaufspraxis des ILN, ungenügende Information des Kongresses und Praktiken des Pentagon, die die legislative Kontrolle erschweren und sich z.T. am Rande der Legalität bewegen. Der Impuls dieser Studie wurde von der liberalen Presse aufgenommen, kritische Journalisten recherchierten weiter, und in der Folgezeit machte sich vor allem das Senate Committee on Foreign Relations um die Erweiterung der Informationsbasis verdient. 1971 schließlich nahm sich das Subcommittee on Economy in Government des Joint Economic Committee der Militärhilfe und der Rüstungsexport-Politik an; für die Datenbeschaffung wurde das General Accounting Office (GAO) - herangezogen. In bezug auf Zielsetzungen und Entscheidungsprozeß der Rüstungsexport-Politik wurden vorzugsweise ehemalige Mitglieder der Johnson-Administration befragt. Diese unter dem Titel "Economic Issues in Military Assistance" veröffentlichten Hearings enthalten die beste und umfassendste Datenkompilation; das Senate Committee on Foreign Relations hat sie im folgenden Jahr, ebenfalls unter Heranziehung des GAO, noch erweitert und auf den Stand von 1971 gebracht[83].

Das Gros der Informationen über die Initiierungsphase der Rüstungsexport-Politik (1961 - 1965) enthalten also die nach 1966 erschienenen Quellen; sie erschließen auch die Kongreßmaterialien der frühen 6oer Jahre etwas besser. Für den 87. Kongreß (1961/62) wurden die Plenardebatten (Congressional

Record, Vol. 1o7, 1o8) herangezogen. Die umfangreichste
Quellengruppe bilden die Materialien des Senate Committee on
Foreign Relations und des House Committee on Foreign Affairs,
und zwar für 1961 bis 1967 die Hearings und Reports zur Aus-
landshilfe-Gesetzgebung (Foreign Assistance Act) und seit
1968 zur Gesetzgebung über die militärischen Auslandsverkäufe
(Foreign Military Sales Act). Für die Zeit der Kennedy- und
Johnson-Administration wurden ferner die Hearings der Auslands-
hilfe-Unterausschüsse der Committees on Appropriations beider
Häuser herangezogen. Weiterhin stützt sich die Studie auf eine
Reihe anderer Veröffentlichungen der Regierung und des Kongresses.

Die beste Informationsquelle über Ziele und Interessen der
gouvernementalen Einheiten im Rüstungsexport-System waren die
Aussagen von Mitgliedern der Administration vor dem Kongreß;
die Publikationen der Departments und Behörden selbst erwiesen
sich hier als wenig ergiebig. Die Artikel des Department of
State Bulletin bewegen sich gewöhnlich auf einer allgemeinen
Ebene, die keinerlei Rückschlüsse auf interne Entscheidungsprozesse erlaubt,die jährlichen Berichte der Agency for International Development (AID) an den Kongreß enthalten ebenfalls
kaum Informationen über die Position dieser Behörde, und
seitens der Arms Control and Disarmament Agency (ACDA) existieren erst in jüngster Zeit Veröffentlichungen zur Rüstungsexport-Politik.

In bezug auf ILN, die Verkaufsabteilung des Pentagon, ist
die Quellenlage dagegen sehr gut. Hier steht - seit 1965 -
die Hauszeitschrift "Defense Industry Bulletin" zur Verfügung,
weiterhin Zeitschriften und sonstige Veröffentlichungen der
"Military Associations". Als besonders ergiebig erwiesen sich
"Armed Forces Management" und "Military Export Reporter". Diese Quellengruppe war für die Studie vor allem deshalb außer-
ordentlich wichtig, weil sie es ermöglichte, die Interessen
der rüstungswirtschaftlichen Gruppen zu bestimmen.

In begrenztem Umfang enthalten diese Periodika auch Material zur ökonomischen Bedeutung der Rüstungsexporte; wichtiger
waren hier jedoch die vom Subcommittee on Economy in Govern-

ment des Joint Economic Committee veröffentlichten Daten.
Ferner wurden die Haushaltsrechungen (The Budget of the
United States Government), die vom Department of Commerce
herausgegebenen "Defense Indicators" und für den wichtigsten
Sektor der Produktion für den Export, die Luft- und Raumfahrtindustrie, die "Aerospace Facts and Figures" (Aviation Week
and Space Technology) herangezogen.

2. RÜSTUNGSEXPORTE IN DER ZIELSTRUKTUR

2.1 Die interne Dimension: Rüstungsökonomie

Die Frage, ob und in welchem Umfang die Rüstungsexport-Politik
Zielen diente, die mit der Erweiterung des Marktes für amerikanische Rüstungsproduzenten und damit mittelbar auch mit der
ökonomischen Reproduktion der amerikanischen Gesellschaft verbunden sind, stellt sich auf zwei Ebenen: Die eine wird gebildet durch die Interessenartikulation der Rüstungsproduzenten
und derjenigen gesellschaftlichen Gruppen, die ihnen naheste-
hen; die zweite durch die ökonomische Bedeutung der Rüstungsexporte, die die Basis jener Interessenartikulation abgibt.
An diesem letzten Punkt setzt die Analyse zweckmäßigerweise
an; es geht zunächst darum zu bestimmen, ob Teile der amerikanischen Rüstungsindustrie vom Export in einer Weise abhängig
sind, die die Annahme eines "vested interest" an den
Rüstungsexporten rechtfertigen würde.

Ein nennenswerter und kontinuierlicher Beitrag dieser Akteure zur Formulierung der Rüstungsexport-Politik läßt sich in
aller Regel nur unter der Bedingung erwarten, daß zumindest ein
lohnendes Exportpotential, wenn auch nicht notwendigerweise
eine aktuelle Exportbeteiligung größeren Ausmaßes vorhanden
ist. Zwar müssen sich Perzeption und Interessenartikulation
einerseits und reale Bedeutung des Exportmarktes andererseits
nicht genau entsprechen, jedoch ist ein weites Auseinander-
klaffen beider über längere Zeit aufgrund der Aufwand-Erfolgs-
Kalkulation, die die Politik der Unternehmen schließlich bestimmt, unwahrscheinlich. Bei der Beurteilung des relativen
Gewichts der rüstungsökonomischen Dimension für die Einleitung und Fortentwicklung der Rüstungsexport-Politik müssen
demnach sowohl die Daten der Rüstungswirtschaft, die sozusa-
gen die objektiven Bedingungen darstellen, als auch die Perzeption der Akteure des rüstungsökonomischen Feldes in Rechnung gestellt werden. Erst die Kombination beider Bereiche
ermöglicht eine einigermaßen abgesicherte Bewertung des re-

lativen Einflusses der rüstungsökonomischen Interessengruppen.
In diesem Zusammenhang bedarf zunächst der Terminus "Rüstungsindustrie" der näheren Bestimmung. Wir verstehen darunter die am stärksten rüstungsabhängigen Industriesektoren:
Luft- und Raumfahrt, Waffen, Geräte und Munition, Elektronik,
Nachrichtentechnik, Schiffbau. Jeder dieser Industriezweige
tätigt mehr als 1o % seiner Umsätze auf dem militärischen Sektor; bei der elektronischen Industrie beträgt der Anteil rund
4o, bei der Luft- und Raumfahrtindustrie über 8o %[1]. Bei den
Rüstungsexporten entfällt der Löwenanteil ebenfalls auf Flugzeuge und Raketen. In größerem Abstand folgen Waffen, Gerät
und Munition und elektronische Ausrüstungen[2].

Um die rüstungsökonomische Bedeutung des Exports dieser
Güter zu bestimmen, sind eine Reihe verschiedener Indikatoren
denkbar und sinnvoll; sie lassen sich entsprechend ihrer Perspektive gruppieren. Der Vergleich der Größenordnungen von
Rüstungsexporten und Verteidigungshaushalt geht von der makroökonomischen Ebene aus, ebenso die Gegenüberstellung der Rüstungsaufträge für den Gebrauch der amerikanischen Streitkräfte, also für den Binnenmarkt, mit den Umsätzen auf dem Gebiet
der militärischen Exporte. Eine andere Gruppe von Indikatoren
geht von der Perspektive der Rüstungsproduzenten aus.Hierher
gehört die Bestimmung des Anteils der Produktion für den Export an den militärischen Verkaufen und, als Voraussetzung
dieser Berechnung, die Ermittlung der Ratio von zivilen und
militärischen Verkäufen für diese Industriezweige. Verstreute
Hinweise auf besonderes Interesse einzelner Produzenten am
Export werden in diesem Zusammenhang ebenfalls ausgewertet.

2.11 Verteidigungshaushalt und Rüstungsexporte

Ein ganz grober Indikator für die ökonomische Bedeutung der
Rüstungsexporte ist der Vergleich der Größenordnung der Haushaltsausgaben im Verteidigungsbereich mit den militärischen
Auslandsverkäufen. Zunächst bedarf die Kategorie "Haushaltsausgaben im Verteidigungsbereich"der Klärung. In den offizi-

ellen Haushaltsrechnungen der Vereinigten Staaten schließt die
Kategorie "National Defense" (Posten o5o des Budgets) folgende
Subkategorien ein: "Department of Defense, Military", "Military Assistance", "Atomic Energy" und "Defense-related Activities"[3].

Differenziert man zwischen der militärischen Auslandshilfe
als explizit außengerichtetem Teil des Budgets einerseits und
dem engeren Verteidigungsbereich andererseits, so ergibt sich,
daß letzterer unbedingt um die Ausgaben für die Raumfahrt, also das NASA-Budget, erweitert werden muß. Kontroverser ist die
Hinzunahme der Aufwendungen für die Veteranenversorgung, als
Folgekosten früherer kriegerischer Verwicklungen und der militärischen Ausbildung; in unserem Zusammenhang ist sie wenig
sinnvoll. Es ergeben sich demnach zwei Kategorien: Die erste,
Haushaltsausgaben im Verteidigungsbereich (ohne militärische
Auslandshilfe) umfaßt nach unserem Verständnis die Ausgaben für
"Department of Defense, Military", Atomic Energy", "Defense-
related Activities" und "Space Research and Technology". Die
zweite Kategorie, militärische Auslandshilfe, setzt sich zusammen aus den Posten Militärhilfe-Schenkungen, Bündnisbeiträge
und Wirtschaftshilfe für militärische Zwecke[4]. Militärische
Auslandshilfe in dieser Zusammensetzung ist nicht identisch mit
dem Posten "Military Assistance" der Haushaltsrechnungen
(Posten o57), denn dieser enthält lediglich die Aufwendungen
für Schenkungen und Kreditverkäufe und liegt damit mit Sicherheit unter dem realen Umfang der militärischen Auslandshilfe,
wie ihn die nachfolgende Tabelle 3 wiedergibt.

Verglichen mit den Haushaltsausgaben im Verteidigungsbereich, lag der Dollarwert der Rüstungsexporte bis 1973 bei
maximal 3 %[5]; berücksichtigt man ferner, daß der Anteil der Verteidigungsausgaben am Bruttosozialprodukt - auf der Basis unserer Berechnungen liegen die Werte über denen der Kategorie
"National Defense", auf der die Berechnungen in offiziellen
amerikanischen Quellen basieren - in den 6oer Jahren zwischen
8 % und 1o % betrug[6], so erscheinen die militärischen Auslandsverkäufe als ein Faktor von geringer gesamtwirtschaftlicher
Relevanz. Allerdings läßt die Natur der Vergleichsgrößen lediglich globale Schlüsse zu. Es ist durchaus möglich, daß die

Tab. 3: Militärische Auslandshilfe (ohne Kreditverkäufe) der
USA, FY 1961 - FY 1973 (in Millionen Dollar)[7]

FY	1961	1962	1963	1964	1965	1966
MAP,Schenkungen[8]	18oo.o	16oo.o	1325.o	1ooo.o	1oo5.o	1o98.7
MASF [9]	-	-	-	-	34.1	838.5
Bündnisbeiträge[1o]	-	-	-	-	144.4	154.9
Schenkungen v.[11] Besitz d.Streit- kräfte an andere Nationen	-	-	-	-	236.3	157.8
Economic Securi-[12] ty Assistance	99o.2	921.3	65o.o	225.o	549.9	853.8
Militärische Auslandshilfe insg.	279o.2	2521.3	1975.o	1225.o	1939.7	31o3.7

FY	1967	1968	1969	197o	1971	1972	1973
MAP,Schenkungen	9o5.2	615.8	46o.o	4o9.o	775.o	-	-
MASF	1496.o	1591.7	1965.6	2174.4	2177.3	-	-
Bündnisbeiträge	213.5	2o2.1	216.2	269.1	274.6	-	-
Schenkungen v. Besitz d.Streit- kräfte an andere Nationen	1o5.8	25o.3	331.o	248.o	466.1	-	-
Economic Security Assistance	831.2	751.9	563.9	633.9	75o.8	-	-
Militärische Auslandshilfe insg.	3551.7	3411.8	3536.7	3734.4	3977.7	1436.o	1321.o

Quellen: FY 1961: House Committee on Foreign Affairs,87/1,Staff
Memorandum, 2;

FY 1962-64: AID,Background Material, FY 1965,6;

FY 1965 - 71: Joint Economic Committee,92/1,Economic
Issues in Military Assistance,5o,53,55,
2o4;

FY 1971 - 73: The Budget of the United States Government,
FY 1974,84.

ökonomische Bedeutung der militärischen Auslandsverkäufe auf
einem speziellen Sektor liegt, der auf der obersten Betrach-
tungsebene gar nicht in den Blick gerät und dessen man nur mit
Hilfe speziellerer Indikatoren habhaft wird.

2.12 Rüstungsaufträge und Rüstungsexporte

Einen Schritt in Richtung auf die Eingrenzung derjenigen ökonomischen Bereiche, für die Rüstungsexporte besondere Bedeutung haben könnten, stellt die Bestimmung des Größenordnungs-
verhältnisses von militärischen Auslandsverkäufen zu Rüstungsaufträgen, zu den "military prime contracts"[13] dar. Unter dieser Bezeichnung werden alle Aufträge für die Produktion militärischer Güter, im Forschungs- und Entwicklungsbereich, sowie
für Betrieb und Unterhaltung der Einrichtungen der Streitkräfte
zusammengefaßt, die von staatlichen Stellen, in aller Praxis
dem Department of Defense und der NASA, an Industriebetriebe
oder Forschungsinstitute vergeben werden.

Als Maß für den Wert der pro Haushaltsjahr vergebenen Rüstungsaufträge an die amerikanische Industrie sind die "military prime contracts" sicherlich eine relevante Bezugsgröße
für das Volumen der militärischen Auslandsverkäufe. Ein Ver-
gleich mit der Kategorie "procurement" (Beschaffungen), die im
Verteidigungshaushalt unter "Department of Defense,Military"
ausgewiesen ist, würde mit Sicherheit zu kurz greifen. Die
Kategorie "Beschaffungen" enthält weder die Aufträge in den
Bereichen Forschung, Entwicklung und Erprobung, noch für die
Unterhaltung militärischer Einrichtungen, auch nicht die NASA-
Aufträge, liegt also erheblich unter dem realen Umfang der
Rüstungsaufträge[14].

Wie die nachfolgende Tabelle 4 zeigt, erreichten die militärischen Auslandsverkäufe in den 6oer Jahren nie mehr als
5 % des Volumens der Rüstungsaufträge. Seit 1971 zeichnet sich
hier jedoch eine Änderung ab; die 1o-Prozent-Marke wird erreicht
oder überschritten. In jüngster Zeit hat sich also offenbar das
Größenverhältnis zwischen dem amerikanischen Binnenmarkt für

Rüstungsgüter und dem militärischen Exportmarkt verändert;
während der Binnenmarkt stagniert - verglichen mit den Jahren
1966 bis 1968 ist er sogar geschrumpft -, hat der Exportmarkt
sowohl absolut als auch relativ an Bedeutung gewonnen.

Tab. 4: Rüstungsaufträge und militärische Auslandsverkäufe,
FY 1961 - 1973 (in Millionen Dollar)

FY	Rüstungsaufträge	mil.Auslands- verkäufe	Vergleich (%)
1961	26.o34	63o	2,o
1962	28.194	1.518	5,o
1963	28.o58	1.377	4,o
1964	26.618	1.262	4,o
1965	29.938	1.465	4,o
1966	4o.184	2.o97	5,o
1967	42.388	1.473	3,o
1968	42.252	1.447	3,o
1969	35.223	1.927	5,o
197o	33.539	1.41o	4,o
1971	33.179	2.34o	7,o
1972	35.964	3.2	11,2
1973	35.3o1	3.8	9,3

Quellen: Rüstungsaufträge ("military prime contracts")
nach: Defense Indicators, May 1974, 29;
mil.Auslandsverkäufe wie Tab. 1

2.13 Die Industriesektoren

Über die Bestimmung derjenigen Industriezweige, die einen beträchtlichen Teil ihres Umsatzes auf dem militärischen Sektor
tätigen und daher kürzelhaft als Rüstungsindustrien bezeichnet
werden[15], existieren kaum Divergenzen zwischen Quellen verschiedener Provenienz: Luft- und Raumfahrt, Waffen, Gerät und
Munition, Fahrzeuge, Elektronische Industrie, Nachrichtentechnik und Schiffbau gehören ohne Zweifel zu dieser Kategorie.
Die Gruppierung dieser Industriezweige wird jedoch in den
Quellen sehr unterschiedlich gehandhabt. Luft- und Raumfahrt
sind, sowohl getrennt als auch in einer Kategorie zusammengefaßt, relativ gut abgrenzbar[16]. Für die übrigen Produktgruppen
- mit Ausnahme der Kategorie "Schiffbau" - sind die Angaben
allerdings sehr viel unübersichtlicher.

In den Publikationen des Department of Defense erscheinen
in der Regel drei Kategorien: (1) Fahrzeuge und Waffen; (2) Munition; (3) Elektronik und Nachrichtentechnik[17]. Andere offizielle Quellen unterscheiden nach (1) Waffen und Munition;
(2) Elektronik und Nachrichtentechnik; (3) Kampffahrzeuge[18],
und es finden sich auch noch andere Arten der Gruppierung[19].

Die Frage nach der Rüstungsabhängigkeit dieser Industrien
läßt sich für die Luft- und Raumfahrt ohne größere Schwierigkeiten beantworten. Der Anteil der militärischen Verkäufe am
Gesamtumsatz betrug hier im Zeitraum 1961 bis 1971 im Jahresdurchschnitt 76 %[20]. Für die elektronische Industrie lag die
Rüstungsabhängigkeit in den 6oer Jahren bei rund 4o %[21].

Diese Angaben über die allgemeine Rüstungsabhängigkeit
bilden die Basis für die Bestimmung der relativen Bedeutung
militärischer Exporte für die Industriesektoren. Hier stehen
zunächst die Veröffentlichungen des Pentagon über den Anteil
der einzelnen Produktgruppen an den Rüstungsexporten zur Verfügung. Sie setzen zwar das Volumen der Verkäufe generell etwas
zu niedrig an, doch dürften die Größenordnungen und damit die
Relationen zwischen den Produktgruppen korrekt sein. An der
Spitze liegt die Aerospace-Industrie mit einem durchschnitt-
lichen jährlichen Anteil an den Rüstungsexporten von 51,2 %.

in großem Abstand folgen Fahrzeuge und Waffen mit 8,4 %, Munition mit 6,2 %, Elektronik mit 5 % und Schiffbau mit 3,7 %, im
jeweiligen Mittelwert für die 6oer Jahre[22].

Was die Bedeutung der Rüstungsexporte für die einzelnen
Industriesektoren anbetrifft, so bedarf es zunächst der Fest-
legung eines Schwellenwertes, bei dessen Überschreitung von
einer relevanten Abhängigkeit gesprochen werden kann. Geht
man von einer Bandbreite als kritischer Zone aus, so wird sich
Übereinstimmung darüber erzielen lassen, daß ein Anteil von
Rüstungsexporten, der weniger als 5 % des Gesamtumsatzes eines
Werkes ausmacht, noch keine relevante Abhängigkeit konstitu-
iert, ein Anteil von mehr als 15 % aber wohl. Die kritische
Zone dürfte mithin zwischen 1o und 15 % liegen.

Man kann davon ausgehen, daß die militärischen Exporte für
die Luft- und Raumfahrtindustrie eine größere Bedeutung als
für die anderen Industriezweige besitzen. Der Grad ihrer Rüstungsabhängigkeit spricht ebenso für diese Annahme wie die
Tatsache, daß die Aerospace-Industrie in den 6oer Jahren stets
mehr als die Hälfte der militärischen Exporte bestritten hat.
Trotzdem zog der militärische Exportmarkt im Jahresdurchschnitt
nur 3,9 % des Gesamtumsatzes der Luft- und Raumfahrtindustrie
auf sich[23]. Dieser Wert entspricht der Ratio von militärischem
Binnenmarkt und Export, wie sie sich aus Tabelle 4 ergibt.

Auch die generelle Exportabhängigkeit der Aerospace-Industrie war zu dieser Zeit nicht sehr hoch; sie betrug im Schnitt
1o % und war damit erheblich geringer als die Bedeutung, die
der Export für die Luft- und Raumfahrtindustrien Frankreichs
und Großbritanniens besaß[24].

Für die 6oer Jahre läßt sich also nur der Schluß ziehen,
daß die militärischen Auslandsverkäufe für die Aerospace-Industrie im ganzen einen Faktor von geringer Relevanz darstellten;
für einzelne Produzenten aber mögen sehr wohl größere Abhängigkeiten bestanden haben.

Wie oben angedeutet, hat der militärische Exportmarkt in jüngster Zeit absolut und relativ, d.h. im Vergleich zum Bedarf der amerikanischen Streitkräfte, an Gewicht gewonnen. Angesichts der unverändert hohen Rüstungsabhängigkeit der Luft- und Raumfahrtindustrie lassen diese Daten vermuten, daß ihre Abhängigkeit vom militärischen Export in vergleichbarem Umfang zugenommen hat.

2.14 Exportabhängige Rüstungsproduzenten

Betrachtet man gesondert diejenigen Konzerne, die den größten Anteil an den Rüstungsexporten für sich verbuchen konnten, so ergibt sich für diese Gruppe eine erheblich höhere Bedeutung des militärischen Auslandsgeschäfts als im Durchschnitt aller Rüstungsproduzenten. In der Kategorie Aerospace betragen hier die militärischen Exporte im Schnitt 15 % des Umsatzes auf dem Rüstungsmarkt, in der Kategorie Fahrzeuge und Waffen sind es 19 %[25].

Bei den führenden Exporteuren von Rüstungsgütern differenziert sich also das Bild, und wir erhalten einen Hinweis darauf, daß es tatsächlich einzelne Produzenten gibt, die einen beträchtlichen Teil ihrer Umsätze auf dem Rüstungsmarkt in Form militärischer Exporte erzielen.

Berücksichtigt man jedoch, daß die Rüstungsabhängigkeit der betroffenen Firmen, ausgedrückt als Anteil der militärischen Verkäufe am Gesamtumsatz, sehr unterschiedlich ist, so müssen wiederum Einschränkungen gemacht werden: Von Chrysler und General Motors kann ein manifestes Interesse an Rüstungsexporten schon deshalb nicht erwartet werden, weil ihre Abhängigkeit vom militärischen Markt insgesamt minimal ist. Grumman Aircraft und Boeing sind zwar stark rüstungsabhängig, ihre militärischen Exporte machen aber weniger als 2 % ihres Umsatzes auf dem Rüstungsmarkt aus. Die FMC-Corporation, Sperry Rand und Ling-Temco-Vaught bilden eine mittlere Gruppe; entweder ist ihre generelle Rüstungsabhängigkeit relativ niedrig (FMC), oder der Exportanteil ihres Rüstungsgeschäfts (Ling-Temco-Vaught), oder aber beide Indikatoren (Sperry Rand). So bleiben schließlich folgende Konzerne:

	Anteil milit. Exporte an den Rüstungsauftr. (in %)	Rüstungsabhängig- keit (Anteil der Rüstungsaufträge am Gesamtumsatz, in %)	Rang unter den "Top 1oo"
Northrop	38,6	61	25
General Dynamics	25,5	67	4
Raytheon	19,2	55	16
McDonnell	16,5	75	6
Lockheed	15,4	88	1
Martin Marietta	13,3	62	18

Bei einer Rüstungsabhängigkeit von mindestens 55 % tätigt jeder dieser Konzerne mehr als 1o % seines militärischen Umsatzes im Export; es kann daher angenommen werden, daß diese Gruppe ein beträchtliches Interesse an der Beibehaltung oder Ausweitung des auswärtigen Marktes für amerikanische Rüstungsgüter nimmt[26].

Dieser Befund rechtfertigt jedoch noch nicht den Schluß, daß rüstungsökonomische Interessen bei der Inauguration und Fortentwicklung der Rüstungsexport-Politik tatsächlich eine beträchtliche Rolle gespielt hätten. Wenn auch die Indikatoren für die Existenz einer begrenzten Anzahl von Produzenten mit erheblicher Abhängigkeit vom militärischen Exportmarkt sprechen, so läßt sich daraus das Gewicht des Faktors "rüstungsökonomische Interessen" bei der konkreten Formulierung der Rüstungsexport-Politik nicht geradlinig ableiten. Die Gründe dafür sind sowohl methodischer als auch inhaltlicher Natur.

Die ökonomischen Daten sagen zunächst noch nichts über die Perzeption dieser Gegebenheiten seitens des Managements der Konzerne, also auch nichts über die Umsetzung in politisches Handeln aus. Prinzipiell muß gelten, daß sich der Einfluß rüstungs-ökonomischer Interessen vollständig, d.h. nicht nur in seinen notwendigen, sondern auch in seinen hinreichenden Bedingungen,

erst im Rahmen der Analyse des Entscheidungssystems im Bereich
Rüstungsexporte bestimmen läßt. Aus methodischen Gründen ist
ein direkter Schluß von ökonomischen Gegebenheiten, die eine
Interessen<u>basis</u> konstituieren, auf politisches Handeln, d.h.
auf die Perzeption und Artikulation eines Interesses unzu-
lässig.

Die Tragfähigkeit unseres Befundes ist noch aus einem anderen Grund beschränkt. Zwar gingen im Jahresdurchschnitt über
3o % der militärischen Exporte auf das Konto der oben aufge-
führten sechs am stärksten exportabhängigen Produzenten[27], und
ihr Gewicht erscheint uns von daher beträchtlich; dennoch
bleibt dieses Ergebnis gegenüber der geringen Bedeutung abzu-
wägen, die Rüstungsexporte generell hatten. Jedenfalls gilt
dies für die 6oer Jahre. Für die unmittelbare Gegenwart wäre
im Lichte der angedeuteten Veränderungen eine neuerliche Überprüfung notwendig.

Es fragt sich, ob die relativ kleine Fraktion stärker
exportabhängiger Produzenten überhaupt eine "pressure group"
bilden konnte, die in der Lage gewesen wäre, das Desinteresse,
das dem ökonomischen Befund nach beim überwiegenden Teil der
Rüstungsproduzenten zu erwarten steht, zu kompensieren. Der Einfluß der exportinteressierten Fraktion wäre dann erheblich
größer gewesen, als es ihrem Gewicht innerhalb der Rüstungsindustrie insgesamt entsprochen hätte.

Folgt man den Überlegungen Stanley Liebersons[28], so ist
eine solche überproportionale Durchsetzungskraft eines gesellschaftlichen Interesses auch ohne Rekurs auf das Machteliten-
Theorem durchaus erklärbar, wenn nämlich die stark interes-
sierte Minorität sich die politische Unterstützung der kaum interessierten Majorität zu sichern weiß, deren Hauptinteressen
auf anderen Gebieten - in unserem Fall dem internen Rüstungsmarkt - liegen. Ob wir es mit einer solchen Situation zu tun
haben, läßt sich jedoch auf der Basis der rüstungsökonomischen
Daten allein noch nicht entscheiden, sondern erst im Rahmen
einer Analyse des Entscheidungssystems der Rüstungsexport-Politik.

Ein Indiz für eine beträchtliche Interessenbasis der ex-

portabhängigen Produzenten läge dann vor, wenn die Ausweitung
des Exportgeschäfts zu Beginn der 6oer Jahre für diese Unternehmen eine Kompensationsfunktion gehabt hätte, d.h. wenn für
sie die Notwendigkeit bestanden hätte, durch Erhöhung ihrer
militärischen Auslandsverkäufe einen Auftragsverlust auf dem
Binnenmarkt auszugleichen.

Ein Blick auf die Position, die die 15 führenden Rüstungs-
exporteure in der zweiten Hälfte der 5oer und zu Anfang der
6oer Jahre auf der Liste der 1oo führenden Rüstungsunternehmen
innehatten[29], lehrt jedoch, daß diese Gruppe im wesentlichen
ihre Plazierung gehalten hat. Von einem nennenswerten oder gar
beträchtlichen Verlust auf dem Binnenmarkt für Rüstungsgüter
kann nicht die Rede sein. Überdies brachte die Kennedy-Administration einen beträchtlichen Rüstungs- und militärischen Inno-
vationsschub mit sich, der sich besonders in einem Auftragszu-
wachs für die Luft- und Raumfahrtindustrie niederschlug[30].
Diese Tatsache läßt die These der Kompensation abnehmender
Binnennachfrage durch Rüstungsexporte, jedenfalls für die
Phase bis 1967/68, als unwahrscheinlich erscheinen[31].

2.15 Die internationale Dimension der Rüstungsökonomie

Umfang und Struktur der Rüstung der Vereinigten Staaten, und
damit auch die ökonomische Bedeutung der Rüstungsexporte, unter-
liegen neben denjenigen Bestimmungsfaktoren, die der Organisation und Produktionsweise der amerikanischen Gesellschaft zuzuschreiben sind, auch noch anderen,international wirksamen
rüstungsökonomischen und technologischen Faktoren. Vor allem
zwei Problemkreise sind hier relevant: Koproduktion und Lizenzbau[32] und die Möglichkeit der Kostensenkung durch Verlängerung
der Produktionsläufe[33].

Seit Anfang der 6oer Jahre nimmt die Anzahl sowohl der
amerikanisch-europäischen als auch der innereuropäischen Koproduktionen auf dem Rüstungsmarkt kontinuierlich zu[34]. Zur
ersten Gruppe gehörte u.a. der F-1o4 Starfighter[35], das(schließlich gescheiterte) deutsch-amerikanische Projekt des Main
Battle Tank (MBT 7o)[36] und eine Anzahl weniger spektakulärer,

aber erfolgreicherer Projekte[37]. In die zweite Gruppe fallen
z.B. der französisch-englische Jaguar Jet Trainer, das deutsch-
französische Transportflugzeug Transall und die unter Beteiligung mehrerer europäischer Staaten produzierten Hawk-,Bullpup-
und Sidewinder-Raketen[38]. Die meisten dieser Projekte gehörten
gleichzeitig in einen Bereich, der eine direkte Verbindung
zwischen amerikanischem und europäischem Rüstungsmarkt konstituiert: der Lizenznachbau amerikanischer Waffensysteme durch
europäische Firmen[39].

Aus Koproduktion und Lizenzbau fließen weitere,dem auswärtigen Markt für Rüstungsgüter entstammende Gewinne der amerikanischen Rüstungsindustrie zu, die in den Angaben über die
Höhe der militärischen Auslandsverkäufe nur zum Teil ausgewiesen werden; die Lizenzgebühren sind gar nicht enthalten,
die Gewinne aus Koproduktionen nur insoweit, als amerikanische Firmen als Zulieferer fungieren.

Zur externen Dimension der amerikanischen Rüstungsproduktion gehören also neben der traditionellen und nach wie vor
umfangmäßig bei weitem bedeutendsten Dimension der Auslandsverkäufe von Rüstungsgütern als neuere Formen auch Koproduktion und gemeinsame Entwicklungsprojekte[40] sowie Lizenzbau,
die allerdings für die nähere Zukunft auf den Kreis der verbündeten Industrienationen beschränkt bleiben dürften.

Während der Export fertiger Waffensysteme die Unabhängigkeit der Produktionsbasis beider Seiten, des Exporteurs wie
des Abnehmers, völlig unangetastet läßt, haben Koproduktion
und Lizenzbau zu einer, wenn auch umfangmäßig bislang nicht bedeutenden, Verzahnung der amerikanischen und der europäischen
Rüstungsproduktionen und - was vielleicht noch wichtiger ist -
der Technologie gerade auf dem Gebiet hochkomplexer Waffensysteme geführt. In die gleiche Richtung wirken Überschneidungen in der Anteilseignung. Sie existieren in der Form, daß
amerikanische Konzerne, u.a. United Aircraft, Boeing, Lockheed
und Northrop, an wichtigen europäischen Firmen des Luft- und
Raumfahrtsektors beteiligt sind[41].

Die Konsequenzen der zunehmenden Koproduktion für die Ex-
portmöglichkeiten der amerikanischen Rüstungsindustrie sind
durchaus ambivalent. Auf der einen Seite tragen die gemein-

samen Projekte innerhalb des europäischen NATO-Bereichs langfristig dazu bei, einen Teil des größten Marktes für Flugge-
rät und komplexe Waffensysteme zu okkupieren, nämlich des
europäischen, der Ende der 5oer Jahre noch durchgängig amerikanisch dominiert war. Andererseits hat die amerikanische
Industrie beträchtliche Chancen der Partizipation in diesen
Unternehmen, sei es via direkte Beteiligung, sei es als Liefe-
rant von Subsystemen[42]. Positiv zu Buche aber schlägt vor
allem die politisch-strategische Bewertung der Entwicklung zur
Koproduktion: Seit Beginn der 6oer Jahre haben alle wichtigen
außen- und militärpolitischen Sprecher der Vereinigten Staaten
immer wieder größere Verteidigungsanstrengungen der europäischen Verbündeten und - im Zusammenhang damit - eine Vereinheitlichung der Bewaffnung der europäischen NATO-Verbündeten
untereinander und mit den USA gefordert[43]. Es liegt auf der
Hand, daß Koproduktion eines der wichtigsten Instrumente zur
Erreichung dieses Zieles ist.

Ein Indiz dafür, daß die amerikanische Administration
eine Ausweitung der Koproduktion zwischen den europäischen
NATO-Partnern auf dem Rüstungsmarkt antizipierte, liegt in dem
im Jahre 1965 von McNamara propagierten Plan eines "Common
Defense Market"[44]. Gedacht als integrierter, arbeitsteilig
je nach Leistungsvermögen und Spezialisierung von den Europäern und den USA beschickter Rüstungsmarkt, läßt sich das
Projekt verstehen als Versuch, die negativen ökonomischen Konsequenzen abzufangen, die der amerikanischen Rüstungsindustrie
aus einer politisch und militärisch erwünschten Entwicklung,
eben der erweiterten Koproduktion der europäischen NATO-Verbündeten entstehen konnten[45].

Der zweite Problemkreis, der sich mit Kostensenkung durch
Verlängerung der Produktionsläufe umschreiben läßt, ist in der
Diskussion um die internationalen Bedingungen von Rüstungsexporten ungleich stärker als der Bereich der Koproduktion vertreten. Es geht hier um Antriebskräfte, die sich aus dem Stand
der Rüstungstechnologie ergeben, und von denen daher angenommen
werden kann, daß sie in irgendeiner Form auf alle technisch
führenden Exporteur-Länder einwirken[46].

Die Schwerpunktverlagerung der Rüstung von Fahrzeugen,
Waffen und Munition auf hochkomplexe Waffensysteme hatte im
internationalen Maßstab eine erhebliche Verteuerung der Rüstungsproduktion zur Folge, die weiter progressiv fort-
schreitet. Neben der technischen Verkomplizierung wirkten vor
allem zwei Faktorenbündel in diese Richtung: zunächst die sich
immer mehr ausdehnende Zeitspanne zwischen Entwurf und
Serienproduktion eines Waffensystems und weiterhin der Un-
sicherheitsfaktor, der sich aus der Möglichkeit von Fehl-
planung und Scheitern einerseits und der Abhängigkeit von der
Entscheidung staatlicher Beschaffungsstellen zwischen konkurrierenden Entwürfen bzw. Produkten andererseits ergibt[47].

Angesichts dieser Entwicklung liegt die wirksamste Möglichkeit zur zumindest partiellen Gegensteuerung in der
Verlängerung der Produktionsläufe, wodurch sich gemäß den
Regeln der "economies of scale" die Produktionskosten pro
Einheit senken. Das hat aber eine Ausweitung des Marktes für
komplexe Waffensysteme zur Voraussetzung, sei es durch ver-
mehrte Binnennachfrage oder durch Exporte; entsprechend gilt
die Verlängerung der Produktionsläufe als bedeutender rü-
stungsökonomischer Antriebsfaktor militärischer Exporte[48].

Kostensenkung durch Verlängerung der Produktionsläufe ist
jedoch für verschiedene Exporteurländer von unterschiedlicher
Bedeutung; die Differenz ist eine Funktion der Größe des
Binnenmarktes für Rüstungsgüter. Ein Vergleich der Situation
der britischen und französischen Luftfahrtindustrie mit der
amerikanischen macht dies deutlich.

Garantiert allein die Größe des Binnenmarktes der amerikanischen Luft- und Raumfahrtindustrie gegenüber ihren französischen und britischen Konkurrenten, angesichts der Tatsache, daß der Binnenmarkt beider europäischer Länder zusammen-
genommen nicht einmal die Hälfte des Dollarvolumens des amerikanischen erreicht[49], einen erheblichen Preis- und damit Wettbewerbsvorteil, so konstituiert eben diese Gegebenheit für
Frankreich und Großbritannien einen Zwang zum Export: Bei dem
vergleichsweise geringen Bedarf der eigenen Streitkräfte bietet

allein das Ausweichen auf fremde Märkte die Möglichkeit, die
Produktionskosten auf einem Niveau zu halten, das im internationalen Maßstab die Wettbewerbsfähigkeit gegenüber den
Produkten der Aerospace-Industrie der USA erhält und damit
langfristig überhaupt erst die Voraussetzungen für die Existenz
einer unabhängigen britischen und französischen Luftfahrtindustrie sichert[50].

Zusammenfassend läßt sich festhalten, daß der Trend zur
Koproduktion die amerikanischen Rüstungsexporte in den 6oer
Jahren per Saldo wohl nicht gefördert, sondern eher negativ
beeinflußt hat. Ihr Anteil am europäischen Rüstungsmarkt war
jedenfalls leicht rückläufig.

Die Wirkung des Faktors der Kostensenkung durch Verlängerung der Produktionsläufe muß in Relation zu den anderen führenden Exporteuren bestimmt werden; er hat für die Vereinigten
Staaten mit Sicherheit geringere Bedeutung besessen als für
Frankreich und Großbritannien. Militärische Exporte fügten den
für den Binnenmarkt bestimmten Aufträgen der amerikanischen
Aerospace-Industrie jährlich nur 5% hinzu,während die entsprechenden Werte für die beiden anderen Exporteur-Länder bei
25 % bzw. bei 17 % lagen[51]. Für die unmittelbare Gegenwart läßt
sich allerdings vermuten, daß der Zwang der "economies of
scale" auf die amerikanischen Rüstungsproduzenten eine stärkere
Wirkung ausübt, als dies im vergangenen Jahrzehnt der Fall war.

2.2 Die "vermittelte Dimension": Zahlungsbilanz-Ausgleich
    und "Burden-Sharing"

Als Voraussetzung und wichtiger Antriebsfaktor der Neuformu-
lierung der Rüstungsexport-Politik zu Beginn der 6oer Jahre
gilt allgemein die beträchtliche Ausweitung des Defizits in
der Zahlungsbilanz der Vereinigten Staaten seit 1958. Die Relevanz dieses Faktors ist unumstritten, und wir wenden uns nun
der Aufgabe zu, den mit "Zahlungsbilanzausgleich" und "burden-
sharing" umschriebenen Bedingungszusammenhang näher zu bestimmen und in seiner relativen Bedeutung für Inauguration und Gestaltung der Politik der Rüstungsexporte gegenüber der rüstungsökonomischen Dimension abzuheben.

2.21 Die Vorgeschichte

Das Problem der Zahlungsbilanz-Defizite ist für die Vereinigten
Staaten keineswegs neu; vielmehr war die Bilanz bereits in den
5oer Jahren durchgängig negativ, mit der Ausnahme des Jahres
1957. 1954 bis 1956 betrug das Defizit durchschnittlich 1,2
Milliarden Dollar pro Jahr. Nachdem 1957 ein Überschuß von 6oo
Millionen Dollar erzielt worden war, wuchs das Defizit 1958
sprunghaft auf 3,4 Milliarden an und erreichte 1959 und 196o
eine Höhe von je 3,9 Milliarden Dollar[52].

Das Jahr 1958 stellt jedoch nicht nur wegen der Ausweitung
des Defizits eine Wasserscheide in der Zahlungsbilanzsituation
und -politik der USA dar. Bis zu diesem Zeitpunkt wurde das Defizit nicht als besorgniserregend empfunden, sondern als Konsequenz der Rolle des Weltbankiers betrachtet, die die USA innehatten. Der Dollarexport half die Dollar-Knappheit in Westeuropa zu überwinden, ermöglichte damit die Ausweitung des Han-
delsaustausches mit den USA und stimulierte das europäische
Wirtschaftswachstum[53]. Die Wiederherstellung der Konvertibili-
tät der wichtigsten europäischen Währungen im Jahre 1958 brachte
jedoch eine Änderung der Situation insofern, als die USA nun-
mehr gezwungen waren, das Defizit durch den Verkauf von Goldreserven zu finanzieren[54]. Damit rückte der Goldabfluß in den

Mittelpunkt der Diskussion des Zahlungsbilanzproblems.

Nicht die Zahlungsbilanzsituation allein, sondern vielmehr
der Goldabfluß und die damit verbundenen ersten Anzeichen einer
Gefährdung der Rolle des Dollars als Leitwährung - mit allen
politischen Konsequenzen, die uns noch beschäftigen werden -
bilden also den Hintergrund für die Politik der Zahlungsbilanz-
Korrektur, die 1959 und 1960 von einigen Mitgliedern der Eisenhower-Administration, dem Kreis um Under Secretary of State
Douglas Dillon[55], - unter Kennedy Secretary of the Treasury -
in Einzelaspekten vorkonzipiert und 1961 von der Kennedy-Administration in ein voll ausformuliertes Programm transformiert
und inauguriert wurde.

2.22 Die Faktoren des Defizits

Differenziert man ganz grob zwischen drei Teilbilanzen -
erstens der Handels- und Dienstleistungsbilanz, zweitens der
Bilanz der privaten Kapitalströme und drittens der Bilanz der
Regierungstransaktionen[56] -, so ergibt sich, was die Verur-
sachung des Zahlungsbilanz-Defizits anbetrifft, folgendes Bild:
Die USA exportierten während der gesamten Nachkriegszeit mehr
Güter und Dienstleistungen als sie einführten[57]. Den Über-
schüssen der Handels- und Dienstleistungsbilanz standen und
stehen jedoch Defizite im Bereich der beiden anderen Teilbilanzen gegenüber.

Der Versuch der Bilanzierung der privaten Kapitalströme und
der Regierungstransaktionen weist eine Reihe von Schwierigkeiten zahlungsbilanztechnischer Art auf; das läßt sich zunächst
am Beispiel der langfristigen privaten Auslandsinvestitionen
demonstrieren. Zwar ist unbestritten, daß das Volumen der
amerikanischen Investitionen im Ausland das der ausländischen
Investitionen in den Vereinigten Staaten bei weitem übertraf
und übertrifft[58], jedoch werden die Konsequenzen dieser Kapitalbewegungen für die amerikanische Zahlungsbilanz keineswegs
übereinstimmend bewertet. Neben Arbeiten, die von einer zumindest neutralen Wirkung ausgehen, wenn sie nicht auf dem
Standpunkt stehen, daß die aus den Investitionen früherer

Jahre zurückfließenden Dollarbeträge die jährlich abfließenden Gelder übersteigen[59], existiert eine zweite Position. Diese hält den langfristigen Kapitalexport für einen derjenigen Faktoren, die das Defizit verursachen[60].

Gerade in bezug auf diesen letzten Faktor ist es notwendig, zeitlich stärker zu differenzieren. Der Export langfristigen Kapitals, vor allem in den EWG-Raum, hat seit Mitte der 6oer Jahre zweifellos eine neue Qualität gewonnen; als Faktor der Zahlungsbilanz-Schwierigkeiten der Vereinigten Staaten ist sein relatives Gewicht kontinuierlich gewachsen[61].

Dementsprechend gehörte die Beschränkung der langfristigen Auslandsinvestitionen zunehmend zu den Lösungsempfehlungen. Nach einem ersten Anlauf in der Kennedy-Zeit hat die Johnson-Administration versucht, durch steuerliche Maßnahmen und durch ein Programm der "freiwilligen Selbstbeschränkung" auf einen Rückgang der langfristigen Auslandsinvestitionstätigkeit amerikanischer Unternehmen hinzuwirken und die Anreize für ausländische Investitionen in den USA zu schaffen, um auf der "Haben"-Seite der Zahlungsbilanz einen Ausgleich für die abfließenden Gelder zu schaffen. Beide Programme verliefen jedoch weitgehend im Sande[62].

Über die negativen Konsequenzen des Abflusses kurzfristiger Gelder aus den USA sind wiederum alle Beobachter einig[63], und dementsprechend auch über die Wünschbarkeit einer staatlichen Gegensteuerung durch Zinspolitik. Als Konsequenz des Zinsgefälles zwischen Europa und den USA einerseits[64] und des schwindenden Vertrauens in die Stärke des Dollars andererseits, steht der Negativposten "kurzfristige Kapitalströme" in engem Zusammenhang mit den Problemen des Goldabflusses. Er verweist damit auf einen strukturellen Negativposten, der im Mittelpunkt des umfassenden politischen Kontextes der Zahlungsbilanzfrage steht: die Bilanz der Regierungstransaktionen[65].

Das Defizit in ihrem Bereich wird primär durch drei Faktoren verursacht: zunächst durch die Kosten der Stationierung amerikanischer Truppen im Ausland, sodann durch die militärische Auslandshilfe und schließlich durch die Wirtschaftshilfe. Zu beachten ist hierbei jedoch, daß die auf der "Soll"-Seite der

amerikanischen Zahlungsbilanz ausgewiesenen Kosten dieser Programme, d.h. also der Transfer von Dollars ins Ausland in
ihrer Folge, keineswegs identisch mit ihren budgetären Kosten
sind[66]. Der größte Teil der Wirtschaftshilfe hat keine negativen Auswirkungen auf die Zahlungsbilanz, da für die bewilligten Gelder in den USA selbst Güter gekauft, mithin keine
Dollars ins Ausland transferiert werden. Das gleiche gilt für
die Militärhilfe, soweit sie in Form von Schenkungen ("grants")
militärischen Materials gegeben wird; das Wirken der MAAGs,
die Ausbildungshilfe und die Wartung des gelieferten Materials
im Empfängerland ziehen jedoch die Ausfuhr von Dollars nach
sich.

Im Fiskaljahr 1963 betrugen die Zahlungsbilanzkosten im
militärischen Bereich der Regierungstransaktionen insgesamt
2,8 Milliarden Dollar[67]; davon entfielen rund 3oo Millionen
auf militärische Auslandshilfe und 2,5 Milliarden, das sind
89 %, auf die Unterhaltung amerikanischer Truppen im Ausland.
Der relative Anteil der letzten Kategorie hat sich in der
Folgezeit durch die steigenden Ausgaben für den Vietnamkrieg
noch erhöht. Was die Wirtschaftshilfe anbetrifft, so wurden in
den 6oer Jahren nach übereinstimmenden Schätzungen zwischen
7o und 8o % jedes Jahresbudgets direkt in den USA ausgegeben[68].
Die jährliche Belastung der Zahlungsbilanz durch diesen Posten
lag demnach zwischen 6oo Millionen und einer Milliarde Dollar.

Wichtigster struktureller Negativposten in der Bilanz der
Regierungstransaktionen waren also im Untersuchungszeitraum -
und darüber hinaus in der gesamten Nachkriegszeit - die Kosten
der Stationierung amerikanischer Truppen im Ausland[69]. Im Hinblick auf die amerikanischen Rüstungsexporte in die BRD ist
besonders der westdeutsche Anteil an den Belastungen der Zahlungsbilanz in diesem Bereich interessant. 196o befanden sich
4o % der im Ausland stationierten amerikanischen Truppen auf
deutschem Boden; mit 24o.ooo von insgesamt 633.ooo Mann stand
die BRD unter allen Staaten mit Abstand an der Spitze[7o].

Nimmt man die regionale Verteilung der amerikanischen
Truppen als Vergleichsmaßstab, so folgen allerdings Asien und
der Pazifikraum unmittelbar auf Westeuropa; mit einer Differenz,

die erheblich kleiner ist als die zwischen der BRD und dem
Staat mit der nächst größten Anzahl stationierter amerikanischer
Soldaten. Seit Mitte der 6oer Jahre, d.h. der Entsendung amerikanischer Bodentruppen nach Vietnam in immer größerem Umfang,
sinkt der relative Anteil der BRD. 1969 waren von über
1 Milliarde amerikanischer Soldaten im Ausland 3oo.ooo oder
2o % in der BRD stationiert, dagegen 5o8.ooo in Vietnam;
insgesamt in Asien und im Pazifik-Gebiet 738.ooo gegenüber
32o.ooo in Westeuropa[71].

Eine Analyse der Faktoren des Defizits leistet mithin
zweierlei. Einerseits ermöglicht sie die Bestimmung der struk-
turellen Negativposten in der amerikanischen Zahlungsbilanz:
in erster Linie sind dies, trotz des zunehmenden Gewichts der
Auslandsinvestitionen, die Regierungstransaktionen[72]. Die
Kosten der Stationierung amerikanischer Truppen im Ausland, die
Militärhilfe und die Wirtschaftshilfe bilden - mit in dieser
Reihenfolge abnehmendem Schwergewicht - die "Soll"-Seite der
Bilanz der Regierungstransaktionen. Andererseits lenken diese
Überlegungen den Blick auf die umfassenden politischen Be-
dingungszusammenhänge des Defizits. Die Negativposten Truppen-
stationierung und Militärhilfe stehen in einem internationalen
Kontext, der hier nur mit wenigen groben Strichen skizziert
werden kann; seine umfassende Analyse wäre identisch mit
der Aufarbeitung der Rolle der USA bei der Formierung und
Fortentwicklung des internationalen Systems der Nachkriegszeit[73].

Im Defizit der amerikanischen Zahlungsbilanz, wie es sich
zu Beginn der 6oer Jahre darstellt, und speziell im Defizit
der Regierungstransaktionen, haben wir die Konsequenzen der
globalen militärischen Präsenz der Vereinigten Staaten vor
uns[74]. Die Stationierung von Truppen im Ausland und die Militärhilfe stellen sich dar als Instrumente im Dienst eines uni-
versalen Sicherheitsinteresses, das seinerseits in Form eines
globalen Sicherheitssystems, eines Netzes von Bündnissen und
commitments in verschiedener Form institutionalisiert wurde[75].
Die Bedingungen für beides, Perzeption des Interesses und die
Form seiner Realisierung, liegen in der - von den USA wiederum
entscheidend mitgestalteten - weltweiten Konfrontation mit der
Sowjetunion[76].

Auch die globale ökonomische Präsenz der USA findet sich in
der Zahlungsbilanz abgebildet; auf der "Soll"-Seite der Regierungstransaktionen in Gestalt der Wirtschaftshilfe, die seit
dem Auslaufen des Marshall-Plans praktisch mit Entwicklungshilfe identisch ist, dann in Gestalt der Investitionen amerikanischer Firmen im Ausland, und schließlich in Gestalt des
Abflusses kurzfristigen Kapitals aus den Vereinigten Staaten.
Der Zusammenhang des letzten Faktors mit der weltweiten ökonomischen Präsenz der USA ist weniger unmittelbar als im Falle
der ersten beiden; er wird gestiftet durch die Rolle des Dollar
im Weltwährungssystem, das durch die USA entscheidend geprägt
wurde und ihre Interessen weitgehend widerspiegelt[77], und
durch den Vertrauensschwund bezüglich der Stärke des Dollar
als Leitwährung, der sich zu Beginn der 6oer Jahre bemerkbar
machte[78].

In unserem Zusammenhang liegt das Schwergewicht der Erörterung auf der Realisierung amerikanischer Interessen im internationalen System mithilfe eines militärischen Mittelarsenals;
die spezifische Optik der Rüstungsexportpolitik und darin besonders des Zahlungsbilanz-Problems darf jedoch nicht zu Aussagen über eine prinzipielle Mittelpräferenz im auswärtigen
Verhalten der USA verleiten. Eine Reihe von Faktoren deuten
darauf hin, daß das militärische Instrumentarium im Außenverhalten der USA generell eine eher untergeordnete Rolle spielt[79];
die Grenzen der Verallgemeinerbarkeit unserer Ergebnisse
bleiben auf jeden Fall noch genauer zu bestimmen.

Versetzt man sich, ausgestattet mit den uns heute zur Verfügung stehenden, in den vorangegangenen Überlegungen skizzier-
ten Informationen einmal in die Lage der amerikanischen Entscheidungsträger an der Wende der 5oer zu den 6oer Jahren, so
ergeben sich zwei prinzipielle alternative Konzepte einer Politik der Zahlungsbilanz-Korrektur. Ein solches Gedankenexperiment,
das bei der Beurteilung der Möglichkeiten und Grenzen einer bestimmten Politik vielfach von Nutzen sein kann, ist allerdings
nur zulässig, wenn man berücksichtigt, daß sowohl der Infor-
mationsstand als auch der Perzeptions- und Handlungsspielraum
der aktuell Beteiligten aus historischen Gründen sehr viel be-

schränkter waren; ein Umstand, der von den Kritikern insbesondere der Kennedy-Administration heute vielfach außeracht gelassen wird[80].

Zunächst hätte - theoretisch - die Möglichkeit bestanden, den am schwersten wiegenden Strukturfaktor des Defizits, den militärischen Sektor der Bilanz der Regierungstransaktionen, direkt anzugehen und seine Ursachen, also die amerikanische Sicherheitspolitik selbst, neu zu gestalten. Die zweite Möglichkeit hätte in einem Vorgehen gelegen, das man als "Symptomatik" bezeichnen könnte: im Versuch, die negativen Zahlungsbilanz-Konsequenzen der amerikanischen Sicherheitspolitik zu beseitigen, ohne sie selbst zu verändern.

Erklärungsbedürftig ist nicht so sehr die Tatsache, daß es das zweite Konzept war, das zur Anwendung kam, als vielmehr die spezifische Begrenzung in der Perzeption aller Beteiligten zu Beginn der 6oer Jahre: Nicht nur läßt sich die erstgenannte politische Alternative bei keinem einzigen der Entscheidungsträger der Kennedy-Zeit nachweisen, sondern die Sicherheitspolitik der Vereinigten Staaten wurde überhaupt nicht als prinzipielle Ursache des Zahlungsbilanz-Defizits erkannt, obgleich der Sektor der Regierungstransaktionen als wichtigster defizitärer Faktor galt[81]. Es läßt sich nur der Schluß ziehen, daß sowohl die Position der USA als Weltführungsmacht, als auch die Instrumente ihrer Realisierung, das globale Sicherheitssystem und die weltweite Präsenz zu Beginn der 6oer Jahre zu den undiskutierten Selbstverständlichkeiten gehörten, vor denen eine kritische Reflexion haltmachte. Erst Mitte des Jahrzehnts begann sich dies zu ändern; die Ausweitung des Vietnam-Krieges und die Verschärfung der innergesellschaftlichen Konflikte wirkten zusammen, um das vordem Selbstverständliche nicht nur in gesellschaftlichen Randgruppen, sondern auch in Teilen der liberalen Öffentlichkeit und im Kongreß als fragwürdig erscheinen zu lassen[82].

2.23   Die Zahlungsbilanz-Politik der Kennedy-Administration

2.23.1 Die Rahmenbedingungen

Für die Einleitung und Ausgestaltung der amerikanischen Zahlungsbilanz-Politik sind eine Reihe internationaler und innergesellschaftlicher Faktoren von Bedeutung gewesen; sie bilden
das umfassende Bezugssystem für Ziele und Instrumente dieser
Politik. Dieser Rahmen kann hier nur sehr summarisch skizziert
werden; die detaillierte Analyse muß sich auf den engeren Gegen-
standsbereich, die Rüstungsexport-Politik, konzentrieren.
Gleichwohl ist eine Skizze des internen und externen Kontextes
der amerikanischen Zahlungsbilanz-Politik notwendig, da sich
eine Reihe wichtiger Fragen erst auf dieser Basis überhaupt
stellen läßt. Dies bezieht sich zunächst auf den Stellenwert
der Rüstungsexporte im Zielkatalog der Zahlungsbilanz-Politik,
weiterhin auf die Frage nach Anzahl und Reichweite der politischen Handlungsalternativen, die der Administration zur Verfügung standen, mit anderen Worten nach den Grenzen ihrer
Optionsmöglichkeiten.
    Was die Bedingungen im Umfeld Nicht-USA anbetrifft, so
wurde die Bedeutung der Rolle der USA als eine der beiden
antagonistischen Supermächte im Ost-West-Konflikt bereits angedeutet. Die Kosten der globalen Sicherheitspolitik der USA
hatten sich als wichtigster Strukturfaktor des Zahlungsbilanz-
Defizits herausgestellt. Zu den Faktoren, die den internationalen Bezugsrahmen der amerikanischen Zahlungsbilanz-Politik längerfristig bestimmten, gehören zwei weitere: Die Schlüs-
selposition Europas im amerikanischen Sicherheitssystem und,
seit Mitte der 5oer Jahre, die Einbeziehung der Dritten Welt
in die Auseinandersetzung der Supermächte.
    Das Gewicht Europas als Bündnispartner der USA ist evident.
In seiner militärisch-politischen Dimension war es weitgehend
eine Funktion des Kalten Krieges: Die NATO als Kernstück des
amerikanischen Bündnissystems ist Ausdruck der Bedeutung, die
Europa als Austragungsort des Kalten Krieges in den 4oer und

5oer Jahren besaß[83].

Die ökonomische Dimension der amerikanisch-westeuropäischen
Beziehungen war jedoch zu keiner Zeit, auch nicht während der
Initiierungsphase des Marshallplans[84], so eng an den Konflikt
der Supermächte angekoppelt; gegen Ende der 5oer Jahre erwies
sie sich als eigenständiges Strukturprinzip innerhalb des
kapitalistischen Weltwirtschaftszusammenhangs, das seinerseits
die politischen und militärischen Beziehungen zwischen der
westlichen Führungsmacht und den europäischen Staaten zu beeinflussen begann[85]. Mit der Gründung der EWG wurden die Um-
risse eines westeuropäischen Wirtschaftsraums sichtbar, der
nach Größenordnung und ökonomischer Potenz zumindest der Perspektive nach mit den Vereinigten Staaten konkurrenzfähig
erschien. Einen ersten empirischen Test der ökonomischen
Attraktivität der EWG-Länder erlebten die USA in Gestalt des
Abflusses von Goldreserven und kurzfristigem Kapital nach 1958.

Mit ihrem Konzept zur Zahlungsbilanz-Korrektur trug die
Kennedy-Administration der erstarkten ökonomischen Potenz der
Westeuropäer auf ganz spezifische Weise Rechnung. Die Essenz
ihrer Zahlungsbilanz-Politik lag in dem Versuch, die europäischen Verbündeten zur Übernahme eines Teils der Kosten des
von den USA angeführten globalen Sicherheitssystems zu bewegen. Das Schlagwort "burden-sharing" steht für diesen Pfeiler
des Kennedyschen Konzepts zur Zahlungsbilanz-Korrektur.

Der Bedeutungszuwachs der Dritten Welt[86] als Austragsort
der Systemkonkurrenz tritt in der Zahlungsbilanz-Politik in
erster Linie auf der "Soll"-Seite, als neuer Kostenfaktor, in
Erscheinung, in Gestalt der Notwendigkeit einer Steigerung der
amerikanischen Entwicklungshilfe-Leistungen, wie sie sich den
Entscheidungsträgern der frühen 6oer Jahre darstellte.

Aufgerüttelt durch die antiamerikanischen Demonstrationen
beim Besuch des damaligen Vizepräsidenten Nixon in Lateinamerika im Jahre 1958, vor allem jedoch durch die kubanische Revolution, hatte schon die späte Eisenhower-Administration den Entwicklungshilfe-Leistungen ein gesteigertes Maß an Aufmerksamkeit zugewandt[87]. Den Durchbruch zu einer - zumindest dem Verständnis ihrer Initiatoren nach - neuen Entwicklungshilfe-
Politik brachte jedoch erst die Kennedy-Ära. Daß die neue

Administration die wirtschaftliche, soziale und politische
Problematik der Entwicklungsländer als einen der struktur-
bildenden Faktoren des internationalen Systems wahrnahm, belegt nicht nur ein Blick auf die Äußerungen Kennedys und von
Mitgliedern seiner Regierung im Kongreß und in der Öffentlich-
keit[88]; es geht auch eindeutig aus der Umorganisation der Ent-
wicklungshilfe-Bürokratie hervor, die in der Bildung der
Agency for International Development (AID)[89] gipfelte. Die
Gründung des Peace Corps und vor allem die Inauguration der
Allianz für den Fortschritt[90] können sicherlich nicht als
bloße Rhetorik, Fassade einer ganz anderen Praxis, abgetan
werden[91]; zudem zeugt auch die Höhe der Budget-Anträge für den
Entwicklungshilfe-Etat, die die Kennedy-Administration an den
Kongreß richtete[92], für die Ernsthaftigkeit der Bemühungen um
eine quantitativ aufgestockte und qualitativ der sozialen Ent-
wicklungsproblematik besser angepaßte Hilfe.

Daß dieser Durchbruch schließlich doch nicht erzielt wurde,
ist das Ergebnis mehrerer Faktoren. Zunächst wirkte sich die
Uneinheitlichkeit in der Konzeption der Administration selbst
aus, deren Antikommunismus vor allem in Zeiten internationaler
Spannungen, an denen die Jahre 1961 und 1962 reich waren, dem
Verständnis für die Notwendigkeit sozialer Reformen in den Entwicklungsländern im Wege stand und es oft genug abdunkelte. Die
Problematik der Dritten Welt, von deren Eigenständigkeit man
in der Formulierung der Entwicklungshilfe-Politik ausging,
wurde so einmal mehr in das Kategoriensystem des Kalten Krieges
hineingezwängt - eine Sichtweise, die die 5oer Jahre bestimmt
hatte[93].

Als weiterer, mindestens ebenso einflußreicher Faktor kam
die Skepsis hinzu, mit der weite Kreise des Kongresses, Republikaner wie Demokraten, einer Ausweitung der Entwicklungshilfe-
Leistungen und vor allem ihrer Bindung an soziale Reformen
gegenüberstanden. Die Kürzungen der Budget-Anträge der Administration waren dementsprechend erheblich: sie betrugen im Fiskaljahr 1963 über 25 % und erreichten 1964 38 %[94].

Ähnlich gerichtete Veränderungen bewirkten die Entscheidungen des Kongresses in demjenigen Ausschnitt des innen- und

des außenpolitischen Instrumentariums, der den größeren Rahmen
der Zahlungsbilanz-Politik bildet. Dies gilt für die ge-
planten, aber nur zum Teil realisierten binnenwirtschaftlichen
Antirezessionsmaßnahmen, deren überwiegender Teil der Verbesserung der sozialen Infrastruktur hätte dienen sollen[95], ebenso
wie für das Rüstungsbudget und für die Wirtschafts- und Militärhilfe. Die Rolle des Kongresses vor allem in den beiden
letztgenannten Bereichen wird weiter unten in Abschnitt 3
ausführlicher behandelt.

Waren die Rahmenbedingungen der amerikanischen Zahlungsbilanz-Politik, die kürzelhaft mit "Rolle der USA als Weltführungsmacht", "Bedeutung Europas" und "Entwicklungshilfe" um-
schrieben wurden, durch mittel- bis längerfristige Struktur-
faktoren des internationalen Systems bestimmt, so existiert
in Gestalt der ökonomischen Situation der Vereinigten Staaten
in den 50er und frühen 60er Jahren ein weiteres Set von restriktiven Bedingungen der amerikanischen Zahlungsbilanz-Politik.

Die Rezession 1960/61, die die gesamtwirtschaftliche Lage
bei der Übernahme der Präsidentschaft durch Kennedy kennzeichnete, war keineswegs ein plötzlicher Einbruch in eine prospe-
rierende Ökonomie; vielmehr akzentuierte und verschärfte sie
eine Reihe von strukturellen Mängeln, die die Wirtschaft der
USA seit Beginn der 50er Jahre in geringerem oder stärkerem
Ausmaß charakterisiert hatten: eine - verglichen mit Westeuropa
und Japan - niedrigere Rate wirtschaftlichen Wachstums, eine
permanent hohe Arbeitslosenquote, ungenügend ausgelastete Produktionskapazitäten und die Existenz einer Reihe von wirtschaftlichen Notstandsgebieten selbst in Zeiten relativer Prosperität[96].

Während auf die Rezessionen der Jahre 1949/1950 und 1953/
1954 jeweils Perioden deutlichen ökonomischen Wiederaufschwungs
folgten, die - besonders im Fall des sogenannten Korea-Booms -
die gesamtwirtschaftlichen Strukturmängel zeitweise überdeckten,
war die wirtschaftliche Erholung nach der Rezession 1957/1958
deutlich kürzer und weniger ausgeprägt. Schon die Betrachtung
zweier Indikatoren, des Wirtschaftswachstums und der Arbeitslosenrate,macht dies deutlich[97]. Erschwerend kam hinzu, daß sich

das Zahlungsbilanz-Defizit der Vereinigten Staaten seit 1958 kontinuierlich ausweitete.

Die Kennedy-Administration fand also eine Situation vor, in der es um die Beseitigung einer binnenwirtschaftlichen Rezession unter spezifischen außenwirtschaftlichen Bedingungen ging, die, wenn nicht in ihrer Existenz, so doch in Ausmaß und Qualität neu waren: dem Zusammenhang von strukturellem Zahlungsbilanz-Defizit mit der veränderten Konkurrenz-Situation der Vereinigten Staaten auf dem Weltmarkt, in erster Linie in Folge des Positionszuwachses der westeuropäischen Staaten[98].

Es war Kennedys erklärte Absicht, der engen Verzahnung beider Problembereiche in seiner Politik Rechnung zu tragen[99]. Entsprechend bilden externe und interne Dimensionen seiner Zahlungsbilanz-Politik zumindest konzeptuell eine Einheit.

2.23.2 Das Konzept

Das Konzept der Zahlungsbilanz-Sanierung ruhte auf drei Pfeilern, von denen zwei besondere Priorität besaßen, während dem dritten eher nachgeordnete Bedeutung zukam: Die Vergrösserung des Überschusses der Handels- und Dienstleistungsbilanz einerseits und die Verminderung des Defizits in der Bilanz der Regierungstransaktionen andererseits standen gleichgewichtig im Zentrum[100]; sie blieben über die Kennedy-Zeit hinaus bis in die unmittelbare Gegenwart bestimmend für die Zahlungsbilanz-Politik der Vereinigten Staaten[101]. Schwerpunktverlagerungen, Veränderungen in der relativen Bedeutung einzelner Teile oder aber ihr Austausch gegen andere ergeben sich erst auf der Ebene der nachgeordneten Instrumente; so wurde im "burden-sharing"-Segment den Teilzielen der Reduzierung der Zahlungsbilanz-Kosten für Truppenstationierung, Militärhilfe und Entwicklungshilfe zu verschiedenen Zeiten ein unterschiedliches relatives Gewicht beigemessen, und es variierten auch die wiederum nachgeordneten Instrumente, z.B. die Bedeutung der Foreign Military Sales und der kommerziellen Rüstungsexporte.

Die dritte Dimension des Korrekturkonzepts, die Steuerung
der kurzfristigen Kapitalbewegungen, ergänzt die beiden zen-
tralen Ansatzpunkte der Zahlungsbilanz-Politik, reflektiert jedoch in ihrer eingeschränkten Bedeutung den im Vergleich zur
Bilanz der Regierungstransaktionen geringeren Anteil am Zustandekommen des Defizits. Die Kennedy-Administration betrachtete den Abfluß kurzfristigen Kapitals als temporär, im Gegensatz zur Einschätzung der Negativbilanz der Regierungstransaktionen als strukturell; die beste Möglichkeit zur Sanierung
auf dem Gebiet des kurzfristigen Kapitals sah sie dementsprechend in Absprachen zwischen den westlichen Industrienationen[102].

Das wesentliche Charakteristikum des Korrekturkonzepts
lag darin, daß eine Lösung gesucht wurde, die die primäre Ursache des Defizits, das Auslandsengagement der Vereinigten
Staaten mithilfe eines militärischen Mittelarsenals, prinzipiell
unangetastet ließ. Dies gilt mit Sicherheit für die Kennedy-
und Johnson-Administration, und eine Reihe von Indizien deutet
darauf hin, daß die Nixon-Doktrin trotz verbaler Justierungen
keine substantielle Änderung dieser Politik bedeutete, sondern
im Wege einer stärkeren Orientierung am Aufwands-Erfolgs-Kalkül
lediglich Verschiebungen des relativen Gewichts der Instrumente
dieses Auslandsengagements mit sich gebracht hat, vor allem den
Verzicht auf direkte militärische Aktionen im Ausland und die
Rücknahme des Instruments der Truppenstationierung zugunsten
einer Aufwertung der Militärhilfe[103].

Ist das Konzept der Zahlungsbilanz-Korrektur also - erstens - dadurch gekennzeichnet, daß es in einem Bereich ansetzt,
der nicht nur nicht für das Defizit verantwortlich ist, sondern
ganz im Gegenteil einen beträchtlichen Zahlungsbilanz-Überschuß erzielt, so verlagert es - zweitens - die Lösung aus den
Vereinigten Staaten hinaus in den Bereich ihrer Außenbeziehungen.
Wir haben es mit folgenden Strategien zu tun, die einander zugeordnet und entsprechend der Intention der Administration,
allerdings nicht im Grad ihrer aktuellen Durchsetzung, gleichgewichtig sind: Zunächst den Versuch der Finanzierung des Defizits in der Bilanz der Regierungstransaktionen durch den Ausbau des Überschusses in der Handelsbilanz[104], also Exportför-

derung durch Stärkung der internationalen Wettbewerbsfähigkeit
der amerikanischen Wirtschaft und Liberalisierung des Welthandels. Dem komplementären Bestreben, auch die Dienstleistungsbilanz zu sanieren, wurde nur unter Kennedy stärkere
Aufmerksamkeit gewidmet[105]; für die 6oer Jahre insgesamt ist
ihre Bedeutung eher marginal. Daneben tritt als zweite prinzipielle Lösungsstrategie der Komplex des "burden-sharing", die
Forderung nach Umverteilung der Lasten der Weltführungsmacht
USA innerhalb der westlichen Allianz.

Exportförderung und "burden-sharing" sind inhaltlich eng
miteinander verwoben; einige der ihnen nachgeordneten Instrumente haben Doppelcharakter, d.h. sie dienen simultan Zielen
in beiden Bereichen. Diese partiellen Überschneidungen heben
jedoch die Unterschiede in den verursachenden Faktoren - zwischen
der Handelsbilanz einerseits und der Bilanz der Regierungstransaktionen andererseits - keineswegs auf.

Exportförderung

Bestimmend für die Strategie der Exportförderung und die
spezifischen Instrumente in ihrem Bereich waren einerseits
politische und ökonomische Motive, die die amerikanische Nach-
kriegspolitik längerfristig strukturiert hatten, andererseits
die binnenwirtschaftliche Situation in den USA zu Beginn der
6oer Jahre. Das gilt zunächst für das Ziel der Liberalisierung
des Welthandels, des ungehinderten Zugangs zu allen Märkten,
das seit Ende des 19. Jahrhunderts für die amerikanische Außenwirtschaftspolitik und Außenpolitik bestimmend gewesen ist und
selbst während der Weltwirtschaftskrise nicht ganz zurückge-
drängt wurde[106]. In der Nachkriegszeit und bezogen auf Westeuropa als wichtigsten Handelspartner der USA hatte dieses Ziel
sein politisches Korrelat in der Unterstützung der westeuropäischen Einigungsbestrebungen durch die Vereinigten Staaten[107].

War die Wirtschaftshilfe im ersten Nachkriegsjahrzehnt
darauf gerichtet, den westeuropäischen Wirtschaftsraum wieder
funktionsfähig zu machen und damit die Voraussetzungen für den
Abbau von Zollbarrieren und für ein unrestriktives interna-

tionales Währungssystem allererst zu schaffen, so fanden sich
die Vereinigten Staaten gegen Ende der 5oer Jahre in einer
Situation, die sich nur als widersprüchlich kennzeichnen läßt:
zum einen liessen die Konsolidierung der westeuropäischen
Volkswirtschaften und vor allem die Gründung der EWG erstmals
spürbare Fortschritte in Richtung auf eine Liberalisierung
des Welthandels als möglich erscheinen; zum anderen jedoch er-
wuchs den Vereinigten Staaten in Gestalt der EWG ein potentiell nahezu ebenbürtiger weltwirtschaftlicher Konkurrent[1o8].
Die Ausweitung des Zahlungsbilanz-Defizits der Vereinigten
Staaten ist erster Ausdruck dieses partiellen Konkurrenzver-
hältnisses.

Eine Rückkehr zum Protektionismus schied sowohl für die
Eisenhower- als auch für die Kennedy-Administration als Lösungsstrategie aus; eine solche Politik hätte die Revision einer
der grundlegenden Maximen amerikanischen Außenverhaltens bedeutet und - entsprechend der Symbiose politischer und ökonomischer Ordnungsvorstellungen in der amerikanischen Tradition[1o9]
- mit dem wirtschaftlichen auch den politischen und militärischen Zusammenhang der westlichen Allianz in Frage gestellt
und zusätzlich die USA eines wichtigen Instrumentes gesell-
schaftspolitischer Beeinflussung beraubt. Auch das politische
Ziel der Förderung der westeuropäischen Integration wäre
tangiert gewesen[11o]. Es bestand also Einigkeit darüber, daß die
Zahlungsbilanz-Korrektur im Kontext einer liberalen Außenwirtschaftspolitik durch Maßnahmen auf dem Gebiet der Zoll -
und Währungspolitik zu geschehen habe, die der Ergänzung durch
binnenwirtschaftliche Maßnahmen bedürften[111].

Die energische Verfolgung des Ziels der Liberalisierung
des Welthandels vor allem durch die Kennedy-Administration war
jedoch nicht nur im Ziel-Mittel-Arsenal der amerikanischen
Außen- und Außenwirtschaftspolitik verankert; ihre Dringlich-
keit lag auch in der gleichzeitigen Entstehung eines integrierten europäischen Wirtschaftsraumes begründet,der die
Konkurrenzfähigkeit der USA auf dem westeuropäischen Markt zu
beeinträchtigen drohte. Der Abbau der Binnenzölle innerhalb des
Gemeinsamen Marktes verschlechterte zunehmend die Konkurrenz-
Position der dem Außenzoll unterworfenen amerikanischen Pro-

dukte[112]; gleichzeitig enthielt diese Situation einen ver-
stärkten Anreiz für Direktinvestitionen amerikanischer Firmen
im EWG-Raum, deren Ziel es war, sich auf dem europäischen
Markt die gleichen Vorteile wie einheimische Produzenten zu
sichern. Dies wiederum vergrößerte - jedenfalls kurzfristig -
das Defizit der Zahlungsbilanz[113] und entzog zusätzlich der
amerikanischen Wirtschaft durch Export von Produktionskapazitäten und Arbeitsplätzen ein Potential, das gerade in der
Rezession 1960/1961 dringend benötigt worden wäre. Diese Faktoren haben bedeutenden Einfluß auf die Zahlungsbilanz-Politik
der Kennedy-Administration ausgeübt; sie erscheint aus diesem
Blickwinkel als eine Art virtuose Vorwärtsverteidigung.

Im Kontext der Vergrößerung des Exportüberschusses ging die
Regierung Kennedy das Ziel der Liberalisierung des Handels im
atlantischen Raum primär durch zwei Instrumente an: durch Verhandlungen im Rahmen des GATT - später der Kennedy-Runde -
einerseits und durch die OECD andererseits. Beide Wege waren
ansatzweise schon unter Eisenhower beschritten worden[114]; die
OECD-Konvention wurde 1960 paraphiert. Sie erhielten jedoch erst
in der Regierungszeit Kennedys wirtschaftspolitische Priorität.

Die sog. Dillon-Runde im Rahmen des GATT hatte 1959/60
Zollsenkungen von durchschnittlich 8 % erbracht[115]; ein Hinder-
nis für weitergehende und allgemeine Zollsenkungen lag auf
amerikanischer Seite in den Bestimmungen des Reciprocal Trade
Agreements Act von 1934, der Zollsenkungen lediglich auf einer
"item by item"-Basis, nicht "across the board" gestattete. Das
Bestreben der Kennedy-Administration ging dementsprechend dahin,
die Voraussetzungen für eine weitergehende Liberalisierung des
internationalen Handels durch ein neues Gesetz zu schaffen,
das dem Präsidenten Vollmachten zu Verhandlungen mit dem Ziel
allgemeiner Zollsenkungen geben würde. Dies erschien um so
dringlicher, als sich durch die Beitrittsverhandlungen Großbritanniens mit der EWG die Perspektive eines integrierten europäischen Wirtschaftsraums ergab, der auch noch den wichtigsten
Handelspartner der USA in Europa - Großbritannien nahm 1960
7 % der amerikanischen Exporte auf - umschließen würde[116].

Die Verabschiedung des Trade Expansion Act im Oktober 1962
muß als bedeutender innenpolitischer Erfolg der Kennedy-Administration gewertet werden[117]. Das Gesetz, das den Reciprocal
Trade Agreements Act ersetzte, bevollmächtigte den Präsidenten
zu Vereinbarungen auf der Basis von Gegenseitigkeit über Zollsenkungen bis zu 5o %; speziell auf den Gemeinsamen Markt bezog sich die Ermächtigung, für Produkte, bei denen die USA und
die EWG-Länder zusammen mehr als 8o % der Weltexporte bestritten, mit dem Ziel eines Wegfalls von Zöllen überhaupt zu ver-
handeln. Diese letzte Vorschrift antizipierte den EWG-Beitritt
Großbritanniens; das französische Veto machte sie gegenstands-
los.

Entsprechend der Notwendigkeit, die Wettbewerbsposition
der amerikanischen Industrie durch Überwindung der Rezession
und Maßnahmen der Modernisierung und Strukturverbesserung zu
stärken, enthielt das Gesetz auch binnenwirtschaftliche Maßnahmen: die "trade adjustment assistance" für strukturschwache
Industrien und Regionen[118].

Die Auswirkungen der Verhandlungen der sog. Kennedy-Runde
im Rahmen des GATT (1964-1967) auf die Handelsbilanz der USA
sind - wegen der verschiedenen intervenierenden Variablen,
die hier nicht überprüft werden können - nicht eindeutig auszu-
machen; dennoch darf die Kennedy-Runde, in der Zollsenkungen
von durchschnittlich 35 % für über 63oo Produkte vereinbart
wurden, als Erfolg gelten. Ein Fortschritt in der Liberalisierung des Welthandels läßt sich mit Sicherheit konstatieren,
wenn man die ungleich bescheideneren Ergebnisse der Dillon-
Runde zum Vergleich heranzieht; aber auch die Bilanz für die
amerikanischen Exporte dürfte positiv sein. Die Wettbewerbsposition amerikanischer Produkte auf dem europäischen Markt
wurde durch diese Vereinbarungen zumindest stabilisiert, wenn
nicht gegenüber der europäischen Konkurrenz verbessert[119].

Währungspolitik

Im Rahmen der Zahlungsbilanz-Politik der Kennedy-Administration kam international neben den Zollverhandlungen der Kennedy-Runde der neu gegründeten OECD ein beträchtlicher Stellenwert zu. Als Klub der das Welthandels- und Währungssystem bestimmenden westlichen Industrienationen sollte die OECD aus amerikanischer Sicht einerseits den Rahmen für die Koordinierung und Erweiterung der westlichen Entwicklungshilfe-Leistungen abgeben[12o]; eine Zieldimension, die, da sie die Entlastung der USA von einem Teil dieser Ausgaben und ihre Übernahme durch andere - vor allem die westeuropäischen - Nationen anvisiert, in den Bereich des "burden-sharing" fällt. Die zweite wesentliche Funktion der OECD lag aus der Sicht der USA darin, einen institutionellen Rahmen für die Erörterung internationaler Währungsprobleme abzugeben. Es betraf dies im wesentlichen zwei Problemkreise: die erschütterte Position des Dollar als Leitwährung und den damit in Zusammenhang stehenden Goldabfluß, sowie die kurzfristigen Kapitalbewegungen[121]. In diesem Bereich kam der OECD eine bedeutende, wenn auch keineswegs die ausschließliche Funktion zu; vielmehr wurden die Verhandlungen in ihrem Rahmen ergänzt durch ein Bündel anderer Maßnahmen.

Dazu gehörte die Kampagne der Kennedy-Administration zur Stärkung des Vertrauens in den Dollar und zur Abwehr von Spekulationsbewegungen; hier bediente man sich im wesentlichen psychologischer Mittel, indem etwa betont wurde, daß eine Veränderung der Dollar-Gold-Parität nicht in Frage komme[122]. Auch die von den USA induzierten währungspolitischen Maßnahmen anderer Länder, in allererster Linie der BRD, sind in diesem Bereich anzusiedeln. Sie gehören zum "Offset-Paket" und werden daher im nachfolgenden Abschnitt erörtert.

Innerhalb der OECD wurde das am 8.Januar 1962 veröffentlichte Abkommen über Hilfskredite bei Zahlungsbilanz-Schwierigkeiten ausgehandelt[123], das den sog. Zehner-Klub der westeuropäischen Länder, Kanadas, Japans und der USA aus der Taufe hob. Ein Antrag auf Währungshilfe war dieser Vereinbarung zufolge nach wie vor an den Internationalen Währungsfond (IMF) zu stellen, wurde jedoch im Zehner-Klub der OECD beraten.

"Buy American"

Neben den Zielen des Abbaus von Zollbarrieren und der Liberalisierung des internationalen Handels, die beide in erster
Linie durch internationale Vereinbarungen zu realisieren waren,
bildete die Politik des "buy American" den nächstwichtigen
Pfeiler. Inhalt dieser in die späte Eisenhower-Zeit zurück-
reichenden Politik war es, Beschaffungen der öffentlichen Hand
wo immer möglich bei amerikanischen Produzenten zu tätigen,
auch im Fall der Wirtschaftshilfe, der Militärhilfe und des
Bedarfs der im Ausland stationierten amerikanischen Streitkräfte[124]. Auf dem Gebiet der Wirtschaftshilfe geschah dies
durch die sog. gebundene Hilfe, d.h. durch die Verpflichtung
der Empfängerländer, für die bewilligten Gelder Güter in den
USA zu kaufen. Auf diese Weise kamen in der ersten Hälfte der
6oer Jahre rund 8o % der amerikanischen Entwicklungshilfe-
Leistungen der amerikanischen Industrie in Form von Aufträgen
zugute; nach Angaben von Vertretern der Administration lag der
Prozentsatz bei der Militärhilfe noch etwas höher[125].

Das Instrument der "buy American"-Politik hat Doppelcharakter; neben seiner Funktion der Sanierung der Zahlungsbilanz
durch Exportförderung ist es auch dem "burden-sharing"-Sektor
zuzuschlagen. Seine Problematik als Mittel der Exportförderung
wird vor allem im Bereich der Entwicklungshilfe und im Falle
der Beschaffungen für die in Übersee stationierten Streitkräfte
deutlich.

Erscheint die Praxis, strategische Güter für die Militärhilfe im Geberland einzukaufen, als gängig und angemessen, so
ergeben sich in den beiden anderen Bereichen Widersprüche und
dysfunktionale Wirkungen, vor allem wenn man die Politik des
"buy American" aus einer Perspektive betrachtet, die den Aspekt
der Exportförderung übergreift und die politischen, vor allem
außenpolitischen Konseguenzen mit einbezieht. Für die Entwicklungshilfe wie für die Truppenstationierung in Übersee gilt,

daß diese Maxime in vielen Fällen zu einer Verteuerung der
Programme führte, immer dann, wenn in den USA hergestellte
Produkte billigeren ausländischen vorgezogen wurden. Für den
Bereich der Beschaffungen der Streitkräfte kommt diese Praxis
in einer Bestimmung zum Ausdruck, die die Bevorzugung eines
amerikanischen Anbieters auch dann noch vorsieht, wenn ein
ausländischer Konkurrent ein bis zu 5o % niedrigeres Angebot
unterbreitet[126]. Werden weniger Dollars für Beschaffungen im
Bereich der Entwicklungshilfe und der auswärtigen Truppenstationierung ins Ausland transferiert, so bedeutet das ohne Zweifel eine Entlastung der Zahlungsbilanz und überdies zusätzliche
Aufträge für amerikanische Produzenten[127]; diese positiven Wirkungen werden jedoch durch eine Mehrbelastung des öffentlichen
Haushalts erkauft, ein Tatbestand, der mitunter - vor allem
in der zweiten Hälfte der 6oer Jahre - im Kongreß kritisiert,
von der Administration jedoch bewußt in Kauf genommen wurde[128].

Zudem bedeutet die Politik des "buy American" eine massive
Diskriminierung ausländischer Produzenten und damit eine Rückkehr zum Protektionismus auf demjenigen Sektor, auf dem die
öffentliche Hand das Nachfragemonopol besitzt, d.h. in aller
Praxis dem der strategischen Güter[129]. Dieser Widerspruch zur
generellen Linie der amerikanischen Politik stieß denn auch
auf mehr oder weniger offene Kritik aus den Reihen der europäischen Verbündeten und führte teilweise zu Friktionen
innerhalb der westlichen Allianz[130].

Im amerikanischen Entscheidungssystem wurde dieser Widerspruch jedoch zur Zeit der Kennedy-Administration generell
nicht gesehen, auch nicht von den wenigen Kritikern im Kongreß.
Die "buy American"-Politik erfreute sich vielmehr breiter Unterstützung und wurde eher wegen eines Zuwenig - ihrer angeblich
unzureichend strikten Handhabung - als wegen eines Zuviel kritisiert[131]. Die vorherrschende Optik war die der Zahlungsbilanz-Korrektur, gekoppelt mit dem Hinweis auf die förderungs-
würdigen Interessen amerikanischer Produzenten und die positiven Wirkungen dieser Politik für die Sicherung der Arbeitsplätze.

Waren schon die Auswirkungen der Maxime des "buy American" auf
das Verhältnis der USA zu den westeuropäischen Verbündeten
negativ, so müssen die Konsequenzen dieser Politik im Bereich
der Entwicklungshilfe als sehr viel gravierender gelten. Die
gebundene Hilfe stellte zweifellos eine Belastung des Verhältnisses der USA zu den Empfängerländern der Dritten Welt dar;
schwerer wiegen jedoch ihre Auswirkungen in den Entwicklungsländern selbst, die oft genug dem erklärten Ziel dieser Politik, der Entwicklung der betreffenden Volkswirtschaften, abträglich waren[132].

Bei der Bindung an amerikanische Produkte ergab sich häufig
eine schlechtere Aufwands-Erfolgs-Relation, als sie bei Erwerb
billigerer oder den Zwecken des Entwicklungslandes besser an-
gepaßter nichtamerikanischer Güter mit dem gleichen finanziellen Aufwand für das Budget der USA hätte erzielt werden können.
Aus der Sicht einzelner Kritiker ließ diese Praxis die amerikanische Entwicklungshilfe zur reinen Exportförderung degene-
rieren[133]. Daß die gebundene Hilfe politische und ökonomische
Abhängigkeiten schuf, die die außen- wie innenpolitische Be-
wegungsfreiheit des Empfängerlandes einengten, liegt auf der
Hand.

Die Kritik der gebundenen Hilfe bezieht häufig, neben dem
im engeren, ökonomischen Verstande entwicklungspolitischen Argument der höheren Kosten und der Verschwendung von Ressourcen,
die ökonomischen und politischen Konsequenzen dieser Politik,
die Entstehung unerwünschter Abhängigkeiten, mitunter auch
die Einflußmöglichkeiten von im Geberland beheimateten Wirt-
schaftsgruppen im Empfängerland mit ein[134]. Eine zumindest
partielle Multilateralisierung der Entwicklungshilfe, seit
Anfang der 6oer Jahre Diskussionsgegenstand im Kongreß[135],
würde solche einseitigen Abhängigkeiten vermeiden helfen oder
abmildern; die Kanalisierung eines nennenswerten Anteils der
amerikanischen Entwicklungshilfe über internationale Organisationen scheiterte jedoch an der Praxis der gebundenen Hilfe,
die die Administration und die überwältigende Mehrheit der
Kongreß-Mitglieder nicht aufgeben wollten. Die Gründe dafür
waren sowohl ökonomisch-fiskalischer als auch politischer
Art; neben dem Motiv der Zahlungsbilanz-Sanierung und Export-

förderung stand die Überzeugung, sich der politischen Einflußmöglichkeiten, die eine exklusiv amerikanische Hilfe im Hinblick auf die ökonomische, soziale und politische Struktur der
Empfängerländer enthält, nicht begeben zu sollen[136].

Galt die Dritte Welt unter den veränderten Bedingungen der
6oer Jahre als primärer Austragsort der Systemkonkurrenz, so
ergab sich daraus für nahezu alle Gruppen des Entscheidungssystems die Notwendigkeit und das Ziel, die aktuellen oder
potentiellen Interessengebiete der Vereinigten Staaten im Entwicklungsbereich so zu beeinflussen, daß sie der Forderung einer politisch-sozialen Mindestkonformität mit den USA genügten.
Der Inhalt dieses hier mit "Mindestkonformität" umschriebenen
Konzepts bezieht sich auf die Organisation von Wirtschaft und
Gesellschaft und die außenpolitische Orientierung des betreffenden außenpolitischen Adressaten der USA. Primär eine Extrapolation des Selbstverständnisses der amerikanischen Gesellschaft[137], läßt sich dieses Konzept - mit aller Vorsicht -
stichwortartig folgendermaßen kennzeichnen: eine privatkapita-
listische Wirtschaftsordnung, politische und soziale Stabilität,
womöglich ein liberal-demokratisches politisches System - wobei dies letztere Ziel in der Hierarchie gewöhnlich hinter
den ersten beiden rangiert - und schließlich eine neutrale bis
pro-westliche außenpolitische Orientierung[138].

Innerhalb des Entscheidungssystems und in der Öffentlichkeit herrschte in der ersten Hälfte der 6oer Jahre ein breiter
Konsens über die Eignung von Entwicklungshilfe als Instrument
im Dienst einer so verstandenen Mindestkonformität. Erst die
Übernahme einer grundsätzlicheren Kritik, wie sie vordem nur
von Randgruppen der amerikanischen Gesellschaft geübt worden
war, an Umfang und Instrumenten des außenpolitischen Engagements
der USA führte - vor allem im Senat - zu Veränderungen in der
Einschätzung des spezifischen Instruments Entwicklungshilfe[139];
diese Position befindet sich jedoch nach wie vor in der Minderheit und hat bis heute keinen Kurswechsel in der politischen
Linie der Administration herbeiführen können.

Im Rahmen des von der Kennedy-Administration entwickelten
Zahlungsbilanz-Konzepts waren Exportförderung durch Liberali-

sierung des Welthandels, Stärkung der Wettbewerbsfähigkeit der
amerikanischen Wirtschaft und schließlich die Politik des "buy
American" der ersten der beiden wesentlichen Zieldimensionen,
dem Ausbau des Überschusses der Handelsbilanz zugeordnet; der
auf diesem Gebiet erwirtschaftete Zahlungsbilanz-Überschuß
sollte es ermöglichen, zumindest einen Teil des strukturellen
Defizits in der Bilanz der Regierungstransaktionen zu finanzieren.

Die zweite Dimension setzt im Bereich derjenigen Teilbilanz
an, in der das Defizit überwiegend entsteht, nämlich der Regierungstransaktionen. Das Korrekturkonzept des "burden-sharing"
ist dadurch gekennzeichnet, daß es den Versuch unternimmt,
die Zahlungsbilanzkosten des amerikanischen Auslandsengagements
durch stärkere Heranziehung der Verbündeten zu senken.

2.24 "Burden-Sharing"[140]

2.24.1 Die Elemente: budgetäre Beteiligung und Offset

Das Konzept des "burden-sharing"[141], seit Ende der 5oer Jahre
gängige Münze in der inneramerikanischen Diskussion, ist
keineswegs beschränkt auf das, was die wörtliche Übersetzung
- "Lastenteilung" - nahezulegen scheint: die Forderung nach
Umverteilung der mit der westlichen Allianz verbundenen Kosten
zwischen der Führungsmacht USA, aus deren Haushalt diese Mittel
zum ganz überwiegenden Teil geflossen waren, und ihren ökonomisch wiedererstarkten Verbündeten, hauptsächlich in Westeuropa.
Das Konzept umfaßt vielmehr noch einen zweiten Bereich: den
des Offset, des Zahlungsbilanz-Ausgleichs.

In der wissenschaftlichen Diskussion hat die Dissoziierung
des Zahlungsbilanz-Ausgleichs von Begriff und Konzept des
"burden-sharing" zu einer Reihe von Mißverständnissen und Unklarheiten geführt; hierzu gehören eine unrichtige zeitliche
und systematische Einordnung, etwa die Datierung der Entstehung
des Konzepts auf die Nixon-Doktrin[142], ebenso wie der Versuch,
den Begriff des "burden-sharing" für die Umverteilung der

ökonomischen, haushaltsmäßigen Lasten zu reservieren, eine
Interpretation, die sich stärker an der Begriffsbildung als an
den mit ihr verbundenen politischen Vorstellungen orientiert[143].

Die Genese der "burden-sharing"-Forderung steht in eindeu-
tigem und unmittelbarem Zusammenhang mit der Verschlechterung
der Zahlungsbilanz-Situation der USA nach 1958; ein Blick
auf die erste Entfaltung des Konzepts auf höchster Ebene,
Eisenhowers Erklärung von Augusta vom 16.November 1960[144],
macht dies ebenso deutlich wie der Gang der Diskussion im
Kongreß in der ersten Hälfte der 6oer Jahre[145] und Äußerungen
von Mitgliedern der Administration zu diesem Thema[146].

In der Diskussion erscheint es unumgänglich, zwischen
einem umfassenden und einem engeren Begriff des "burden-sharing"
zu differenzieren. Das Auslandsengagement der Vereinigten
Staaten bringt Ausgaben des Bundeshaushalts in den Posten Verteidigung, Wirtschaftshilfe und Militärhilfe mit sich, und es
führt gleichzeitig zu Devisenausgaben, die die Zahlungsbilanz
belasten; beide Bereiche sind zwar ursächlich miteinander verbunden, aber keineswegs identisch[147]. Entsprechend schließt
das umfassende Konzept des "burden-sharing" zwei Teilaspekte
ein. Zum einen handelt es sich um das Ziel, einen Teil der Belastungen, die dem Haushalt der USA durch die westliche Allianz
entstehen, durch Leistungen der Verbündeten zu substituieren.
Dieser Bereich wird im folgenden als "'burden-sharing'im engeren
Sinne" oder "echte Lastenteilung" bezeichnet. Der zweite Teil-
aspekt besteht in der Forderung nach Offset, d.h. dem Ausgleich der Belastungen der Zahlungsbilanz, die den USA aus
ihrer Position als westliche Führungsmacht erwachsen[148].

Die Erklärung von Augusta stellt die Forderung nach
"burden-sharing" in einen Begründungszusammenhang, dessen Ele-
mente mit bemerkenswerter Konstanz auch heute noch die Diskussion um Truppenstationierung und Lastenteilung bestimmen[149].
Nachdem die USA in den 4oer und 5oer Jahren den entscheiden-
den Beitrag zur Sicherung - in Gestalt des Allianzsystems und
der Militärhilfe - und zum ökonomischen Wohlergehen - in Gestalt des Marshallplans und der Wirtschaftshilfe - geleistet
haben, besitzen sie nun ihrerseits einen Anspruch auf Unter-

stützung seitens der westeuropäischen Verbündeten bei ihren
Zahlungsbilanz-Schwierigkeiten, denn diese sind das Ergebnis
der sicherheitspolitischen und ökonomischen Leistungen der
Vereinigten Staaten für die westliche Welt. Die Verpflichtung
zum "burden-sharing" ergibt sich nach der Erklärung von Augusta, die in dieser Hinsicht als Muster für eine Reihe von
Stellungnahmen der Administration in den 6oer Jahren gelten
kann[15o], aus folgenden zahlungsbilanzwirksamen Leistungen
für Sicherheit und Wohlergehen des Westens: zunächst aus den
Aufwendungen auf militärischem Gebiet, aus Truppenstationierung und Militärhilfe, sodann aus der Entwicklungshilfe[151].
Entsprechend konzentriert sich die "burden-sharing"-Forderung
auf eine Reduzierung der Kosten, in den 6oer Jahren in allererster Linie der Devisenkosten, in diesen drei Bereichen.
Einen Überblick über die Hierarchie von Zielen/Instrumenten
im Bereich "burden-sharing" vermittelt das nachfolgende
Schaubild.

In der Diskussion im amerikanischen Entscheidungssystem
überwogen bis Mitte der 6oer Jahre die Überlegungen der Zahlungsbilanz-Korrektur bei weitem die einer echten Lastenteilung. Truppenstationierung und Militärhilfe wurden kaum
wegen der Höhe ihrer budgetären Kosten, sondern ganz überwiegend wegen ihrer Auswirkungen auf die Zahlungsbilanz kritisiert[152]; die Forderung nach echter Lastenteilung beschränkte
sich auf den Bereich der Entwicklungshilfe[153]. In der Übernahme amerikanischer Militärhilfe-Leistungen durch die Verbündeten, wie sie vereinzelt gefordert wurde, wäre auch ein
Element des "burden-sharing" im engeren Sinne enthalten gewesen[154]; ihr Stellenwert in der Diskussion ist im ganzen jedoch gering zu veranschlagen[155].

In der zweiten Hälfte der 6oer Jahre begann sich die Verteilung zwischen Offset und echter Lastenteilung zu verschie-
ben. Lag in der Kennedy-Zeit der Akzent eindeutig auf Offset,
so verlagerte sich mit dem Aufkommen einer grundsätzlicheren
Kritik am amerikanischen Auslandsengagement - in erster Linie
Reaktion auf den Vietnamkrieg und die gravierenden innergesellschaftlichen Probleme - das Schwergewicht zunehmend auf echte

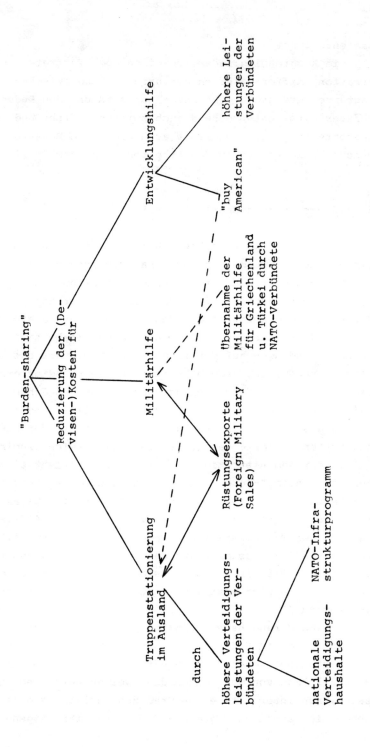

Lastenteilung.

Die Kongreßmitglieder, zuweilen auch Vertreter der Administration, differenzierten nur unzureichend zwischen den Belastungen der Zahlungsbilanz einerseits und den Budgetkosten
andererseits, entsprechend auch zwischen Offset und echter
Lastenteilung[156]; hier liegt auch die reale Begründung für
manche Unklarheiten in den Arbeiten zu diesem Problemkreis.

2.24.2 Das "burden-Sharing"-Paket

196o unternahm die Eisenhower-Administration in Zusammenhang
mit der ersten Runde der Devisenausgleichs-Verhandlungen mit
der BRD erstmals den Versuch einer Entfaltung und außenpolitischen Begründung der Lastenteilungs-Forderung; das Konzept
der Kennedy-Administration, das 1961 und 1962 ausformuliert
wurde und für die 6oer Jahre bestimmend blieb, basiert in
seinen Grundzügen auf den in der Eisenhower-Ära entwickelten
Vorstellungen, ist jedoch breiter angelegt und unterscheidet
sich vor allem dadurch von der Konzeption des Jahres 196o,
daß es unter den Instrumenten zur Neutralisierung der Devisenkosten des amerikanischen Auslandsengagements der Steigerung
der Rüstungsexporte das größte relative Gewicht zumißt.

In der Administration wie im Kongreß bezieht sich die
"burden-sharing"-Forderung auf eine Zieltrias: Reduzierung
der Devisenkosten für Truppenstationierung im Ausland, Militärhilfe und Entwicklungshilfe (vgl. das Schaubild).Priorität
haben dabei Truppenstationierung und Entwicklungshilfe; beide
werden stets im Zusammenhang gesehen[157]. Demgegenüber nimmt
die Militärhilfe in der Diskussion einen wesentlich geringeren
Raum ein. Sie wird erst in der zweiten Hälfte der 6oer Jahre
kontrovers[158].

Der Forderung nach Übernahme eines "fair share of the
burden" liegt im Kongreß zunächst die Vorstellung zugrunde,
die westeuropäischen Staaten hätten, nachdem sie mit Hilfe des
Marshallplans von den Folgen des Zweiten Weltkriegs genesen
seien, nun ihrerseits einen Grad des Wohlstands erreicht, der
ihnen die Verpflichtung eines "Mehr" für ihre eigene und die

Verteidigung der westlichen Allianz und für die Entwicklungshilfe auferlege. Einzelne Senatoren halten die Westeuropäer
sogar für reicher als die Vereinigten Staaten (they are "far
better able to pay their own way than we are")[159]; allerdings
orientieren sich ihre Vorstellungen eher an der Zahlungsbilanz
als an der generellen ökonomischen Leistungsfähigkeit derjenigen Volkswirtschaften, die sie mit ihrer eigenen vergleichen.

Hauptadressat des "burden-sharing"-Aufrufs ist die Bundesrepublik; das "Wirtschaftswunder" gilt als besonders eklatanter
Fall der westeuropäischen Prosperität,und die Zahlungsbilanz-
überschüsse erscheinen vielen Kongreßmitgliedern als ungerecht-
fertigter Gewinn aus der Stationierung amerikanischer Truppen[160].
Prinzipiell greift diese Forderung jedoch fast immer über die
Bundesrepublik hinaus und richtet sich an die "reichen westeuropäischen Verbündeten". In den Äußerungen auf höchster
Ebene der Administration wird der Plural strikt durchgehalten;
Vorstellungen an die Adresse einzelner Verbündeter sind zwar
deutlich impliziert, werden jedoch nicht namentlich ausgesprochen[161].

Was die Verteilung zwischen Offset und "echter Lastenteilung" betrifft, so haben wir es im Bereich Truppenstationierung ganz überwiegend mit Offset zu tun. Die Forderung nach
"burden-sharing" im engeren Sinne tauchte zwar 1960 für
kurze Zeit gegenüber der BRD auf[162]; sie war jedoch weder
gegenüber ihrem Adressaten politisch durchzusetzen noch
wurde sie-was schwerer wiegt - von der amerikanischen Regierung ernsthaft betrieben, lagen doch deren primäre Interessen
zu jener Zeit eindeutig auf einer Sanierung der Zahlungsbilanz.
Bei der Militärhilfe sind die Komponenten Offset und echte
Lastenteilung ungefähr gleich stark vertreten, bei der Entwicklungshilfe überwiegt dagegen die Forderung nach echter
Lastenteilung in Gestalt von höheren Leistungen der Verbündeten. Hier war sie zumindest partiell durchsetzbar.

Im Konzept der Kennedy-Administration sollte die Reduzierung der Devisenkosten des amerikanischen Auslandsengagements
in den Bereichen Truppenstationierung, Militärhilfe und Entwicklungshilfe in erster Linie durch höhere Verteidigungs-

leistungen, verstärkte Käufe amerikanischer Rüstungsgüter und
gesteigerte Aufwendungen für die Entwicklungshilfe seitens der
Verbündeten erreicht werden. Neben diese drei Segmente traten
zwei weitere von geringerer Bedeutung: die Forderung nach Übernahme eines Teils der bis dato von den USA geleisteten NATO-
Hilfe, vor allem für Griechenland und die Türkei, durch die
westeuropäischen Alliierten; sie ließ sich jedoch selbst im
Falle ihres primären Adressaten, der BRD, nur marginal durchsetzen[163]. Schließlich gehörte noch eine Verschärfung der
schon vorher inaugurierten Politik des "buy American" in das
"burden-sharing"-Instrumentarium. Sie diente simultan mehreren
Zielen: zum einen der Exportförderung, zum anderen der Senkung
der Devisenkosten der Entwicklungshilfe und der Truppenstationierung im Ausland. Die Devisenausgaben im Bereich der Militärhilfe waren nur in sehr geringem Umfang betroffen.

Die Forderung nach einem "Mehr" für die Verteidigung von
seiten der westeuropäischen Verbündeten wird zu Beginn der
6oer Jahre stets in den Zusammenhang der amerikanischen Zahlungsbilanz-Schwierigkeiten eingebracht und durchweg in einem
Atem mit der wünschenswerten Steigerung der Entwicklungshilfe-
Leistungen genannt[164]. Sprecher der Administration präzisieren
sie in Hinblick auf zwei Aspekte. Es betrifft dies zunächst
die Forderung nach einer Aufstockung der nationalen Verteidigungshaushalte der westeuropäischen NATO-Partner[165], in engem
Zusammenhang einerseits mit dem Übergang von der Strategie
der "massive retaliation" zur "flexible response" und ihrer
Betonung der konventionellen Komponente in der Verteidigung
Westeuropas[166], andererseits mit der expansiven Konzeption
der amerikanischen commitments, für die ihrerseits die durch
die Berlin-Krise revitalisierte Bedrohungsperzeption nicht
ohne Bedeutung war. Die Situation Berlins wird auch im Kongreß
als zusätzliche Begründung der "burden-sharing"-Forderung
herangezogen[167]. Die zweite Dimension der Forderung nach
höheren Verteidigungsleistungen der Verbündeten liegt in dem
Bestreben, den Verteilungsschlüssel für die Kosten des NATO-
Infrastrukturprogramms zugunsten der Senkung des Beitrags der
USA umzugestalten, den Beitrag der europäischen NATO-Partner

also zu erhöhen[168].

Wie gegenwärtig in der inneramerikanischen Debatte um
Truppenabzug und "burden-sharing", so waren auch in der ersten
Hälfte der 6oer Jahre die Forderungen des Kongresses an die
Europäer sehr viel weitgehender als die der Administration,
die ihr Konzept von vornherein an der Antizipation des außenpolitisch Durchsetzbaren orientierte. Drohungen mit Truppenabzug, sollten sich die Europäer nicht willfähriger erweisen,
waren vereinzelt schon im 87.Kongreß zu hören[169]; dagegen zog
die Administration erst während der Devisenausgleichs-Verhandlungen 1966/1967 mit einem Junktim zwischen Offset und Truppenstationierung nach, das sofort wieder abgeschwächt, wenn auch
nicht mehr ganz eliminiert werden konnte[17o].

Den Vorstellungen des Kongresses suchten die Regierungsvertreter mit dem Hinweis darauf zu begegnen, daß die Verbündeten
den amerikanischen Forderungen ein beträchtliches Stück ent-
gegengekommen seien und die Regierung in ihren Bemühungen
nicht nachlassen werde, weitere Leistungen zu erreichen.
"While our allies have improved somewhat the degree of their
contribution, we do not consider that their contribution to
the total military defense effort is adequate. We do continue
to press them, and we are obtaining some results"[171].
Im 87. und 88.Kongreß (1961-1964) lag das Schwergewicht der
Diskussion eindeutig auf der Forderung der Senatoren und Repräsentanten, die reichen Europäer sollten mehr für ihre eigene
Verteidigung tun und die USA in bezug auf die Aufwendungen
für die NATO entlasten. Den Rüstungsexporten wurde in Senat
und Repräsentantenhaus weniger Aufmerksamkeit geschenkt. Diese
Verteilung spiegelt jedoch keineswegs das relative Gewicht
beider Bereiche wieder; vielmehr stammen die Einkünfte, die dem
militärischen Bereich der Zahlungsbilanz zugeordnet werden,
nahezu exklusiv aus militärischen Auslandsverkäufen. Die Administration hat dies auch stets herausgestellt und die große Bedeutung ihrer Rüstungsexport-Politik für die Korrektur des
militärischen Zahlungsbilanz-Defizits betont[172].

Im Mittelpunkt des Korrekturkonzepts für den Bereich des
"burden-sharing" stehen die Bemühungen der Kennedy-Administra-

tion um eine substantielle Ankurbelung der Foreign Military
Sales. Wie die Politik des "buy American", so erfüllen auch
die Rüstungsexporte eine Funktion in beiden Hauptbereichen
des Zahlungsbilanz-Konzepts, im Bereich der Exportförderung
und des "burden-sharing".

Die Anfänge der neuen Rüstungsexport-Politik lassen sich,
wie mehrere andere Segmente des Zahlungsbilanz-Konzepts, in
die späte Eisenhower-Zeit zurückverfolgen. Erst die Kennedy-
Administration schuf jedoch im Zuge der Ausformulierung ihrer
Zahlungsbilanz-Politik 1961 die konzeptuelle und mit der Einrichtung der Abteilung für Auslandsverkäufe von Rüstungsgütern
im Pentagon (ILN) die organisatorische Basis für eine Expansion der Rüstungsexporte, wie sie in der Folgezeit stattfand[173].

Die Regierung Eisenhower hatte das Schwergewicht stärker
auf monetäre Maßnahmen und auf die Senkung der Devisenausgaben für Truppenstationierung und Militärhilfe gelegt[174]; die
Kennedy-Administration dagegen ging von vornherein davon aus,
daß das Volumen der Ausgaben in diesen Bereichen auf absehbare
Zeit konstant bleiben, wenn nicht gemäß ihrer Aufwertung im
sicherheitspolitischen Konzept anwachsen würde.

Unter diesen Umständen schien es aus mehreren Gründen
naheliegend, das Schwergewicht des Korrekturkonzepts auf den
militärischen Bereich der Bilanz der Regierungstransaktionen
und darin wiederum auf das Instrument der Rüstungsexport-Politik zu legen. Zunächst leuchtet es unmittelbar ein, daß der
öffentliche Sektor der Zahlungsbilanz einem politisch-admini-
strativen Zugriff leichter und kurzfristiger als der privatwirtschaftliche Sektor zugänglich ist[175]. Die von der Regierung
Kennedy mit viel Aufwand und beachtlichem Erfolg betriebene
Politik der Exportförderung ließ ihrer Natur nach eher langfristig einen positiven Effekt für die Zahlungsbilanz erwarten;
schnell sichtbare Korrekturleistungen, auf die es Anfang der
6oer Jahre auch ankommen mußte, konnte sie kaum erbringen.

Innerhalb der Bilanz der Regierungstransaktionen bot sich
das Instrument der Rüstungsexporte vor allem deshalb an, weil
die Formulierung dieser Politik zunächst eine autonome inner-
amerikanische Entscheidung war; ihre ökonomischen Voraussetzun-

gen in Form ausreichender Produktionskapazitäten für militärische Güter waren vorhanden, ein erweiterungsfähiges Export-
interesse der Produzenten glaubte man ebenfalls voraussetzen
zu können. Mit substantiellen Käuferinteressen und einem erwei-
terungsfähigen Markt rechnete man vor allem in Westeuropa. Die
Länder der Dritten Welt schieden unter dem Gesichtspunkt der
Zahlungsbilanz-Korrektur zu Anfang der 6oer Jahre als Adressaten einer expansiven Rüstungsexport-Politik aus, da sie zu
Barzahlungen nicht in der Lage waren[176]. Für Westeuropa jedoch
ergaben sich aus der Sicht der amerikanischen Entscheidungsträger beträchtliche Absatzchancen zunächst aus dem allgemeinen Wettbewerbsvorteil der amerikanischen Rüstungsindustrie,
im Falle der BRD speziell aus der Tatsache, daß die Bundeswehr
sich noch in der Phase der Erst-Ausrüstung befand, die zudem
mit Schenkungen der amerikanischen Militärhilfe eingeleitet
worden war[177].

Das Bestreben der Regierung Kennedy, die Schenkungen im
Rahmen der Militärhilfe ("grant aid") für die westeuropäischen
Alliierten auslaufen zu lassen, kennzeichneten ihre Vertreter
explizit als Voraussetzung für eine signifikante Steigerung
der Auslandsverkäufe von Rüstungsgütern[178]. Zeitliche Verschiebungen nach Maßgabe der ökonomischen Leistungsfähigkeit
und der strategischen Relevanz des betreffenden Staates waren
dabei eingeplant. Für die Bundesrepublik enthielt schon der
Haushaltsansatz für FY 1962 keinerlei "grant aid"[179]. Im Senat
waren Bestrebungen im Gange, denen sich 1961 eine Minderheit
von 22 Senatoren anschloß, den Prozeß der Terminierung von
"grant aid" für die westeuropäischen Verbündeten noch zu
beschleunigen; sie wurden sowohl mit den ökonomischen Möglichkeiten dieser Gruppe von Alliierten als auch mit der Notwendigkeit der Sanierung der militärischen Zahlungsbilanz begründet[180].

Erschienen die Möglichkeiten einer expansiven Rüstungsexport-Politik als vielversprechend, so trat das parallel ge-
schaltete Instrument, die amerikanische Forderung nach höheren
Verteidigungsleistungen der Verbündeten, in seiner Bedeutung
weit dahinter zurück. Die politischen Interessen und vor allem

die ökonomische Leistungsfähigkeit der Verbündeten zogen
hier von vornherein den Durchsetzungschancen enge Grenzen[181];
praktisch kam nur die Bundesrepublik den amerikanischen Vorstellungen merkbar entgegen.

Bis heute ist es unhinterfragte Konvention, nicht nur
bei Regierungsmitgliedern und im Kongreß,sondern auch in der
wissenschaftlichen Diskussion[182], daß sich die Deviseneinn-
nahmen aus den Rüstungsexporten direkt gegen das Defizit im
militärischen Bereich der Bilanz der Regierungstransaktionen
aufrechnen lassen. Dabei wird durchweg ein besonders enger
Konnex zwischen den Ausgaben für Militärhilfe und den Rüstungsexporten[183] hergestellt. Diese waren seit der Verabschiedung
des Foreign Assistance Act of 1961 gesetzestechnisch ein Unterfall der Auslandshilfe, bis 1968 der Foreign Military Sales
Act eine eigenständige Regelung brachte[184]; von daher ist -
bzw. war - diese Bilanzierung formal gerechtfertigt. Sie wird
jedoch angreifbar, wenn man sich vor Augen führt, daß nicht die
militärische Auslandshilfe, sondern vielmehr die Kosten der
Truppenstationierung in erster Linie für das Defizit der militärischen Zahlungsbilanz verantwortlich sind[185]. Der Zahlungsbilanz-Ausgleich durch Foreign Military Sales trägt dem auch
insoweit Rechnung, als der überragende Beitrag von der BRD als
dem wichtigsten Stationierungsland kommt.

Daß die Einkünfte aus FMS dennoch ohne Qualifizierung gegen
die Devisenkosten der Militärhilfe aufgerechnet werden, läßt
sich nur mit dem optisch günstigeren Eindruck erklären, der
damit erzielt wird; die Einkünfte aus den militärischen Auslandsverkäufen übertreffen die Devisenkosten der Militärhilfe,
während sie die der Truppenstationierung bei weitem nicht
erreichen[186].

2.24.3 Der Sonderfall Bundesrepublik

Welche überragende Bedeutung den Rüstungsexporten für die Sanierung der Bilanz der Regierungstransaktionen zukam, läßt sich
an den Devisenausgleichsabkommen mit der BRD ablesen. Sie be-

ruhten bis 1967 auf dem Prinzip des Ausgleichs durch Käufe
militärischer Güter in den USA.

Richteten sich die Aufforderungen zum "burden-sharing", die
im Herbst 196o von amerikanischer Seite erstmals auf höchster
Ebene erhoben wurden, nominell an alle ökonomisch leistungs-
fähigen westeuropäischen Bündnispartner, so ließen sie sich
doch nur im Falle der Bundesrepublik in nennenswertem Umfang
durchsetzen. Dem lag eine politische, ökonomische und militärische Konstellation zugrunde, die die 6oer Jahre in ihren
Grundzügen unverändert überdauerte[187]. Auf der Basis dieser
Formation blieb der Devisenausgleich trotz anderslautender
Programmatik de facto ein bilaterales Problem, ein Problem der
deutsch-amerikanischen Beziehungen[188]. Der multilaterale Aspekt, "burden-sharing" als Gestaltungsprinzip der atlantischen Allianz, wurde erst 197o/71 im European Defense Improvement Program (EDIP) der Euro-group politisch wirksam; die
BRD leistet jedoch nicht nur den bei weitem höchsten Beitrag
zu diesem Programm, sie erfüllte auch weiterhin Devisenaus-
gleichs-Forderungen der USA in Form bilateraler Vereinbarungen,
deren Kosten die des EDIP bei weitem überstiegen[189].

196o befanden sich 63 % der amerikanischen Soldaten in
Europa, das sind mehr als ein Drittel der insgesamt in Übersee
stationierten Truppen, auf deutschem Boden. Die Bedeutung der
BRD für die Auslandsstationierung amerikanischer Truppen insgesamt war zu Beginn der 7oer Jahre zwar leicht zurückgegangen,
jedoch blieben mehr als 6o % der amerikanischen Truppen im
NATO-Bereich in der BRD stationiert[19o]. Die Größenordnung der
Stationierung, Ausdruck der exponierten Lage und der militärischen Bedeutung der Bundesrepublik, ist damit wesentlich
konstant geblieben; als wichtiger Bestandteil des Faktorenbün-
dels, das 196o die BRD zum prinzipiellen Adressaten der "burden-
sharing"-Forderung bestimmte, besitzt dieser Gesichtspunkt nach
wie vor Gültigkeit.

Für die Vertreter der Administration stand bei der Begründung der "burden-sharing"-Forderung die Notwendigkeit einer
Sanierung der Zahlungsbilanz der Vereinigten Staaten eindeutig
im Vordergrund. Zwar hat die amerikanische Regierung Ende 196o

offenbar kurzfristig eine budgetäre Beteiligung an den Unter-
haltskosten der amerikanischen Truppen in der Bundesrepublik
gefordert[191]; da ihre primären Interessen jedoch auf dem Gebiet des Devisenausgleichs lagen, konnte sie die Ablehnung
eines "burden-sharing" im engeren Sinne durch die Bundesregierung , für die eine solche Regelung außenpolitisch wegen
des Anklangs an Besatzungskosten inakzeptabel und innenpolitisch
kaum durchsetzbar war, unschwer akzeptieren. Entsprechend ist
die Forderung auf der Ebene der verhandlungsführenden Minister,
etwa der Anderson-Dillon-Mission[192], ebensowenig dokumen-
tarisch belegbar wie in den Äußerungen Eisenhowers oder Kennedys vor dem Abschluß des ersten Offset-Abkommens 1961; daß
ihre Existenz später geradezu abgeleugnet wurde, kann als zu-
sätzlicher Ausweis für ihre geringe Priorität gelten:

> "We have not asked and we would not expect the West
> German Government to contribute to the funding of
> the costs of stationing forces in West Germany. Instead,
> however, we have asked that the West German Govern-
> ment purchase in this country or from this country
> goods and services to help offset the gold drain
> associated with the maintenance of the U.S.forces [193]
> in West Germany".

Vor dem Kongreß stellen die Regierungsvertreter immer wieder
die Rüstungsexport-Politik als prinzipielles Instrument des
Devisenausgleichs heraus und betonen ihre Bedeutung für die
Exportförderung, die Beschaffung von Aufträgen für amerikanische Produzenten und die Sicherung der Arbeitsplätze[194].

Bestimmte die Notwendigkeit der Sanierung der amerikanischen Zahlungsbilanz auch zu Beginn der 7oer Jahre noch
weitgehend Zustandekommen und Struktur der deutsch-amerikanischen Devisenausgleichs-Abkommen, so gilt dies ebenso für
die politischen Faktoren, die dazu führten, daß die BRD zum
Sonderfall in der Realisierung des "burden-sharing"-Konzepts
wurde, daß sie sich als einziger westeuropäischer NATO-Partner
der Lastenteilungsforderung stellte.

Drei Bezugsfelder waren hierfür bestimmend: die amerikanischen Interessen an der Bundesrepublik, ihre militärische
Funktion in der NATO und schließlich die außen- und sicherheitspolitische Orientierung Westdeutschlands.

Hatte die Politik Adenauers Souveränität durch Wiederbewaff-
nung und Westintegration - unter Hintanstellung des Ziels
der Wiedervereinigung - erreicht[195], so basierte der Erfolg
dieser Politik auf einer temporären Interessenidentität mit den
Vereinigten Staaten, die auf dem Höhepunkt des Kalten Krieges
durch die Zentrierung der Auseinandersetzung der Supermächte
auf Europa gestiftet wurde[196]. Sie begründete die militärische
und politische Bedeutung der BRD als Schlußstein des amerikanischen Sicherheitssystems in Europa und erklärt, daß sich
die Westmächte als Gegenleistung für den deutschen Wehrbeitrag
die Wiedervereinigungsforderung und den westdeutschen Allein-
vertretungsanspruch zu eigen machten[197]. Die Position der BRD
in der westlichen Allianz und besonders gegenüber den USA war
damit abhängig von der Europazentrierung des Kalten Krieges
und einem hohen internationalen Spannungsgrad.

Die Veränderung dieser Faktoren begann sich in der zweiten
Hälfte der 5oer Jahre mit der Verlagerung der Auseinandersetzungen der Supermächte aus Europa in den Entwicklungsraum
abzuzeichnen. Dieser Tendenz trug die Deutschland- und Europa-
Politik der Kennedy-Administration Rechnung; der Substanz nach
war sie auf ein Arrangement mit der Sowjetunion über die
notorischen "trouble spots" Berlin und Deutschland gerichtet,
und aller verbaler Antikommunismus konnte nicht über die Posi-
tionsminderung der Bundesrepublik - sie drückte sich in der
späten und lauen Reaktion auf den Bau der Mauer nur zu deutlich aus[198] - in einem Europa des stabilisierten und von den
Supermächten de facto garantierten status quo hinwegtäuschen[199].

Die Adenauer-Regierung sah sich zu Beginn der 6oer Jahre
also einem zweifachen Widerspruch gegenüber; während die In-
kompatibilität des Ziels der Wiedervereinigung mit militärischer Westintegration und "Politik der Stärke", mit der
die SPD ihre Ablehnung dieses politischen Entwurfs von Anfang
an begründet hatte[200], immer deutlicher zu Tage trat, geriet
die auf Positionssicherung und Wahrung des Alleinvertretungs-
anspruchs gerichtete Politik darüber hinaus in einen partiellen
Widerspruch zum Systemtrend der Stabilisierung des status quo
in Europa. Für die deutsch-amerikanschen Beziehungen ergab

sich daraus das spezifische Dilemma, bei Strafe einer Posi-
tionsminderung die amerikanische Entspannungspolitik in Europa
nicht unterstützen zu können, andererseits aber sowohl militärisch von der amerikanischen Sicherheitsgarantie als auch
politisch, in der Wiedervereinigungsfrage, von amerikanischer
Unterstützung abhängig zu sein und als Gegenleistung natur-
gemäß den amerikanischen Interessen weitgehend Rechnung tragen
zu müssen[2o1]. Frankreich war weder militärisch noch politisch
in der Lage, eine Alternative zur Orientierung an der Weltführungsmacht USA zu bieten; der deutsch-französische Freund-
schaftsvertrag hatte lediglich die Konsequenz, den amerikanischen Anpassungsdruck an die deutsche Adresse vorübergehend
in der Form, nicht in der Sache, abzuschwächen[2o2].

Beruhte also die konzeptuelle Anlage der westdeutschen
Außenpolitik wesentlich auf einer Unterstützung durch die USA
und war die BRD zu Beginn der 6oer Jahre zu einer Umorientierung und Einpassung in den Systemtrend nicht fähig, so
war es unabdingbar für sie, auf allen anderen Gebieten den
amerikanischen Interessen so weit wie möglich zu entsprechen.
Die Vereinigten Staaten besaßen damit - neben der im Umfang
der amerikanischen Truppenstationierung auf deutschem Boden
liegenden Begründung - im Falle der Bundesrepublik auch einen
politischen Hebel zur Durchsetzung ihrer "burden-sharing"-
Forderung, der bei den anderen westeuropäischen Staaten nicht
gegeben war.

Mit der neuen Ostpolitik der sozial-liberalen Koalition
hat die BRD die Einmündung in den Systemtrend vollzogen[2o3] und
ihren außenpolitischen Spielraum beträchtlich erweitert; nach
wie vor hat sie jedoch ein in dieser Form bei anderen westeuropäischen Bündnispartnern nicht anzutreffendes politisches
und sicherheitspolitisches Interesse daran, die Vereinigten
Staaten an Europa zu binden. Es gehört deshalb zu den Zielen
der bundesrepublikanischen Politik, die Institution der
Truppenstationierung als Ausdruck und Bürge der amerikanischen
Sicherheitsgarantie vor einem Abbau zu bewahren, wie ihn die
Mansfield-Gruppe im amerikanischen Senat anstrebt, jedenfalls
soweit sich keine beiderseitige ausgewogene Truppenreduzierung
in Europa erzielen läßt.

Jedes einzelne der seit 1961 geschlossenen deutsch-amerikanischen Offset-Abkommen an dieser Stelle zu erörtern, erscheint unnötig; sie sind in allen technischen Details und mit ihren ökonomischen und fiskalischen Konnotationen an anderer Stelle ausreichend dargestellt worden[204]. In aller Kürze lassen sie sich in folgender Übersicht zusammenfassen:

Die deutsch-amerikanischen Devisenausgleichs-Abkommen

Laufzeit	Art der überwiegenden Leistungen der BRD	Höhe der Ge-[+] samtleistung in DM/Dollar
1.7.1961 – 3o.6.1963	Militärische Beschaffungen	5,7 / 1,38 Mrd.
1.7.1963 – 3o.6.1965	Militärische Beschaffungen	5,6 / 1,35 Mrd.
1.7.1965 – 3o.6.1967	Militärische Beschaffungen; vorzeitige Schuldentilgung (DM 768 Mio./ $ 192 Mio.)	5,4 / 1,35 Mrd.
1.7.1967 – 3o.6.1968	Militärische Beschaffungen; Kauf mittelfristiger amerikan. Schatzanweisungen durch die Bundesbank; Verpflichtung der Bundesbank, keine Dollars in Gold umzutauschen	2,o / o,5 Mrd.
1.7.1968 – 3o.6.1969	Militärische Beschaffungen; Kauf amerikan. Schatzanweisungen durch die Bundesbank (DM 1,99 Mrd./ $ o,5 Mrd.); Kauf amerikan. Schatzanweisungen durch ein westdeutsches Bankenkonsortium	2,9 / o,73 Mrd.
1.7.1969 – 3o.6.1971	Militärische Beschaffungen (DM 3,2 Mrd./ $ o,8 Mrd.); Darlehen an die US-Regierung, Laufzeit 1o Jahre, 3,5 % Zinsen (DM 1,o Mrd./ $ o,25 Mrd.); Einfrieren von Zinsen der amerikan. Schatzanweisungen; zivile Beschaffungen; und weitere Posten	6,o8/ 1,5 Mrd.

Die deutsch-amerikanischen Devisenausgleichs-Abkommen (Fortsetzung:)

| 1.7.1971 – 3o.6.1973 | Militärische Beschaffungen (DM 4,o Mrd./ $ 1,23 Mrd.); Kauf mittelfristiger amerikan. Schatzanweisungen (DM 2,o Mrd./ $ o,62 Mrd.); Modernisierung amerikan. Truppenunterkünfte in der BRD (DM 6oo Mio./ $ 184 Mio.); und weitere Posten | 6,65/ 2,o3 Mrd. |
| 1.7.1973 – 3o.6.1975 | Militärische Beschaffungen (DM 2,75 Mrd./ $ 1,o3 Mrd.); zivile Käufe auf dem Sektor Energietechnologien (DM 3oo Mio./ $ 112 Mio.); Kauf mittelfristiger amerikan. Schatzanweisungen (DM 2,25 Mrd./ $ o,84 Mrd.); Modernisierung amerikan. Truppenunterkünfte (DM 6oo Mio./ $ 224 Mio.) | 5,92/ 2,22 Mrd. |

+Die zugrundeliegenden Paritäten (DM gegenüber 1 US-Dollar) waren die folgenden: 4,13; 4,13; 4,o; 4,o; 3,97; 3,97; 3,27; 2,67

Quellen: Eigene Zusammenstellung unter Benutzung von CR, Vol. 115, 1.12.1969, 36148 ff.; Boeck/Krägenau: Devisenausgleich und Burden-Sharing, 24 ; Thiel: Die atlantischen Beziehungen im Zeichen währungspolitischer Veränderungen, 67; SZ, 29.6. und 1o.12.1971, 21.3. und 26.4.1974.

Bis 1967 beruhten die Offset-Abkommen nahezu ausschließlich auf dem Prinzip des Ausgleichs durch deutsche Rüstungskäufe in den USA. Dieser Regelung lag zu Beginn der 6oer Jahre eine Interessenkonvergenz zwischen den USA und der Bundesrepublik zugrunde[2o5]. Die Faktoren, die auf amerikanischer Seite die Rüstungsexport-Politik in den Mittelpunkt der Zahlungsbilanzkorrektur rücken ließen, sind bereits erörtert worden; für die BRD lag der gewählte Ausgleichsmodus nahe, da der Erstausstattungsbedarf der Bundeswehr vorwiegend mit amerikanischem Material gedeckt wurde und sie angesichts der vertraglichen Beschränkung der deutschen Rüstungsproduktion und der überwiegenden Orientierung der einheimischen Industrie auf den

zivilen Markt für die weitere Ausrüstung weitgehend auf ausländische, in aller Praxis amerikanische Quellen angewiesen
war[206].

Das "Memorandum of Understanding" (Gilpatric-Abkommen) vom
24. November 1961[207] bestimmt den Umfang - in einer losen
Form[208] - und die Abwicklung der deutschen Ausgleichskäufe in
den USA; dagegen enthält es keinen Hinweis auf die übrigen Be-
standteile der "burden-sharing"-Forderung, wie sie von Regie-
rungsvertretern und Kongreßmitgliedern in den USA artikuliert
worden waren. Zum bundesrepublikanischen Ausgleichspaket gehörten jedoch zusätzlich folgende Leistungen: die Steigerung der
Entwicklungshilfe und die Anhebung der Quote der deutschen
Beteiligung am NATO-Infrastrukturprogramm, ferner auf monetä-
rem Gebiet die DM-Aufwertung vom 5. März 1961[209]. Diese Maßnahmen wurden auch in den Vereinigten Staaten als zum "burden-
sharing"-Paket gehörig betrachtet[210]; insofern beruhte der
Ausgleich schon zu Beginn der 6oer Jahre nicht exklusiv, wenn
auch ganz überwiegend, auf militärischen Beschaffungen der
Bundesrepublik in den USA.

Das Ende der Konformität der deutschen und amerikanischen
Interessen, die die Basis des Ausgleichsmodus Rüstungskäufe
abgegeben hatte, deutete sich auf bundesrepublikanischer Seite
an, als Mitte der 6oer Jahre die erste Phase der Ausrüstung
der Bundeswehr im wesentlichen abgeschlossen war und es immer
schwieriger wurde, Rüstungsaufträge in der vereinbarten Höhe
in den USA zu plazieren; die Divergenz wurde manifest, als
die Rezession 1966 den Bundeshaushalt so starken Belastungen
aussetzte, daß die Fortsetzung der Ausgleichsleistungen aus
dem Verteidigungetat in der bisherigen Höhe kaum mehr
möglich erschien[211].

Im Kompromiß des vierten Offset-Abkommens dokumentiert sich
neben der Unmöglichkeit einer Fortschreibung der vorherigen
Regelung gleichermaßen die zunehmende Verschlechterung der
Zahlungsbilanzsituation der Vereinigten Staaten[212]; mit der
Verbindung von militärischen Beschaffungen und monetären
Regelungen, die auch die nachfolgenden Abkommen kennzeichnet,
erweitert es den engen Ansatz einer Korrektur des militäri-

schen Bereichs der Bilanz der Regierungstransaktionen in Richtung auf einen allgemeinen Zahlungsbilanz-Ausgleich als Problem des internationalen Währungssystems. Die Bundesrepublik stand jedoch mit ihren Stützungsaktionen für den Dollar - die Verpflichtung der Bundesbank, keine Dollars in Gold umzutauschen, konstituiert praktisch einen deutschen Währungskredit[213] - ziemlich allein. Außer ihr war keiner der wirtschaftlich starken Verbündeten bereit oder genötigt, in vergleichbarem Umfang währungspolitisch mit den USA zu kooperieren[214]. Entsprechend gelang es diesen erst im Wege ihrer unilateralen währungs- und wirtschaftspolitischen Maßnahmen 1971, den Dollar auf eine sicherere Basis zu stellen und die Zahlungsbilanz vorläufig zu sanieren[215].

Indem das Abkommen von 1971 erstmals eine budgetäre Beteiligung der BRD, 6oo Millionen DM für die Renovierung amerikanischer Kasernen, enthielt, reflektiert es eine Verlagerung innerhalb des "burden-sharing"-Konzepts von Offset auf echte Lastenteilung; für das letzte Devisenausgleichs-Abkommen wurde diese Regelung im wesentlichen fortgeschrieben.

Seit Mitte 1975, d.h. seit dem Auslaufen dieses Abkommens, herrscht ein vertragsloser Zustand. Die Basis des Offset hat sich so weit verändert, daß eine Wiederbelebung der Vereinbarungen in ihrer bisherigen Form nicht zu erwarten ist; trotzdem werden vermutlich Ausgleichsleistungen der Bundesrepublik in anderer Gestalt in gewissem Umfang fortgesetzt werden[216].

Die Veränderungen betreffen zum einen die amerikanische Zahlungsbilanz, deren gravierendste Mängel mit dem Ende des Vietnamkriegs beseitigt wurden, zum anderen den Modus, also den Ausgleich durch deutsche Rüstungskäufe in den USA. Seine Fortschreibung erscheint nicht nur immer weniger realisierbar, sondern auch angesichts übergeordneter sicherheitspolitischer Ziele der Vereinigten Staaten nicht mehr in gleichem Maße wünschenswert. Der Primat der westeuropäischen Verteidigungskooperation ergibt sich auf europäischer Seite aus der allgemein angespannten Haushaltslage, verstärkt durch die in mehreren Staaten beobachtbare Tendenz zu Kürzungen im

Rüstungsbudget und durch Rücksichtnahme auf die Belange der
britischen und französischen Rüstungsproduktion; aus der Perspektive der amerikanischen Regierung legen innenpolitische
Konstellationen dieses Ziel nahe, vor allem die vorherrschende
Tendenz des Kongresses, auf mehr Eigenverantwortung der Europäer und eine klarere Arbeitsteilung zwischen diesen und den
Vereinigten Staaten zu dringen.

Schließlich wird die Basis der Ausgleichsleistungen auch
noch durch die Entwicklung der amerikanischen Truppenstationierung in der BRD tangiert. Amerikanische Beobachter rech-
nen mit einer leichten Abwärtskorrektur in den nächsten Jahren; eine solche Entscheidung sei, so diese Linie der Argumentation, unabhängig von den Ergebnissen der M(B)FR-Verhandlun-
gen aus innenpolitischen[217] und wirtschaftlichen Gründen unumgänglich. Zwischen den Chancen radikalerer Abzugspläne, wie
sie die Mansfield-Gruppe im Senat vertritt[218], und der M(B)FR-
Politik der amerikanischen Regierung besteht jedoch ein enger,
und zwar inverser, Zusammenhang. Er wird vor allem in der Art
und Weise deutlich, wie die Verhandlungen in der inneramerikanischen Auseinandersetzung eingesetzt werden; das Argument,
man dürfe einer Regelung des beiderseitigen Truppenabbaus in
Europa nicht durch einseitige amerikanische Aktionen den
Boden entziehen, hat im Kongreß immer wieder seine Durch-
schlagskraft bewiesen[219].

2.25 "Burden-Sharing" und die Rolle der USA als Weltführungs-
     macht: ein doppeltes Dilemma

Die Akzentverschiebung von Offset auf echte Lastenteilung, die
sich in den deutsch-amerikanischen Devisenausgleichs-Abkommen
von 1971 und 1973 ebenso manifestiert wie im European Defense
Improvement Program, ist auch in einem Zusammenhang bedeutsam,
der den relativ eng umgrenzten Bereich amerikanischer Außenbeziehungen übergreift, den man konventionell mit dem Begriff
der Lastenteilung assoziiert; indem diese Verlagerung "burden-
sharing" stärker als bisher als Versuch einer Neuordnung der

amerikanisch-europäischen Beziehungen ausweist, gibt sie den
Blick frei auf seinen Charakter als umfassendes außen- und
sicherheitspolitisches Konzept. Die Ziele des Engagements der
Vereinigten Staaten in Europa sind die gleichen geblieben, sie
werden jedoch anders instrumentiert; als Unterfall der Nixon-
Doktrin für den Anwendungsbereich Westeuropa und Japan soll
"burden-sharing" die Aufwands-Erfolgs-Relation für die USA ver-
bessern und es ihnen gestatten, die Sicherung dieser primären
Interessengebiete mit wirtschaftlicheren Mitteln als in den
6oer Jahren zu erreichen[220].

"Burden-sharing" und Nixon-Doktrin enthüllen ein Dilemma,
das durch den Zusammenhang von gesellschaftlicher Organisation
und Außenverhalten gestiftet wird und sich in zwei Richtungen
manifestiert: in der Unvereinbarkeit einer Lösung der innergesellschaftlichen Probleme mit der Fortsetzung eines in seiner
Ausdehnung globalen und in seiner Instrumentierung militarisierten Auslandsengagements und zweitens in der Definition der
Rolle der Vereinigten Staaten als Weltführungsmacht. Gleichzeitig stellt der umfassendere Entwurf, die Nixon-Doktrin, die
in Gestalt des "burden-sharing"-Konzepts für Europa vorformu-
liert wurde, eine Reaktion auf dieses doppelte Dilemma und
seine Entdeckung in der zweiten Hälfte der 6oer Jahre dar; sie
spiegelt in Zielformulierung und Instrumentarium die Inter-
essenstruktur der amerikanischen Gesellschaft wieder.

Die Definition der Rolle der USA als Weltführungsmacht und
ihr Wandel im Verlauf der 6oer Jahre dokumentieren das Dilemma
umfassend in der Konzeption der außenpolitischen commitments,
spezifisch in dem Entwurf, der auf amerikanischer Seite den
Beziehungen zu Westeuropa zugrunde lag. In der Kennedy-Administration, und darüber hinaus bis etwa 1967, orientierte sich
die Forderung nach "burden-sharing" keineswegs an der Zielvor-
stellung eines "Weniger" an finanziellen Leistungen der USA in
den Bereichen Truppenstationierung, Militärhilfe und Entwicklungshilfe, das durch ein "Mehr" vonseiten der westeuropäischen
Verbündeten zu kompensieren gewesen wäre. Die Lastenteilungsforderung basierte vielmehr zu dieser Zeit auf einer expansiven
Konzeption der amerikanischen commitments. Ausgehend von der
Notwendigkeit einer Steigerung der Aufwendungen der westlichen

Allianz insgesamt für Verteidigung und Entwicklungshilfe, sollten lediglich die Relationen zwischen den Leistungen der USA
und ihrer wirtschaftlich wiedererstarkten westeuropäischen
Verbündeten verändert werden; die Forderung zielte also auf ein
"Mehr" der Verbündeten bei zumindest gleichbleibenden, wenn
nicht ebenfalls - allerdings weniger stark - expandierenden Aufwendungen der USA[221].

Dieses Bild änderte sich erst in der zweiten Hälfte der 6oer
Jahre, als das amerikanische Auslandsengagement selbst zum Gegenstand der Kritik wurde. Während die Verfechter der Politik
der Johnson-Administration angesichts des Vietnamkrieges zu
einer statischen Konzeption des weltweiten Engagements der Vereinigten Staaten und vor allem seiner militärischen Implemen-
tierungen gelangten, d.h. nur noch Positionen halten und einen
amerikanischen Einfluß- und Gesichtsverlust verhindern wollten,
begriffen die liberalen Kritiker der Regierungspolitik - im
Kongreß und außerhalb - zunehmend die Lösung der innergesellschaftlichen, ökonomischen und sozialen Probleme als abhängig
von einer Rücknahme des Auslandsengagements, zumindest in seiner
militarisierten Form[222].

Auf dem Felde der amerikanisch-europäischen Beziehungen
zeichnete sich das Dilemma der Selbstdefinition der Vereinigten
Staaten als Weltführungsmacht schon früher ab. Die Jahre 1961
bis 1963 enthielten den ersten Entwurf einer amerikanischen
Politik, die die sich auftuende Schere zwischen der wirtschaftlichen und der militärisch-politischen Dimension einer der wichtigsten Stränge der amerikanischen Außenbeziehungen unter Bedingungen, die im wesentlichen bis heute gültig sind, auf eine
für die USA vorteilhafte Weise zu schließen suchte[223].

In Gestalt der EWG, der ersten Manifestation der westeuro-
päischen Einigungsbestrebungen, war den Vereinigten Staaten seit
1958 ein Konkurrent auf dem Weltmarkt erwachsen. War dieser
Zusammenschluß politisch, im Hinblick auf das Verhältnis zur
Sowjetunion und auf die angestrebte Erweiterung des westlichen
Einflusses in der Dritten Welt, höchst wünschenswert, so machte
er doch gleichzeitig innerhalb des westlich-kapitalistischen
Systems den USA ihre dominierende Führungsposition ausgerechnet

auf dem Gebiet streitig, dem sie traditionell die Sicherung auch
ihres politischen Einflusses anvertrauen: dem der Ökonomie[224].
Die Situation zu Beginn der 6oer Jahre kennzeichnet also ein
partieller Widerspruch: Während sich ökonomisch die Führungsposition der USA innerhalb des Westens relativierte, blieb die
militärisch-strategische Situation und damit auch die einseitige Abhängigkeit der Westeuropäer von den Vereinigten Staaten
prinzipiell unverändert.

Unverändert blieb auch - seiner Essenz nach - der politische
Führungsanspruch der USA. Während sie in Gestalt der Forderung
nach "burden-sharing" die gesteigerte ökonomische Potenz der
Westeuropäer in den Dienst der westlichen Allianz als ganzer
und der amerikanischen Führungsposition in ihr zu stellen
suchten, standen sie den Forderungen nach effektiver strategi-
scher und politischer Mitsprache, die bei den Europäern nicht
zum wenigsten auf dem Bewußtsein ihres ökonomischen Positionszuwachses beruhten, durchaus ablehnend gegenüber[225].

Die Differenz in der Position der westeuropäischen Staaten
auf den beiden prinzipiellen Rangskalen, der ökonomischen und
der militärischen, tat sich in der Kennedy-Zeit erstmals auf;
seitdem ist sie strukturierend für das amerikanisch-europäi-
sche Verhältnis. Für Kennedys "grand design" und für Kissingers
"neue Atlantik-Charta" ist das gleiche Muster kennzeichnend[226]:
Sie visieren eine Umverteilung der ökonomischen Lasten an, ohne
eine korrespondierende Umverteilung der Entscheidungsbefugnisse
und ohne eine Abmilderung des militärischen und politischen
Machtgefälles vorzusehen. Vielmehr wird dieses asymmetrische
Machtmuster, vor allem die militärische Abhängigkeit der westeuropäischen Verbündeten, von den Vereinigten Staaten instrumental eingesetzt, um die Nutzenverteilung in den ökonomischen
Beziehungen zu ihren Gunsten zu verändern[227]. Dieses Muster
zeigt sich in den währungspolitischen und außenwirtschaftlichen Entscheidungen der Nixon-Administration vom 15. August
1971 und im asymmetrischen Kompromiß des sog. Smithsonian
Agreement (18. Dezember 1971) ebenso wie in den amerikanischen
Plänen für das "Jahr Europas"[228].

Hat die Entwicklung seit 1973 auch die ökonomische Verwund-
barkeit der europäischen Volkswirtschaften und Japans - vor
allem die Rohstoffabhängigkeit - dokumentiert und demgemäß die
wirtschaftliche Position der Vereinigten Staaten aufgewertet,
so ist das Dilemma dennoch nur temporär abgemildert. Mittel-
bis langfristig dürfte die Diskrepanz zwischen dem ökonomischen
und dem militärischen Rang der westeuropäischen NATO-Staaten
eine Neuordnung der amerikanisch-europäischen Beziehungen unab-
weisbar machen, soll die Erosion des atlantischen Zusammenhalts
vermieden werden. Gesetzt dieses Ziel, wird sich der Widerspruch
im amerikanischen Entwurf - Lastenteilung ohne Neuordnung der
Entscheidungskompetenzen - nur auflösen lassen, wenn auch die
Vereinigten Staaten Abstriche an ihrer Position zu machen bereit sind. Sie könnten entweder das Ziel der Optimierung des
ökonomischen Nutzens im Austausch mit Westeuropa betreffen oder
die militärisch-strategischen Ziele verändern, das hieße die
Forderung an die Adresse der Westeuropäer, mehr für die gemeinsame Verteidigung zu tun, abmildern.

Das außenpolitische Selbstverständnis der Vereinigten
Staaten, das sich in Reichweite und Instrumentierung der amerikanischen commitments ebenso manifestiert wie in den Entwürfen
zur Gestaltung der Beziehungen zu Westeuropa, ist seinerseits
eng mit gesellschaftspolitischen Ordnungsvorstellungen verbunden, auch wenn sie nicht explizit gemacht werden oder zu
den undiskutierten Selbstverständlichkeiten gehören. Daß dies
so ist, ergibt sich aus dem Zusammenhang, der in der National
Priorities Debatte zwischen der Neudefinition der weltpolitischen Rolle der USA einerseits und den innergesellschaftlichen
Problemen und den zu ihrer Bewältigung nötigen materiellen und
immateriellen Ressourcen andererseits hergestellt wurde[229].

Die die Kennedy-Administration tragenden politischen
Kräfte sahen beides, die Lösung der innergesellschaftlichen
Konflikte und die Aufrechterhaltung der commitments in dem
seit dem Zweiten Weltkrieg vorherrschenden Verstande, nicht
als Alternative, sondern als komplementäre Manifestationen
dessen, "what America is all about". Ihr Liberalismus war
gekennzeichnet durch die Symbiose einer expansiven Außenpolitik

mit sozialreformerischen, auf die Beseitigung ökonomischer und ethnischer Unterprivilegierung abzielenden Ordnungsvorstellungen für die eigene Gesellschaft[23o].

Zur Entdeckung des Dilemmas, sich zumindest partiell zwischen der Befriedigung gesellschaftlicher Bedürfnisse und der Fortsetzung einer Politik des expansiven Auslandsengagements entscheiden zu müssen, bedurfte es des Zusammentreffens zweier Faktoren: zum einen der Zuspitzung der ethnischen und der Verteilungskonflikte und zum anderen - und zwar in engem Zusammenhang damit - der durch den Vietnamkrieg ausgelösten Legitimationskrise nicht nur der Außenpolitik, sondern des Selbstverständnisses der amerikanischen Gesellschaft[231].

Von den unterschiedlichen Möglichkeiten einer Reaktion auf dieses Dilemma hat die Nixon-Doktrin eine realisiert; die Verfechter einer Neuordnung der nationalen Prioritäten fordern eine andere. Sie wollen nicht nur die Bedeutung des militärischen Instruments in der amerikanischen Außenpolitik insgesamt beschneiden - sei es in der manifesten Form des Einsatzes oder der Stationierung amerikanischer Truppen im Ausland, sei es in den indirekteren Formen von Militärallianzen und militärischen Beistandsverpflichtungen anderer Art oder der Militärhilfe - , sie wollen auch eine geographisch und inhaltlich, d.h. in den Zielen wesentlich restriktivere Definition der amerikanischen Sicherheitsinteressen durchsetzen. Für sie gilt, daß "...the nation's vital interests are essentially domestic in character"[232], und entsprechend hat sich die Formulierung außenpolitischer Interessen und Ziele und die Auswahl der Instrumente zu ihrer Realisierung nach den innergesellschaftlichen Bedürfnissen zu richten, nicht umgekehrt.

Diesen Vorstellungen kommt die Nixon-Doktrin nur auf einem Teilgebiet entgegen. Sie reduziert lediglich das relative Gewicht des direkten militärischen Instruments im amerikanischen Außenverhalten; die Zieldefinition und die Reichweite der commitments berührt sie jedoch nicht. Sie unternimmt es zwar, innergesellschaftliche Bedürfnisse und außenpolitische Entscheidungen wieder kompatibel zu machen, aber sie restauriert nicht jenen strikten Primat der Innenpolitik, wie ihn die

Verfechter einer Neuordnung der nationalen Prioritäten fordern
und wie er als Kennzeichen bürgerlich-liberaler Systeme und
ihres Außenverhaltens gilt[233].

Aber trifft diese Klassifizierung auf die Vereinigten
Staaten der Zeit nach dem Zweiten Weltkrieg überhaupt noch zu?
Die Frage, welche Merkmale der sozio-ökonomischen Struktur und
ihres herrschaftsmäßigen Ausdrucks, des Regierungssystems, eine
Gesellschaft als bürgerlich-liberal ausweisen[234], ist zu umfassend, als daß sie hier behandelt werden könnte; sie lohnte aber
unbedingt eine eigene Analyse. Erst ihre Beantwortung ermöglicht
letztlich eine Prognose darüber, ob die Nixon-Doktrin als län-
gerfristiger, strukturbildender Entwurf der Außenpolitik eines
nicht mehr als bürgerlich-liberal, sondern anders zu kennzeich-
nenden kapitalistischen Systems zu gelten hat oder ob die
Chance zur Realisierung eines alternativen Konzepts wie des-
jenigen besteht, das sich in der National Priorities Debatte
herausgebildet hat. Letzteres würde die Rückkehr zu einer
bürgerlich-liberalen Außenpolitik bedeuten.

3. DAS ENTSCHEIDUNGSSYSTEM IN DER RÜSTUNGSEXPORT-POLITIK:
   INTERESSE UND REALISIERTER EINFLUSS

Die Analyse des Entscheidungssystems in der Rüstungsexport-
Politik zerfällt in zwei Teile; geht es zunächst um die Norm
des Entscheidungsprozesses, d.h. um die verfassungsrechtlichen
und gesetzlichen Bestimmungen, so müssen diese in einem zweiten
Schritt mit der gesellschaftlichen Wirklichkeit konfrontiert
werden. Hier stellt sich die Frage nach den Einheiten[1], die an
den Entscheidungen teilhaben, und nach der Machtverteilung
zwischen ihnen.

In der Verfassung verankerte Kompetenzen und gesetzliche
Regelungen legen die offiziell am Entscheidungssystem partizipierenden Einheiten fest und bestimmen auch die Hierarchie
zwischen ihnen, d.h. die Reichweite der jeweiligen Entschei-
dungs- und Kontrollkompetenzen. Verfassungsrechtlich sind für
die Rüstungsexport-Politik vor allem die außenpolitischen Befugnisse des Präsidenten und die im Wege der Konstruktion der
"implied powers"[2] daraus abgeleiteten Rechte der nachgeordneten
Ebenen der Exekutive, vor allem der Departments of State,
Defense und Treasury, ferner das Budgetrecht des Kongresses[3]
und das Mitspracherecht beider Häuser, in erster Linie des
Senats, in der Außenpolitik[4] - um nur die wichtigsten zu
nennen - von Bedeutung.

Die gesetzlichen Grundlagen der Rüstungsexport-Politik bil-
deten in erster Linie das Auslandshilfe-Gesetz von 1961 (Foreign
Assistance Act of 1961, as Amended), seit 1968 das Gesetz über
Auslandsverkäufe von Rüstungsgütern (Foreign Military Sales
Act, as Amended)[5]. Auch die Bewilligungsgesetze (Appropriation
Bills) beeinflussen die Rüstungsexport-Politik; hinzu kommen
die Gesetze und Verordnungen, die den privaten Waffenhandel
und das Lizenzierungsverfahren im State Department betreffen[6].

Gegenüber dieser Norm des Entscheidungssystems hebt sich
das in der Realität der 6oer und frühen 7oer Jahre vorfindbare
Rüstungsexport-System in zweifacher Hinsicht ab. Zu ihm gehören
neben den aufgrund ihrer verfassungsmäßigen oder gesetzlich
verankerten Kompetenz partizipierenden Einheiten auch die-

jenigen gesellschaftlichen Gruppen, die regelmäßig an der Formulierung der Rüstungsexport-Politik mitwirken. Dies kann auf
verschiedene Weise geschehen: entweder auf dem Wege über In-
stitutionen, z.B. durch Beiräte, wie es beim Defense Industry
Advisory Council(DIAC) der Fall ist, oder aber durch eine
Lobby mit strukturellem Charakter.

Die beiden Versionen des Entscheidungssystems unterscheiden sich jedoch nicht nur dem Umfang nach, sondern auch in ihrer
internen Struktur, in der Verteilung von Macht und Einfluß zwischen den einzelnen beteiligten Einheiten.

Um den relativen Einfluß einer Einheit bestimmen zu können[7],
ist es zunächst notwendig zu analysieren, welche Interessen sie
in der Rüstungsexport-Politik verfolgt; in einem zweiten
Schritt müssen dann die Richtungsentscheidungen auf dem Felde
dieser Politik daraufhin überprüft werden, in wieweit sich in
ihnen die Ziele einer Einheit, verglichen mit jeder einzelnen
anderen, durchgesetzt haben. Mosaikartig zusammengesetzt, ergibt sich auf diese Weise die Machtverteilung im Rüstungsexport-System.

3.1 Die Norm: Die Kompetenzverteilung im Entscheidungssystem gemäß den verfassungsrechtlichen und gesetzlichen Bestimmungen

Die Frage nach der Zusammensetzung des Rüstungsexport-Systems
läßt sich am einfachsten mit einer Aufzählung derjenigen Einheiten beantworten, die aufgrund verfassungsmäßiger oder gesetzlicher Kompetenz an den Entscheidungen dieses Sektors teilhaben.

Für die Exekutive ergibt sich die nachfolgende Übersicht
aus den Regelungen des Foreign Assistance Act of 1961, des
Foreign Military Sales Act und ihrer Ausführungsbestimmungen,
für den Kongreß aus den in der Verfassung verankerten Kompetenzen.

Exekutive	Kongreß[8]	
Präsident	Senate	House
Secretary of State[9]	Committee on Foreign Relations	Committee on Foreign Affairs
Secretary of Defense[10]		
Secretary of the[11] Treasury	Committee on Appropriations	Committee on Appropriations
Administrator,[12] AID		
Director, ACDA[13]		
- Waffengattungen[14], MAAG's, diplomatische Vertretungen		

Wie im Bereich der Auslandshilfe generell, so führte der
Foreign Assistance Act of 1961 auch im Rüstungsexport-System
zu einer Umorganisation, die sich in Veränderungen der Binnenstruktur der relevanten Departments und in einer teilweisen
Neuordnung der delegierten Kompetenzen und des Instanzenzuges
äußerte. Diese Struktur blieb bis zur Reorganisation des Jahres 1969, die der Foreign Military Sales Act nach sich zog,
praktisch unverändert.

An oberster Stelle der Entscheidungshierarchie steht nach
dieser Regelung der Präsident, gefolgt vom Secretary of State,
bei dem - innerhalb der vom Präsidenten gegebenen Richtlinien -
die Kompetenz der Rahmenentscheidungen über die Rüstungsexport-
Politik liegt:

> "Under the direction of the President, the Secretary of
> State, taking into account other United States activities
> abroad, such as military assistance, economic assistance,
> and food for freedom, shall be responsible for the con-
> tinuous supervision and general direction of sales under
> this act, including, but not limited to, determining
> whether there shall be a sale to a country and the amount
> thereof, to the end that sales are integrated with other
> United States activities and the foreign policy of the
> United States is best served thereby."[15]

Wie der Foreign Assistance Act of 1961[16], so trifft also auch
der Foreign Military Sales Act eine Entscheidung zugunsten

der Zuordnung der Rüstungsexport-Politik zur Außenpolitik und
zum Secretary of State; der Secretary of Defense ist diesem in
der Hierarchie nachgeordnet. Bei letzterem liegt die Administration des Foreign Military Sales-Programms, und er entscheidet
im Rahmen der vom Secretary of State - in kontroversen Fällen
vom Präsidenten - festgelegten Politik über die militärischen
Erfordernisse und die mit ihnen in Zusammenhang stehenden
Fragen der Durchführung[17].

Enthält diese Regelung eine klare Aussage über die Grund-
satzentscheidung - der Secretary of State bestimmt Ziele und
Richtung der Rüstungsexport-Politik und befindet über das "Ob"
und den Umfang jedes einzelnen Länderprogramms -, so birgt sie
doch gleichzeitig die Möglichkeit eines Interessenkonflikts in
sich: Beide Gesetze, der Foreign Assistance Act of 1961 und
der Foreign Military Sales Act, siedeln alle Entscheidungen
auf nachgeordneter Ebene und die gesamte Verwaltung der militärischen Auslandsverkäufe im Department of Defense an[18].
Aus dieser Organisationsstruktur ergibt sich nahezu zwangsläufig ein Konkurrenzverhältnis des Pentagon zum State Department und militärpolitischer zu außenpolitischen Entscheidungs-
kriterien.

Weiterhin haben der Secretary of the Treasury und die
Leiter von ACDA und AID ein Mitspracherecht im Entscheidungsprozeß; in Fragen der Kreditstandards und -garantien muß die
vorherige Zustimmung des Treasury Department eingeholt werden[19],
während die Kompetenzen von ACDA und AID nicht näher spezifiziert sind. Dem Außen- und dem Verteidigungsminister wird
lediglich zur Pflicht gemacht, die Leiter dieser Behörden zu
konsultieren, und zwar "on matters pertaining to their
responsibilities"[20].

Innerhalb des State Department fallen die Rüstungsexporte
in den Zuständigkeitsbereich desBureau of Politico- Military
Affairs, dort in erster Linie des Deputy Assistant Secretary
for Politico-Military Affairs. In aufsteigender Linie ergibt
sich folgende Hierarchie: Deputy Assistant Secretary for
Politico-Military Affairs - Deputy Under Secretary for Political Affairs - Under Secretary for Political Affairs - Secretary

of State[21].

Während im State Department die Organisation der Entscheidungen über Rüstungsexport-Politik seit Beginn der 6oer Jahre die gleiche geblieben ist, ergaben sich innerhalb des Defense Department im vergangenen Jahrzehnt mehrere Veränderungen. Die erste und wichtigste war die im April 1962 abgeschlossene Etablierung einer eigenständigen Abteilung für Auslandsverkäufe von Rüstungsgütern, des "Office for International Logistics Negotiations" (ILN). Sie wurde in der International Security Affairs Division (ISA) des Pentagon angesiedelt. Der Leiter des ILN erhielt den Status eines Special Assistant des Assistant Secretary for International Security Affairs[22]. 1964 wurde die Position des Special Assistant, ILN, in die eines Deputy Assistant Secretary umgewandelt, das ILN damit in die insgesamt fünf Unterabteilungen der International Security Affairs Division eingereiht. Damit ergab sich folgende Entscheidungshierarchie, die bis 1969 unverändert blieb: Deputy Assistant Secretary, ILN, - Assistant Secretary of Defense, ISA, - Secretary of Defense. Das nachfolgende Schaubild stellt den Entscheidungsprozeß in der Exekutive im einzelnen dar.

Im März 1969 wurde das ILN mit der Abteilung des Director of Military Assistance zusammengelegt; an der Spitze dieses neuen Office for Military Assistance and Sales steht, wie bei ILN, ein Deputy Assistant Secretary[23]. Die großen Linien des Rüstungsexport-Systems wurden von dieser Umorganisation nicht berührt.

Die Koordinierung zwischen State Department und Pentagon besorgt in erster Linie das State/Defense Co-ordinating Committee[24], mit dem Deputy Assistant Secretary of State for Politico-Military Affairs und dem Deputy Assistant Secretary of Defense, ILN, als verantwortlichen Entscheidungsträgern. Dies ist auch der Ort der Konsultation und Mitwirkung des Department of the Treasury, der Arms Control and Disarmament Agency und der Agency for International Development; die beiden letztgenannten verfügen zudem noch über eine direkte Kommunikationslinie mit dem Secretary of State und könnten ihre

Das Entscheidungssystem in der Rüstungsexport-Politik: die
verfassungsrechtliche und gesetzliche Norm

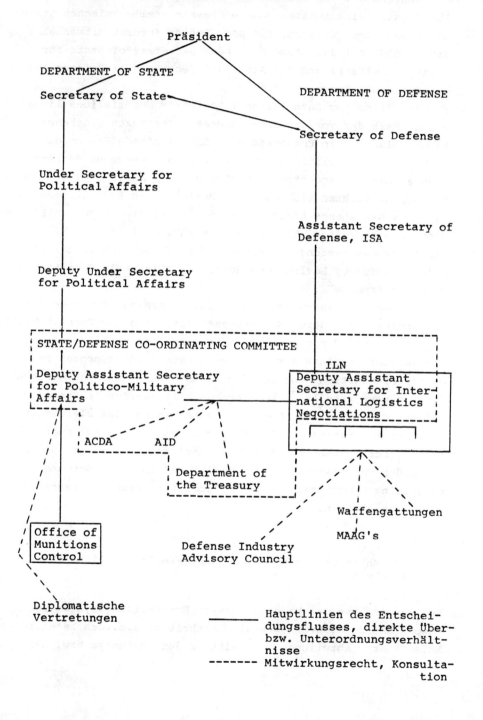

Präsident

DEPARTMENT OF STATE

Secretary of State

DEPARTMENT OF DEFENSE

Secretary of Defense

Under Secretary for
Political Affairs

Assistant Secretary of
Defense, ISA

Deputy Under Secretary
for Political Affairs

STATE/DEFENSE CO-ORDINATING COMMITTEE

ILN

Deputy Assistant Secretary
for Politico-Military
Affairs

Deputy Assistant
Secretary for Inter-
national Logistics
Negotiations

ACDA   AID

Department of
the Treasury

Waffengattungen

MAAG's

Office of
Munitions
Control

Defense Industry
Advisory Council

Diplomatische
Vertretungen

———— Hauptlinien des Entschei-
dungsflusses, direkte Über-
bzw. Unterordnungsverhält-
nisse

------- Mitwirkungsrecht, Konsultation

Position auch auf dieser Ebene zu Gehör bringen.

Während der Regierungszeit Präsident Johnsons existierte kurzfristig eine zweite, höhere Clearingstelle zwischen State Department und Pentagon, die sog. Senior Interdepartmental Group (SIG) auf der Ebene des Under Secretary of State for Political Affairs und des Assistant Secretary of Defense for International Security Affairs[25].

Im Office for International Logistics Negotiations liegen - innerhalb der von den übergeordneten Instanzen gegebenen Richtlinien - alle Entscheidungen über laufende Fragen der Rüstungsexport-Politik sowie das gesamte Management des Programms; die Waffengattungen wirken bei der Ausführung mit. An das ILN richten sich auch die Berichte und Empfehlungen der Military Assistance Advisory Groups[26], die die einzelnen Länderprogramme betreffen. Als Beirat des ILN, zugleich als Nahtstelle zu den rüstungswirtschaftlichen Interessen, fungiert der Defense Industry Advisory Council, vor allem sein Committee on Military Exports[27].

Was den Instanzenzug anbetrifft, so muß man zwischen den Rüstungsexporten durch Regierungskanäle, also den Foreign Military Sales, und den privaten Rüstungsexporten differenzieren. Für letztere beginnt der politische Entscheidungsprozeß im Office of Munitions Control des State Department, das die Ausfuhrlizenzen erteilt[28]. Kontroverse Fälle werden im State/ Defense Co-ordinating Committee entschieden, das gleichzeitig die oberste Instanz für Fragen der privaten Rüstungsexporte darstellt. Für Rüstungsexporte durch Regierungskanäle dagegen beginnt der Entscheidungsprozeß im ILN und im State/Defense Coordinating Committee; ein formelles Lizenzierungsverfahren wird nicht eingeleitet.

3.2 Das Entscheidungssystem in der gesellschaftlichen Wirklichkeit

Bei der Analyse des Machtmusters im Entscheidungssystem ist sowohl bei den gouvernementalen Einheiten, d.h. den beteiligten Amtsträgern, Abteilungen, Committees der Exekutive bzw. des

Kongresses als auch bei den regelmäßig an den Entscheidungen
partizipierenden gesellschaftlichen Gruppen eine Auswahl unumgänglich; Gesichtspunkte der Arbeitsökonomie, in mehreren Fällen auch die schwierige Quellenlage, machen eine Beschränkung
auf die wichtigsten Akteure notwendig. Für den Kongreß ergibt
sich der Zwang zur Auswahl dagegen aus der Fülle des vorhan-
denen Materials.

3.21 Der Kongreß

Die Diskussion von Fragen der Rüstungsexport-Politik in der
Legislative zeichnet sich zu Beginn der 6oer Jahre durch eine
Reihe von Gemeinsamkeiten und eine - verglichen mit anderen
außenpolitischen Fragen, so der Entwicklungshilfe und der Militärhilfe - geringere Distanz zwischen den einzelnen Positionen
aus. In der zweiten Hälfte des Jahrzehnts ändert sich das Bild.
Das Auseinanderbrechen des foreign policy consensus[29], wichtigste Begleiterscheinung der Differenzen über das Vietnam-Engage-
ment, macht die Rüstungsexport-Politik zu einem kontroversen
Feld; die Diskussionen werden nun geprägt durch ein erheblich
gesteigertes Interesse an den militärischen Auslandsverkäufen
und durch ein Auseinanderrücken der einzelnen Positionen.

Was das gesteigerte Interesse und den kontroversen Charakter des Gegenstands anbetrifft, folgt die Behandlung von
Rüstungsexport-Politik und militärischer Auslandshilfe dem
gleichen Muster wie die der Rüstungspolitik generell[3o]; diese
Entwicklung, die auf eine Periode weitgehenden Desinteresses
bzw. unkritischer Akklamation der Vorstellungen und Gesetzent-
würfe der Administration folgte[31], wurde nach einzelnen Vor-
boten in der vorausgegangenen Sitzungsperiode im 9o. Kongreß
(1967/68) manifest[32].

Die Kongreßmitglieder sind sich also des Zusammenhangs
der genannten Bereiche durchaus bewußt; in der Haltung des
individuellen Senators oder Repräsentanten oder einer Gruppe
tun sich jedoch erhebliche Differenzen auf, je nachdem, ob
es sich um Fragen von Rüstung und Außenpolitik generell,

der Militärhilfe-Schenkungen oder der Rüstungsexport-Politik
handelt[33]. Was die beiden letzteren anbetrifft, so findet sich
die Forderung nach Kürzung der "grants" sowohl mit Befürwortung der militärischen Auslandsverkäufe als auch mit dem
Interesse an ihrer Einschränkung gekoppelt. Beide Positionen
spalten sich noch auf, wenn man für die Rüstungsexporte die
Unterscheidung zwischen zwei Kategorien von Abnehmern, den be-
freundeten Industrienationen und den Entwicklungsländern berücksichtigt, die die Kongreßmitglieder häufig zugrunde legen. Das
Bild verkompliziert sich weiter, wenn man auch die unterschiedlichen Motive in die Betrachtung einbezieht: Man kann Rüstungsverkäufe an Entwicklungsländer ablehnen, weil man regionale
Krisen vermieden und das Wettrüsten zum Stillstand gebracht
sehen möchte, weil man die Diversion der geringen Finanzmittel
dieser Empfängergruppe für militärische Zwecke ablehnt, da sie
der sozialen Entwicklung im Wege steht, oder weil man commitments generell vermeiden, d.h. die Handlungsfreiheit der USA
bewahren möchte. Schließlich kommen auch Kombinationen dieser
Argumente vor.

Am Beispiel der Behandlung der Rüstungsexport-Politik im
Kongreß läßt sich einmal mehr die Unzulänglichkeit herkömm-
licher roll-call-Analysen demonstrieren[34]. Erst das Aufsuchen
der verschiedenen, zum Teil kontradiktorischen Grundpositionen
und Interessen, die sich hinter dem gleichen Abstimmungsverhalten verbergen können[35], ermöglicht es, die strukturellen Bestimmungsfaktoren im Verhalten der Legislative zu lokalisieren,
erst ein solches Verfahren, das quantitative und qualitative
Analysetechniken miteinander verbindet, kann, im Vergleich
mehrerer Segmente der Jurisdiktion des Kongresses, den Weg
freigeben zu Erklärung und Prognose.

3.21.1 Die Diskussion in der ersten Hälfte der 6oer Jahre

Im 87. und 88. Kongreß (1961 - 1964) fällt zunächst das gerin-
ge Interesse auf, das die Senatoren und Abgeordneten der
Rüstungsexport-Politik entgegenbringen. Das gilt sowohl im
Plenum als auch im Foreign Relations bzw. Foreign Affairs
Committee und den Bewilligungsausschüssen beider Häuser.

Soweit die Rüstungsexport-Politik zu dieser Zeit diskutiert
wird, konzentrieren sich die Erörterungen zum einen auf die
technischen Details; die Vertreter der Administration werden
von den Ausschußmitgliedern nach dem Umfang,den einzelnen Komponenten und der Abwicklung der Verkaufsprogramme gefragt,
etwa der Größenordnung von Altmaterial-Lieferungen verglichen
mit Verkäufen aus der laufenden Produktion, dem Verhältnis von
Bar- zu Kreditverkäufen oder der Rolle des ILN als Einkaufs-
agent für auswärtige Regierungen[36]. Den zweiten Interessen-
schwerpunkt bildet die Organisation des Entscheidungsprozesses
in der Exekutive, etwa die interne Struktur des ILN, die Koordinierung von State Department und Pentagon und die Mitwirkung
der Waffengattungen[37].

Von wenigen Ausnahmen abgesehen[38], steht zu Beginn der 6oer
Jahre hinter diesen Fragen lediglich das Informationsbedürfnis
einer kleinen Zahl von Kongreßmitgliedern über einen vergleichsweise neuen Gegenstand ihrer Jurisdiktion; von Mißtrauen gegenüber der Politik der Exekutive oder dem Bestreben, die legislative Kontrolle zu stärken, ist wenig zu spüren. Demgemäß
erstreckt sich die Kenntnis von Einzelheiten des FMS-Programms
nicht einmal auf die Gesamtheit der Mitglieder der Auswärtigen
und der Bewilligungsausschüsse. Es finden sich durchaus Beispiele von Mitgliedern dieser Committees, die erst 1965 von
der Existenz und den Aufgaben des ILN erfuhren[39]; überhaupt
erweist sich der 89. Kongreß als Umbruchsperiode, in der erste
Charakteristika des nachfolgenden Zeitabschnitts sichtbar
werden.

Versucht man die verschiedenen Argumentationen anhand der
zugrundeliegenden Motive und der außen- und gesellschaftspolitischen Orientierung zu bündeln, so ergeben sich im

wesentlichen zwei Positionen. Sie unterscheiden sich zunächst
durch ihre grundsätzliche Stellung zur Rüstungsexport-Politik:
Während die Mehrheit in beiden Häusern die Politik der militärischen Auslandsverkäufe fraglos akzeptiert, wird sie von
einer kleinen Gruppe von Senatoren und Repräsentanten abgelehnt.
In dieser Minderheitsposition ist neben genereller auch bedingte Opposition anzutreffen; sie wendet sich gegen Rüstungsexporte in Entwicklungsländer, befürwortet sie jedoch im Falle
der verbündeten Industrienationen.

Quantitative Aussagen über den Umfang und die Zusammensetzung der Mehrheitsfraktion sind vor allem deshalb schwierig, weil roll-calls über die Rüstungsexport-Politik im 87.,
88. und 89. Kongreß nicht vorkamen; ein Umstand, der den aus
der Durchsicht der Hearings der Auswärtigen und der Bewilligungsausschüsse und,für den 87. Kongreß, des Congressional
Record gewonnenen Eindruck bestätigt, diese Politik sei zu
jener Zeit generell unkontrovers gewesen[4o]. Klarer hebt sich
die Minderheitsposition ab; hier gilt jedoch ebenfalls die
Einschränkung, daß lediglich die Wortführer und deren Argumente ermittelt werden können. Es läßt sich nur vermuten, in
welchem Umfang sie im Falle von Abstimmungen in der Lage gewesen wären, Unterstützung - möglicherweise auf der Basis
gleicher politischer Grundorientierungen[41] - seitens ihrer
weniger interessierten Kollegen zu mobilisieren.

Die Mehrheitsposition

Kennzeichnend für die Mehrheitsposition ist neben der frag-
losen Akzeptierung der militärischen Auslandsverkäufe vor allem, wie schon hervorgehoben, das geringe Interesse am Gegenstand. Aus einer Zusammenstellung der auftretenden Argumente
läßt sich die Hypothese ableiten, daß die Befürworter der
Rüstungsexporte sich wiederum aufspalten, und zwar in eine
als innenpolitisch konservativ zu kennzeichnende Gruppe und
in eine zweite, anders orientierte Position.

Die erstgenannte Richtung versteht Rüstungsexporte ganz
überwiegend _nicht_ als Instrumente im Dienste bestimmter, auf

die Beeinflussung der auswärtigen Umwelt der USA gerichteter
Ziele, die - nimmt man letztere als gegeben an - zumindest
immanent, d.h. im Hinblick auf ihre Funktionalität bzw. Dys-
funktionalität zu überprüfen wären; sie werden vielmehr in
erster Linie in ökonomischen Kategorien betrachtet. Mit ihnen
verbinden sich zusätzliche Aufträge für amerikanische Produzenten ebenso wie die Schaffung und Erhaltung von Arbeitsplätzen, und sie leisten einen Beitrag zum Ausgleich der
Zahlungsbilanz[42]. Die Rüstungsexporte gelten dabei als ein
Sektor, der hauptsächlich der privatwirtschaftlichen Initia-
tive vorbehalten bleiben müsse. Die Überzeugung, die Regierung solle "sich nicht über Gebühr in privatwirtschaftliche
Aktivitäten einmischen oder mit ihnen konkurrieren", wird zu
dieser Zeit im Kongreß vielfach ausgesprochen[43].

Innenpolitisch ist diese Gruppe in groben Zügen mit denjenigen Kongreßmitgliedern zu identifizieren, die die Bürger-
rechts- und Sozialgesetzgebungsvorhaben der Kennedy-Administration und meist auch eine Konjunktursteuerung durch begrenztes "deficit spending" ablehnten[44]. Diese Senatoren und
Repräsentanten standen durchweg der Entwicklungshilfe, besonders der sozialreformerisch ausgerichteten, als deren Parade-
beispiel die Allianz für den Fortschritt konzipiert wurde,
sehr skeptisch gegenüber; sie befürworteten Kürzungen der
Mittel für die Wirtschaftshilfe und setzten sie auch durch,
wie das Schicksal der Economic Assistance im Haushaltsjahr
1963 zeigt[45].

Im Gegensatz zur Behandlung der Rüstungsexport-Politik
werden Militärhilfe-Schenkungen von dieser Richtung vorwiegend
in außenpolitischer Perspektive, als Beitrag zur Abwehr der
kommunistischen Bedrohung diskutiert[46], obgleich Beschaffungen
für diesen Zweck ebenfalls eine nachweisbare Bedeutung für
Auftragsstand und Arbeitsplätze in den betroffenen Industrie-
zweigen haben. Im Falle der Militärhilfe, die durch ihren Einsatz in Spannungsgebieten sehr viel unmittelbarer als die
Rüstungsverkäufe - jedenfalls gilt dies in der ersten Hälfte
der 6oer Jahre[47] - an den Ost-West-Konflikt gekoppelt ist,
überlagert also offenbar das antikommunistische Argument die

innergesellschaftliche, ökonomische Betrachtungsweise. In dieser außenpolitischen Sicht der Militärhilfe geht die zweite Untergruppierung der Mehrheitsfraktion mit der konservativen Richtung konform; in ihrer politischen Grundorientierung unterscheiden sich beide jedoch beträchtlich.

Die zweite Position bejaht die Entwicklungshilfe, auch die Allianz für den Fortschritt[48]; was ihre Stellung gegenüber der Reformpolitik der Kennedy-Administration betrifft, so ist sie unzweifelhaft als liberal zu bezeichnen. Innenpolitischer Liberalismus, hier verstanden als Befürwortung der Bürgerrechts- und Sozialgesetzgebung und einer Konjunktursteuerung durch begrenztes "deficit spending"[49], verband sich jedoch zu Beginn der 6oer Jahre mit einer antikommunistischen, zum Teil expansiven, das ideologische wie das militärische Instrument gleichermaßen betonenden Außenpolitik[5o]. Die Vertreter dieser Position, die Kennedy-Liberalen, wie sie sich schlagwortartig bezeichnen lassen, votierten gleichzeitig für Bürgerrechts- und Sozialgesetzgebung und für die Erhöhung der Rüstungsausgaben, für Entwicklungshilfe und für Militärhilfe, letzteres vor allem mit dem Argument der Notwendigkeit von counter-insurgency[51].

Dies hervorzuheben ist vor allem deshalb wichtig, weil sich seit der zweiten Hälfte der 6oer Jahre die außenpolitische Orientierung der ihrem Selbstverständnis nach liberalen Senatoren und Repräsentanten erheblich von der der Kennedy-Liberalen unterscheidet[52]. Soweit sie ihr Mandat nach wie vor innehaben, setzen die gleichen Kongreßmitglieder, die zu Beginn des Jahrzehnts beides, eine expansive Außenpolitik wie auch soziale Reformen und Wohlstandssteigerung für die eigene Gesellschaft für miteinander vereinbar hielten und in ihrer Position auch verbanden, sich seit dem 9o. Kongreß - bei wesentlich gleich gebliebener innenpolitischer Position - für Kürzungen des Rüstungshaushalts, für die Beendigung des Vietnam-Krieges und eine Rücknahme militärischer commitments ein. Entsprechend bezog diese Gruppe, im Gegensatz zu ihrer früheren Position, nun überwiegend Stellung gegen die Politik der militärischen Auslandsverkäufe.

Die Minderheitsposition

Bei der kleinen Gruppe von Kongreßmitgliedern, die Rüstungsexporte generell oder bedingt ablehnen, handelt es sich um
eine Koalition von Republikanern aus dem Mittleren Westen
und Südstaaten-Demokraten[53]; in ihr nehmen im Repräsentantenhaus die Abgeordneten Gross (R., Iowa), Derwinski (R., Ill.),
Thompson (R., Wis.) aufgrund ihrer Mitgliedschaft im Committee
on Foreign Affairs, Rep. Passman (D., La.) als Chairman des
Foreign Operations Subcommittee des Committee on Appropriations
eine Schlüsselstellung ein[54].

Bedingte Ablehnung, und zwar im Falle der Entwicklungsländer als Abnehmer von Rüstungsexporten, während die militärischen Käufe befreundeter Industrienationen bejaht werden, ist
bei den Senatoren Ellender (D., La.) - Mitglied des Committee
on Appropriations - und Morse (D., Oreg.) - Mitglied des Committee on Foreign Relations[55] - anzutreffen. Obwohl in der
Reichweite, verglichen mit der Minderheitsposition im Repräsentantenhaus, eingeschränkt, ist ihre Kritik der Substanz nach
nicht weniger grundsätzlich.

Von den Genannten fällt einzig Sen. Morse aus der Merkmals-
kombination von Parteizugehörigkeit und Region (Mittelwest-
Republikaner/Südstaaten-Demokraten)[56] heraus. Seine Position
- nicht nur in der Rüstungsexport-Politik, sondern im gesamten
Spektrum innen- und außenpolitischer Fragen[57] - entzieht sich
offenbar weitgehend der Rückführung auf generalisierbare Bestimmungsfaktoren legislativenVerhaltens[58].

Läßt sich die Skepsis gegenüber der - mit Belastungen des
Bundeshaushalts verbundenen - Auslandshilfe zweifelsfrei aus
der fiskalkonservativen Position eines Kongreßmitglieds ableiten[59], so ist der Schluß auf die Ablehnung der Politik der
militärischen Auslandsverkäufe nicht unbedingt zwingend, denn
sie ziehen nur sehr geringe Budgetkosten - Kredite und Kreditgarantien, Verwaltungsaufwendungen - nach sich. Bei den oben
genannten Senatoren und Repräsentanten tritt denn auch zu den
Argumenten der "fiscal responsibility" und der Sparsamkeit der
öffentlichen Haushalte[6o] die Warnung vor einer Gefährdung der

amerikanischen Handlungsfreiheit durch die Rüstungsexport-
Politik[61] - im gleichen Sinne durch Militärhilfe - hinzu, und
in engem Zusammenhang damit die Wendung gegen die heimische
Rüstungsindustrie[62].

Da diese Argumente zu Anfang der 6oer Jahre vorgebracht
wurden, lassen sie sich nicht - oder jedenfalls nicht überwiegend - auf die Kontroverse um die amerikanischen commitments
zurückführen, die die Eskalation des Vietnam-Krieges ausgelöst
hat; das Charakteristikum dieser Position scheint vielmehr in
einer Symbiose fiskalkonservativer und isolationistischer Tendenzen zu liegen.

Die Mittelwest-Republikaner erweisen sich als Repräsen-
tanten des "alten Isolationismus"[63], jenes traditionell im
Mittleren Westen beheimateten, bürgerlich-republikanischen
Politikverständnisses mit den Komponenten Handlungsfreiheit
- Freiheit von "entangling alliances" - und ökonomischer
Autarkie. Im 2o. Jahrhundert zunächst durch die wirtschaftlichen Außenverflechtungen der Vereinigten Staaten, seit 1939
auch von den politischen Ereignissen endgültig überholt, ist
dieser alte Isolationismus, als Überhang einer vergangenen
Epoche, im Kongreß kontinuierlich im Rückzug begriffen; die
nach 1945 noch verbliebenen Gruppierungen erwiesen sich jedoch,
personelle Kontinuität vorausgesetzt, in ihren politischen
Grundeinstellungen als erstaunlich resistent gegen Veränderungen[64].

Die Einschätzung der Südstaatlichen Demokraten in der
Minderheitsposition bereitet größere Schwierigkeiten als die
der Mittelwest-Republikaner. Traditionell galt der Süden mit
seinem ausgeprägten demokratischen Übergewicht als Hochburg des
Internationalismus im Kongreß[65]. In der späten Roosevelt-Ära
machten sich jedoch zunehmend Einbrüche in diese Konstellation
bemerkbar[66] und Ansätze zu einer Position, die man - mit aller
Vorsicht - der Richtung nach als isolationistisch bezeichnen
könnte, die aber mit dem alten Isolationismus des Mittleren
Westens keineswegs in eins gesetzt werden darf[67]. Diese Veränderungen gingen parallel mit der Lockerung des Einparteien-
Charakters der Region, d.h. einem Positionszuwachs der

Republikaner und mit sozio-ökonomischen Umwandlungen, wie Ur-
banisierung und Industrialisierung; diese Faktoren werden daher
häufig zur Erklärung herangezogen[68].

Die Argumente, die die südstaatlichen Demokraten gegen die
Rüstungsexport-Politik vorbringen, umfassen noch weitere Ele-
mente. Eine beträchtliche Rolle in der Skepsis gegenüber den
militärischen Auslandsverkäufen und der Ablehnung von Subsidien
für die heimische Rüstungsindustrie spielt die Wendung gegen
"big government"[69], d.h. gegen die Ausweitung der Staatstätig-
keit in Bereiche, die nach dieser Auffassung der gesellschaftlichen Selbstregulierung vorbehalten bleiben sollten, vor allem
die Wirtschaft. Diese Sichtweise wird in der Literatur unterschiedlich beurteilt; sie gilt z.T. als Spezifikum einer südstaatlichen Position, wird in anderen Arbeiten aber den Republikanern zugeschrieben[7o].

Bei Sen. Ellender (D., La.) verband sich die Kritik an
der Förderung der Rüstungsindustrie mit einer Befürwortung von
Entspannungspolitik gegenüber der Sowjetunion[71]. Dies ist vor
allem deshalb bemerkenswert, weil die Ablehnung von "big government" und ihr Komplement, das fiskalkonservative Syndrom, den
engeren Bereich von Rüstung und Verteidigung der Vereinigten
Staaten gewöhnlich ausklammern; so haben auch die oben genannten Mittelwest-Republikaner kontinuierlich einen hohen Grad
von Rüstung unterstützt und für die Verteidigungshaushalte in
der von der Administration beantragten Höhe gestimmt[72].

Im engeren Bereich der Verteidigung überlagert also der
antikommunistische Impuls den Fiskalkonservatismus; dies gilt
seit der Entstehungsphase des Kalten Krieges, und die Administration bewies früh die Einsicht in diesen Mechanismus, indem
sie das Argument der Bedrohung instrumental einsetzte, um die
Unterstützung des Kongresses für den Marshallplan zu sichern[73].
Auch die Erschütterung des Vietnam-Krieges hat diese Sonderstellung des engeren Rüstungssektors nicht abschaffen können,
sondern sie lediglich etwas eingeschränkt[74].

Diese Konstellation liefert auch die Erklärung dafür,
warum die Militärhilfe der fiskalkonservativen Kritik weniger
unterlag als die Wirtschaftshilfe[75]; sie ist das unmittelbarer

an die Auseinandersetzung mit der Sowjetunion gebundene Instrument. Auf dem Höhepunkt der Vietnam-Psychose wurde sie
kurzfristig genauso wie der Verteidigungshaushalt behandelt;
in der Diskussion im Foreign Affairs Committee der Jahre 1964
und 1965 ließen die Abgeordneten Derwinski und Thompson - Rep.
Gross nur mit Vorbehalten - mit der Begründung der kommunistischen Bedrohung ihre Einwände gegen die Militärhilfe fallen[76].
Dies erwies sich jedoch als temporäre Abweichung. Der Korrekturimpuls - etwa ab 1967 - beraubte die Militärhilfe der partiellen Sonderstellung, die sie als Instrument in der globalen
Auseinandersetzung der Supermächte innegehabt hatte, und unter-
warf sie nun schonungsloser der fiskalkonservativen Kritik.

Quantitativ lassen sich Ausdehnung und Einfluß nicht nur
der Minderheitsposition, sondern auch der Gruppe der Befürworter von Rüstungsexporten für die erste Hälfte der 6oer
Jahre nicht exakt ausmachen. Zum einen existieren keine roll-
calls; zum anderen war die Mehrheit der Kongreßmitglieder zu
dieser Zeit über die Rüstungsexporte weder informiert noch an
ihnen interessiert, und nur denjenigen, die sich in den Diskussionen über diesen Gegenstand zu Wort meldeten, kann eine inhaltlich bestimmte Position zweifelsfrei zugeordnet werden.
Es läßt sich allerdings vermuten, daß diese wenigen Senatoren
und Abgeordneten als "opinion leaders" größeren Einfluß besaßen, als es ihrem numerischen Anteil entsprechen würde.

Die relativ ausführliche Behandlung des versprengten Häuf-
chens Fiskalkonservativer rechtfertigt sich allerdings nicht
nur unter diesem Gesichtspunkt; sie repräsentieren, wie die
Behandlung der Rüstungsexport-Politik im Kongreß in der zweiten Hälfte der 6oer Jahre erweist, eine umfangreichere Gruppe,
deren Einfluß sich zu dieser Zeit nicht mehr nur inhalts-
analytisch, sondern auch quantitativ, durch eine Analyse des
Abstimmungsverhaltens, bestimmen läßt.

3.21.2 Grundpositionen nach 1966: Entscheidungskompetenzen in der Außenpolitik und Struktur eines außenpolitischen Instruments

Dem Umschwung der Jahre 1966 und 1967, der das Interesse an der Rüstungsexport-Politik sprunghaft ansteigen und sie zum Gegenstand lebhafter Auseinandersetzungen werden ließ, liegen mehrere Faktoren zugrunde: Die wachsende Unzufriedenheit mit dem Krieg in Vietnam, die Besorgnis über die wirtschaftliche Situation der USA - die Inflation, die Defizite des Bundeshaushalts, das Zahlungsbilanz-Defizit - und über die Zuspitzung der politisch-sozialen Konflikte führten zu dieser Zeit erstmals bei einer größeren Gruppe von Kongreßmitgliedern zu einer Kritik der Außen- und Rüstungspolitik[77], die auch das außenpolitische Instrument Rüstungsexporte nicht unberührt ließ. Sie mündete ein in die grundsätzlichere Debatte über die Verteilung der Entscheidungskompetenzen in der Außenpolitik zwischen Kongreß und Präsident, die in der Folgezeit zu einem bedeutenden Teil auf dem Gebiet der Rüstungsexport-Politik ausgetragen wurde.

Zusätzlich waren für diese Politik noch spezifische Bedingungen wirksam. Die Kritik entzündete sich in erster Linie an der Finanzierung von Rüstungsexporten in Entwicklungsländer durch die Export-Import-Bank, die eine im Januar 1967 erschienene Studie aus dem Stab des Senate Committee on Foreign Relations mit dem Titel "Arms Sales and Foreign Policy"[78] aufdeckte; eine Fülle kritischer Reaktionen im Kongreß und zwei außerplanmäßige Hearings waren die Folge[79]. Aus der Sicht eines bedeutenden Teils vor allem der Senatoren - das Repräsentantenhaus war weniger kritisch[80] - hatte die Administration versucht, den Gegenstand einer Kontrolle durch den Kongreß zu entziehen, indem sie nachweislich über das Ausmaß der Beteiligung der Eximbank an der Finanzierung von Rüstungsexporten falsche Angaben machte[81]; der Vorwurf, es sei auch der Versuch unternommen worden, die Beteiligung ganz und gar zu leugnen, wurde ebenfalls erhoben[82], ist aber strittig.

Seitdem blieb die Forderung nach mehr legislativer Kontrolle bestimmend für die Diskussion um die Rüstungsexport-Politik. Sie gelangte damit nicht nur infolge der allgemeinen,

sondern auch ihrer spezifischen Randbedingungen ins Zentrum der
Auseinandersetzung um die Rechte des Kongresses in der Außenpolitik, die gewöhnlich mit der - den Gegenstand etwas verkürzt
wiedergebenden - Bezeichnung "war powers debate"[83] belegt wird.

Ein Vergleich der Behandlung der Rüstungsexport-Politik im
Kongreß in der ersten Hälfte der 6oer Jahre mit der Diskussion
über den gleichen Gegenstand zu Ende des Jahrzehnts muß auf
zwei Ebenen geführt werden; erst zusammen ergeben sie ein umfassendes Bild von Veränderungen und Kontinuität.

Nimmt man als erstes die grobe Unterscheidung zwischen Befürwortern und Kritikern der Politik der Administration zum
Maßstab - wobei zunächst außer acht bleiben soll, mit welchen
Argumenten und zu welchem Zweck kritisiert wird -, so stellt
sich ein signifikanter Zuwachs der Gruppe der Kritiker heraus.
Bei der Behandlung des Foreign Assistance Act of 1967 stimmten
5o Senatoren gegen ein von Sen. Jackson (D., Wash.) und Sen.
Tower (D., Tex.) eingebrachtes Amendment, das die Wiederein-
führung und Vergrößerung des "revolving fund"[84] des Pentagon
für Kredite und Kreditgarantien von Rüstungsverkäufe an Entwicklungsländer zum Ziel hatte; im Entwurf des Committee on
Foreign Relations war dieser Fonds mit Wirkung vom 3o. Juni
1968 gestrichen worden. 43 Senatoren befürworteten dagegen
das Jackson-Tower-Amendment[85].

Im gleichen Jahr lehnte eine knappe Mehrheit der Senatoren
ein von Sen. Ellender (D., La.) eingebrachtes Amendment ab, die
Teilnahme der Eximbank an der Finanzierung von Rüstungsverkäufen an Entwicklungsländer sofort und bedingungslos zu been-
den[86]; stattdessen wurde eine Finanzierung durch die Eximbank
von der vorherigen Feststellung des Präsidenten, daß eine solche Maßnahme im nationalen Interesse liege, und von einer
entsprechenden Meldung an den Kongreß abhängig gemacht[87]. Für
den Senat läßt sich aus diesen Zahlenverhältnissen die Hypothese ableiten, daß zu dieser Zeit eine Fraktion, die an einer
Restriktion der Rüstungsexporte und an mehr legislativer Kontrolle interessiert war, einer ungefähr gleich starken Gruppierung von Verteidigern der Rüstungsexport-Politik der Administration gegenüberstand. Dem entspricht das Ergebnis von

Russetts Studie über das Abstimmungsverhalten im 9o. Kongreß[88].
Aus der Überprüfung der vier roll-calls, die zum Thema militärische Auslandsverkäufe (FMS) stattfanden, ergibt sich, daß
38 Senatoren die Rüstungsexport-Politik konsequent ablehnten,
d.h. in allen vier Abstimmungen gegen die Regierungsposition
und für eine Restriktion der Rüstungsexporte votierten. Nimmt
man die 12 Senatoren hinzu, die sich in drei der vier Abstimmungen gegen die Regierungslinie aussprachen, dann umfaßt die
Gruppe der Kritiker der Rüstungsexport-Politik im 9o. Kongreß
insgesamt 5o Senatoren. Dem standen 49 Senatoren gegenüber,
die in allen vier Abstimmungen die Politik der Administration
unterstützten.

Im Repräsentantenhaus dürfte die Kritik an der Politik der
militärischen Auslandsverkäufe schwächer ausgeprägt gewesen sein.
Ein Vergleich der Diskussionen im Foreign Affairs Committee
mit denen seines Widerparts im Senat legt diesen Schluß jedenfalls nahe, und auch die - verglichen mit dem Senat - größere
Zurückhaltung in der Kritik am Verteidigungshaushalt deutet in
diese Richtung[89]. Im engeren Bereich der Rüstungsexport-Politik
sind jedoch nur hypothetische Aussagen über das Plenum des Repräsentantenhauses möglich, vor allem wegen des Fehlens von
roll-calls.

Selbst die grobe Unterscheidung, die nur zwischen "Pro"
und "Kontra" zur Rüstungsexport-Politik differenziert, bedarf
noch einer inhaltlichen Präzisierung. Opposition gegen die
Regierungspolitik bedeutet hier in erster Linie Kritik am Verkauf amerikanischer Waffen an Entwicklungsländer[9o]. Obgleich
ihr Anteil an der Gesamtheit der Rüstungsexporte wertmäßig
weit hinter dem der Verkäufe an industrialisierte Staaten
zurückbleibt, ist es vor allem diese Kategorie, die vielen
Kongreßmitgliedern unter politischen, ökonomischen und auch
unter moralischen Gesichtspunkten als fragwürdig erscheint[91].
Dagegen wurde Kritik an den Rüstungsverkäufen an westeuropäi-
sche NATO-Partner und andere verbündete Industrienationen nur
in den Fällen laut, in denen unnachgiebige Haltung oder aggressive Verkaufspraktiken des Pentagon zu politischen Spannungen
innerhalb der westlichen Allianz führten, so z.B. bei den
deutsch-amerikanischen Devisenausgleichs-Verhandlungen 1966

- sie wurden im Kongreß mehrfach in Zusammenhang mit dem Sturz des damaligen Bundeskanzlers Erhard gebracht[92] - und im Verhältnis zu Großbritannien zur Zeit der Propagierung des Common Defense Market[93].

Kritisiert wurden jedoch in diesen Fällen weniger die Grundlinien der Politik als vielmehr Einzelheiten ihrer Durchführung. In bezug auf das Prinzip, daß die reichen Verbündeten, in erster Linie die BRD, einen Teil des Bedarfs ihrer Streitkräfte in den Vereinigten Staaten decken sollten, stimmten die Kritiker meist mit der Administration überein[94]; amerikanische Rüstungsverkäufe an diese Länder galten vom militärischen Standpunkt aus und unter dem Aspekt der Sanierung der Zahlungsbilanz als sinnvoll und politisch als ungefährlich, soweit sie den Abnehmerländern nicht durch aggressive Verkaufspraktiken aufgezwungen wurden. Anders als bei den Rüstungsexporten in die Dritte Welt betreffen also die Abweichungen der Standpunkte in der Kategorie der Verkäufe an verbündete Industrienationen in der Regel Fragen der Taktik und des "Wieviel", nicht des "Ob".

Sowohl die Gruppe der Kritiker als auch der Befürworter der Rüstungsexport-Politik, wie sie von der Johnson- und später der Nixon-Administration betrieben wurde, sind in sich uneinheitliche Koalitionen kleinerer Gruppierungen, die sich in ihrer politischen Grundorientierung wie in ihren Argumenten zu den militärischen Auslandsverkäufen unterscheiden. Das Bild verkompliziert sich erheblich, ermöglicht aber auch eine Reihe von interessanten Einblicken, wenn man die beiden Koalitionen nach diesen Positionen aufschlüsselt.

Die Kritiker der Rüstungsexport-Politik

In der Kritik der Regierungspolitik auf dem Gebiet der Rüstungsexporte finden sich in der zweiten Hälfte der 60er Jahre zwei Positionen zusammen, die sonst wenig gemeinsam haben: die Fiskalkonservativen und die Liberalen[95]. Während sich die erstgenannte Gruppierung sowohl in ihrer Ablehnung als auch in den Argumenten, mit denen diese Haltung begründet wird,

gleich geblieben ist, hat die Gruppe der Liberalen in den Fragen von Rüstungsexporten, Militärhilfe und Rüstungspolitik
generell, verglichen mit der Zeit der Präsidentschaft Kennedys,
einen Frontwechsel vollzogen. Verband sich zu Beginn der 6oer
Jahre bei dieser Fraktion innenpolitische Reformfreudigkeit
mit einer antikommunistischen, rüstungsfördernden außenpolitischen Haltung, so führte die Eskalation des Vietnam-Krieges
und die Verschärfung der innergesellschaftlichen Konflikte in
der späten Johnson-Administration zu einer Umorientierung dieser Kongreßmitglieder in Fragen der Außen- und Rüstungspolitik.

Es ist zum ganz überwiegenden Teil das Abschwenken der
Liberalen auf den bis dato relativ schwach vertretenen Kurs der
Kritik an der Rüstungsexport-Politik, das den signifikanten
Zuwachs dieser Position nach 1967 bewirkt hat. Von denjenigen
Senatoren, die sowohl dem 87. als auch dem 9o. und/oder 91.
Kongreß angehörten, fallen in diese Gruppe

Case	(R., N.J.)	McCarthy	(D., Minn.)[96]
Fulbright	(D., Ark.)	Metcalf	(D., Mont.)
Hart	(D., Mich.)	Pastore	(D., R.I.)
Hartke	(D., Ind.)	Symington	(D., Mo.).
Mansfield	(D., Mont.)		

Mit Ausnahme von Sen. Case handelt es sich um Demokraten. In
der Parteizugehörigkeit liegt möglicherweise auch die Erklärung
dafür, daß drei der sechs demokratischen Senatoren die Schwen-
kung in den Fragen der Rüstungsexport-Politik - anders als in
der Rüstungspolitik generell - erst im 91. Kongreß vollzogen;
der Wechsel von der Johnson- zur Nixon-Regierung befreite sie
von der Notwendigkeit der Loyalität gegenüber einem Präsidenten
der eigenen Partei[97].

Für den Senat bestätigt hier die Analyse des Abstimmungsverhaltens das Bild, das sich aus dem Diskussionsverlauf in den
betroffenen Ausschüssen ergab; in bezug auf das Repräsentantenhaus lassen sich die Ergebnisse der Studie von Moyer - die sich
allerdings mit dem Abstimmungsverhalten der Abgeordneten in
einem breiten Spektrum von "defense issues" befaßt[98] - als Indiz für eine parallele Entwicklung interpretieren.

Die liberalen Kritiker begründen ihre Forderung nach einer

Restriktion der Rüstungsexporte in Entwicklungsländer zunächst
mit dem Argument, diese ermöglichten und begünstigten das Wettrüsten zwischen den Ländern der Dritten Welt, verschärften regionale Krisen und machten die USA zum Mitschuldigen an bewaff-
neten Auseinandersetzungen, die zunehmend der Kontrolle der
Großmächte entglitten[99]. Beispiele, an denen sich diese Thesen
demonstrieren ließen, boten sich gerade in der zweiten Hälfte
der 6oer Jahre mehr als genug an: Indien und Pakistan, der
Sechs-Tage-Krieg im Nahen Osten, der Bürgerkrieg im Kongo
machten in den Augen der Kritiker die negativen politischen und
militärischen Konsequenzen der amerikanischen Waffenverkäufe
überdeutlich[100]. Diese Argumentation, die sich an längerfristigen außenpolitischen Interessen der Vereinigten Staaten orientierte und den Verfechtern der Regierungspolitik eine Überbe-
wertung kurzfristiger ökonomischer Gesichtspunkte und die Vernachlässigung politischer Nebenfolgen vorwarf, verband sich
häufig mit einer grundsätzlicheren, eher ethisch motivierten
Kritik am Geschäft des "arming the world":

> "The U.S. balance of payments is not in such a perilous
> condition that it has to be salvaged by taking blood
> money from poorer countries "   1o1.

Ergänzt wurde die außenpolitische Kritik durch eine ökonomisch motivierte: Sie betrachtete Waffenkäufe von Ländern der
Dritten Welt als schädlich für deren soziale und ökonomische
Entwicklung, da die dafür notwendigen Dollars eine Verschwendung von Ressourcen darstellten, die zudem meist mittelbar
durch Entwicklungshilfe-Gelder finanziert worden seien. Auf
diese Weise trügen die Rüstungskäufe auch noch zur stärkeren
Verschuldung der armen Länder bei[102].

Der dritte Argumentationsstrang hängt mit dem ersten zusammen, wurde aber spezifisch durch die Erfahrung der schritt-
weisen Verwicklung in Vietnam geprägt. Der Angelpunkt der Kritik ist hier, daß die Praxis der freigiebigen Rüstungsverkäufe
in die Dritte Welt - wie die Militärhilfe generell - commitments gegenüber den Empfängerländern begründe, die, wie das
Beispiel Vietnam gezeigt habe, zu ungewollten Verwicklungen
der USA auch in solche auswärtigen Konflikte eskalieren könnten, die - aus der Sicht der Kritiker - nicht ernsthaft die

Interessen der Vereinigten Staaten berührten[103].

In diesem letzten Argument stimmt die Gruppe der Mittelwest-Republikaner und Südstaaten-Demokraten[104] mit den Liberalen überein; die Substanz des Arguments ist jedoch unterschiedlich. Geht es bei der fiskalkonservativ-isolationistischen
Gruppierung primär - und weitgehend unabhängig von Vietnam -
um die Bewahrung der Handlungsfreiheit der Vereinigten Staaten,
so halten die Liberalen das amerikanische Sicherheitssystem
für unverzichtbar; sie wollen lediglich eine Korrektur der
"over-commitments" der Nachkriegszeit - eine Überprüfung der
Verpflichtungen, die die amerikanische Interessensphäre ohne
jede Qualifizierung global definierten und meist unkontrolliert,
in Form sog. executive agreements[105] zustande kamen -, und sie
wollen die amerikanische Gesellschaft vor einer Wiederholung
vergangener Irrtümer durch Stärkung der legislativen Kontrolle
auch auf dem Gebiet der Rüstungsexport-Politik schützen[106].

Für eine Überprüfung der vornehmlich aus der Analyse der
Ausschuß-Debatten abgeleiteten Hypothesen anhand des Abstimmungsverhaltens im Senat bieten sich zwei Zeitschnitte an, die
beide in bezug auf den Inhalt der Diskussion, in deren Rahmen
die roll-calls gesehen werden müssen, besonders interessant
sind. Auf dem Gebiet der Rüstungsexport-Politik ergab sich
die erste größere Kontroverse im 9o. Kongreß (1967/1968), in
deren Verlauf denn auch erstmals mittels roll-calls über den
Gegenstand entschieden wurde. Es ging dabei im wesentlichen
um zwei Streitpunkte: die Beteiligung der Export-Import-Bank
an der Finanzierung von Rüstungsexporten und um den "revolving
fund" des Pentagon.

Stellt sich also der 9o. Kongreß als notwendiger Ausgangspunkt eines Vergleichs über Zeit heraus, so ergibt sich als
zweiter Zeitschnitt der 91. Kongreß. Anlaß der zweiten, ungleich schärferen Kontroverse war der von Präsident Nixon am
3o. April 197o angekündigte Einmarsch amerikanischer Bodentruppen nach Kambodscha. Diese - wenn auch den Erklärungen des
Präsidenten zufolge nur temporäre - Ausweitung des Krieges in
Südostasien verstärkte im Kongreß die Forderung nach seiner
Beendigung[107]. Die Auseinandersetzung zwischen denjenigen

Kongreßmitgliedern, die die Einbeziehung Kambodschas in die
Kampfhandlungen rückgängig machen und mit Blick auf die Viet-
nam-Verwicklung insgesamt die legislative Kontrolle in der
Außenpolitik stärken wollten, mit derjenigen Fraktion, die demgegenüber die präsidentiellen Prärogativen auf diesem Gebiet
betonte, wurde innerhalb der Diskussion um den Foreign Military
Sales Act dieses Jahres ausgetragen[108].

Für den 91. Kongreß wurden eigene Berechnungen auf der
Basis von ausgewählten roll-calls zur Rüstungsexport-Politik
angestellt[109], während für den 9o. Kongreß auf die Ergebnisse
von Russett[11o] zurückgegriffen werden konnte. Diese geben
darüber hinaus die Möglichkeit, die beiden genannten Zeitschnitte nach rückwärts durch das Bild des Abstimmungsverhaltens im Senat zu ergänzen, das sich in Fragen der Militärhilfe
im 87. Kongreß geboten hatte; hier ergeben sich jedoch Einschränkungen dadurch, daß sich, wie Russett selbst hervorhebt,
Militärhilfe-Schenkungen und militärische Auslandsverkäufe
nicht uneingeschränkt vergleichen lassen.

Auf der Basis einer Analyse des Abstimmungsverhaltens läßt
sich die Gruppe der Kritiker der Rüstungsexporte zunächst nur
formal bestimmen: diejenigen Senatoren, die gegen die Position
der Regierung votierten. Im 9o. Kongreß handelt es sich um insgesamt 5o Senatoren, davon 39 Demokraten und 11 Republikaner;
im 91. Kongreß setzt sich diese Fraktion aus 34 demokratischen
und 11 republikanischen Senatoren zusammen. Unterscheidet man
innerhalb der Gruppe der Kritiker zusätzlich nach der Stellung
zu Fragen der allgemeinen Rüstungspolitik - im 9o. Kongreß kann
dies mit Hilfe der von Russett ebenfalls errechneten Skala des
Abstimmungsverhaltens für den Sektor "General Defense" geschehen -, so ergeben sich zwei besonders markante Positionen:
Die erste verbindet die Kritik der Rüstungsexport-Politik mit
einer dezidiert rüstungsbeschränkenden Attitüde (17 Senatoren),
die zweite mit einer ebenso ausgeprägten rüstungsfördernden
Attitüde (12 Senatoren). Nach Parteizugehörigkeit und Region
ergibt sich für den 9o. Kongreß folgendes Bild:

90. Kongreß - Position I (Anti-Rüstungsexporte/Anti-Rüstung[111]

	DEMOKRATEN		REPUBLIKANER	
NO	Clark R. Kennedy	(Pa.) (N.Y.)	Case	(N.J.)
MW	Burdick Hartke McGovern Nelson Proxmire S. Young	(N.D.) (Ind.) (N.D.) (Wis.) (Wis.) (Ohio)		
S	Fulbright Tydings Yarborough	(Ark.) (Md.) (Tex.)		
Mount.	Church Moss	(Idaho) (Utah)		
Pac.	Morse Gruening	(Oreg.) (Alaska)	Hatfield	(Oreg.)

90. Kongreß - Position II (Anti-Rüstungsexporte/Pro-Rüstung)

	DEMOKRATEN		REPUBLIKANER	
NO			Cotton Smith	(N.H.) (Maine)
MW			Carlson Mundt M. Young	(Kans.) (S.D.) (N.D.)
S	H. Byrd R. Byrd Ervin Holland McClellan Smathers	(Va.) (W. Va.) (N.C.) (Fla.) (Ark.) (Fla.)		
Mount.			L.Jordan	(Idaho)
Pac.				

Position I ist zunächst durch das starke Übergewicht der
Demokraten gekennzeichnet, während die geographische Verteilung
wenig spezifisch erscheint. Dagegen finden sich in Position II
deutliche Parallelen zu jener Koalition, die im 87. Kongreß die
Ablehnung von Militärhilfe mit einer entschieden rüstungsfördernden Haltung verbunden hatte: Südstaaten-Demokraten und Republikaner[112]. Alle drei republikanischen Senatoren aus dem
Mittelwesten, die im 9o. Kongreß zur Gruppe der Kritiker der
Rüstungsexporte gehörten, waren gleichzeitig rüstungsfördernd
eingestellt. Jedoch werden auch Veränderungen sichtbar: Wäh-
red die Mittelwest-Republikaner im 87. Kongreß Militärhilfe
durchgängig ablehnten, waren sie im 9o. Kongreß unter den
Befürwortern der Rüstungsexport-Politik stärker als bei
deren Kritikern vertreten[113].

Zwei Erklärungen ließen sich anführen. Zunächst ging es im
87. Kongreß um Militärhilfe-Schenkungen, die mit Haushaltsausgaben verbunden sind; für die Politik der militärischen Auslandsverkäufe, den Gegenstand der Abstimmungen im 9o. Kongreß,
trifft dies nur sehr beschränkt zu. Daß die Gruppe der Kritiker
von Militärhilfe-Schenkungen zu Anfang der 6oer Jahre durch
das fiskalkonservative Syndrom stärker als die Vergleichsposi-
tion im 9o. Kongreß geprägt wurde, läßt sich also zum Teil
aus der Differenz der Gegenstände ableiten.

Ein zweiter Faktor, von möglicherweise größerer Relevanz,
kam hinzu: Das Auseinanderbrechen des foreign policy consensus
um die Mitte der 6oer Jahre führte dazu, daß die Fiskalkonservativen in Fragen der Außenpolitik näher an die Regierungsposition heranrückten. Die Kritik am Vietnam-Krieg, die Forderung nach einer Überprüfung der commitments, die Kritik an
den Rüstungsausgaben und der Ruf nach einer Neuordnung der
nationalen Prioritäten, die im Senat in der zweiten Hälfte der
6oer Jahre von einer respektablen Minderheit - in Einzelfragen,
wie den Rüstungsexporten, sogar von einer knappen Mehrheit -
vertreten wurden, ließen die Differenzen auf seiten derjenigen,
die die geforderten Reorientierungen ablehnten, als weniger
relevant erscheinen.

Der empirische Befund bestätigt die Hypothese. Tatsächlich
handelt es sich bei denjenigen Senatoren, die sich von Kritikern

der Militärhilfe im 87. Kongreß zu Verfechtern der Rüstungsexport-Politik im 9o. Kongreß wandelten, ausschließlich um
Südstaaten-Demokraten und Mittelwest-Republikaner,und zwar
die Senatoren

Eastland	(D., Miss.)	Curtis	(R., Nebr.)
Long	(D., La.)	Hruska	(R., Nebr.)
Talmadge	(D., Ga.)	Hickenlooper	(R., Iowa)
		Miller	(R., Iowa).

Die nachfolgenden Tabellen geben einen Überblick über die
Zusammensetzung - nach Parteizugehörigkeit und Region - der
Gruppe der Kritiker und der Verfechter der Militärhilfe im 87.
Kongreß und der Rüstungsexport-Politik im 9o. Kongreß.

In einem Vergleich über Zeit, der die Kritiker der Rüstungsexport-Politik in der Ära Kennedy (87. Kongreß) - sie waren ganz
überwiegend gleichzeitig Gegner der Militärhilfe-Schenkungen -
und die Gruppe der Rüstungsexport-Kritiker nach 1967 einander
gegenüberstellt, sind zwei Fraktionen mit unterschiedlicher
politisch-ideologischer Grundorientierung von besonderem Interesse. Für die Liberalen gilt, daß sie zu Anfang der 6oer Jahre
die Militärhilfe unterstützten und generell rüstungsfördernd
eingestellt waren, in der zweiten Hälfte des Jahrzehnts jedoch
durchweg auf die Linie der Kritiker der Rüstungsexport-Politik
einschwenkten und allgemein für eine Beschränkung der amerikanischen Rüstung votierten.

Prägte im 87. Kongreß eine Koalition von Südstaaten-Demokraten und Mittelwest-Republikanern, deren politische Grundorientierung durch Fiskalkonservatismus und Reste der alten isola-
tionistischen Position gekennzeichnet wurde, das Bild der
Gegner der Militärhilfe, so hat sich diese Fraktion zu Ende des
Jahrzehnts aufgespalten. Ein Teil von ihnen bekehrte sich zur
Regierungslinie in der Rüstungsexport-Politik, eine Entwicklung, die den Abbau der rechtskonservativen Opposition im
Senat angesichts des Anwachsens rüstungskritischer Strömungen
und der Polarisierung der Meinungen signalisiert.

Diejenigen Senatoren, die oben als Mitglieder der Anti-
Rüstungsexport-Koalition mit dezidiert rüstungsfördernder
Attitüde aufgeführt wurden, hielten demgegenüber an der fiskal-

Die Kritiker der Militärhilfe (87. Kongreß) und der Rüstungs-[114]
export-Politik (9o. Kongreß)und ihre Stellung in der Rüstungspolitik

87. Kongreß

34 Senatoren			Anti-Militärhilfe/ Pro-Rüstung: 17 Senatoren			Anti-Militärhilfe/ Anti-Rüstung: 4 Senatoren		
	D	R		D	R		D	R
insg.	2o	14	insg.	8	9		4	-
davon			davon			davon		
NO	1	1	NO	-	1		-	
MW	2	9	MW	-	6		1	
S	1o	2	S	8	1		-	
Mount.	4	2	Mount.	-	1		1	
Pac.	3	-	Pac.	-	-		2	

9o. Kongreß

5o Senatoren			Anti-Rüstungsexporte/ Pro-Rüstung: 12 Senatoren			Anti-Rüstungsexporte/ Anti-Rüstung: 17 Senatoren		
	D	R		D	R		D	R
insg.	39	11	insg.	6	6		15	2
davon			davon					
NO	6	4	NO	-	2		2	1
MW	1o	3	MW	-	3		6	-
S	16	2	S	6	-		3	-
Mount.	5	1	Mount.	-	1		2	-
Pac.	2	1	Pac.	-	-		2	1

Quellen: Russett: What Price Vigilance, 42 - 55, und eigene
Berechnungen

Die Verfechter der Militärhilfe (87. Kongreß) und der Rüstungs-export-Politik (9o. Kongreß) und ihre Stellung in der Rüstungs-politik

87. Kongreß

4o Senatoren			Pro-Militärhilfe/ Pro-Rüstung: 6 Senatoren			Pro-Militärhilfe/ Anti-Rüstung: 8 Senatoren	
	D	R		D	R	D	R
insg.	3o	1o	insg.	–	6	8	–
davon			davon				
NO	5	3	NO		2		–
MW	8	2	MW		1		3
S	6	2	S		–		1
Mount.	8	2	Mount.		2		2
Pac.	3	1	Pac.		1		2

9o. Kongreß

49 Senatoren			Pro-Rüstungsexporte/ Pro-Rüstung: 22 Senatoren			Pro-Rüstungsexporte/ Anti-Rüstung: 3 Senatoren	
	D	R		D	R	D	R
insg.	24	25	insg.	1o	12	3	–
davon			davon				
NO	4	4	NO	1	–	1	
MW	3	8	MW	1	3	2	
S	9	5	S	6	3	–	
Mount.	5	5	Mount.	2	5	–	
Pac.	3	3	Pac.	–	1	–	

Quellen: wie S. 122

konservativ-isolationistischen Orientierung fest. Als Überhang
einer historisch vergangenen Epoche unterliegt diese Position
aber offensichtlich einem Schrumpfungsprozeß, der sich in der
- gegenüber der Vergleichsgruppe im 87. Kongreß - veränderten
Zusammensetzung der Fraktion der Kritiker der Rüstungsexport-
Politik ausdrückt: Seit Ende der 6oer Jahre dominieren in ihr
die liberalen Senatoren.

Die in jüngster Zeit in beiden Häusern des Kongresses verstärkt zu beobachtende Tendenz, den Rotstift an die Wirtschafts-
und Militärhilfe anzusetzen, steht nur scheinbar im Widerspruch
zu diesem Befund. Sie läßt sich vielmehr auf seiten der Liberalen auf die Forderung nach einer stärkeren Berücksichtigung
innergesellschaftlicher Bedürfnisse zurückführen[115], bei den
Konservativen in erster Linie auf Besorgnisse über die durch
Inflation, Verschuldung der öffentlichen Hand und defizitäre
Zahlungsbilanzen gekennzeichnete wirtschaftliche Situation;
Attitüden, die zu Beginn der 7oer Jahre weniger als zuvor von
außenpolitischen Bedrohungsvorstellungen überlagert wurden.
Isolationistische Tendenzen im oben angedeuteten Verstande
sind dabei sicherlich von keiner ausschlaggebenden Bedeutung,
und es finden sich auch keine Hinweise auf ein erneutes An-
wachsen dieser Position.

Die Verfechter der Regierungslinie in der Rüstungsexport-Politik

Seit 1967 führte die Johnson-Administration und mit ihr die-
jenigen Kongreßmitglieder, die von der Unverzichtbarkeit des
außenpolitischen Instruments Rüstungsexporte überzeugt waren,
ein Rückzugsgefecht[116]. Motor dieser Entwicklung war in erster
Linie der Senat; der Kompromiß zwischen seinen weitergehenden
Restriktions- und Kontrollvorstellungen und der gemäßigteren
Kritik der Mehrheit des Repräsentantenhauses fand im Foreign
Military Sales Act von 1968 Ausdruck[117].

Als signifikant für die partielle Reorientierung, mit der
die Administration auf die Kritik der Mehrheit der Kongreßmitglieder zu antworten gezwungen war und mit der sie - in

Gestalt der Vorlage eines separaten Foreign Military Sales
Act - radikaleren Änderungswünschen den Boden zu entziehen
trachtete[118], kann die Preisgabe der seit Beginn der 6oer
Jahre durchgehaltenen aggressiven Linie in der Rüstungsexport-
Politik gelten. Während noch Mitte des Jahrzehnts im Kongreß
unbefangen von Rüstungsexport-Kampagnen und energischen Ver-
kaufsanstrengungen ("vigorous sales efforts") die Rede war[119],
distanzierten sich die Vertreter der Administration nach 1967
von der früheren Linie und betonten nun den restriktiven und
reaktiven Charakter der Rüstungsexport-Politik[120].

Die Konsequenzen des veränderten Kräfteverhältnisses im
Kongreß sind jedoch nicht nur an der inhaltlichen Ausrichtung
der neuen Rüstungsexport-Politik abzulesen - vor allem in
Gestalt der Auflösung des "revolving fund",der Beschränkung
der Teilnahme der Eximbank am Rüstungsgeschäft, schließlich
1969 in der Zusammenlegung des ILN mit der Abteilung für
Militärhilfe -, sie werden auch am veränderten Charakter der
Argumente zur Verteidigung dieser Politik sichtbar.

Der Hinweis auf die positiven binnenwirtschaftlichen Auswirkungen hat seit dem 9o. Kongreß in der Diskussion der Ausschüsse praktisch keine Bedeutung mehr, nachdem er von den
Kritikern als speziell auf die Beeinflussung des Kongresses
gerichtetes Zweckargument entlarvt wurde, ohne daß diese
Interpretation von den Vertretern der Administration widerlegt
werden konnte[121]. An seine Stelle treten außenpolitische
Argumente, unter denen das der "pre-emptive sales" eine her-
ausragende Position einnimmt; mit seiner Hilfe versuchen die
Mitglieder der Administration, die Rüstungsexport-Politik
zu verteidigen[122].

Die USA sind diesem Argument zufolge unter den gegenwärtigen Bedingungen des internationalen Systems gezwungen, den
Wünschen von Kaufinteressenten auch in der Dritten Welt zumindest teilweise entgegenzukommen, da diese im Weigerungs-
falle die erstrebten Waffen jederzeit von einem der drei
anderen großen Anbieter auf dem internationalen Rüstungsmarkt,
der Sowjetunion, Frankreich oder Großbritannien erhalten
würden. Totale Abstinenz würde die Vereinigten Staaten jedes mäßigenden Einflusses, den sie mit Hilfe einer selek-

tiven Verkaufspolitik sehr wohl ausüben könnten, berauben[123].

Zur Illustration dieser These werden gewöhnlich die Versuche der amerikanischen Regierung herangezogen, lateinamerikanische Staaten vom Kauf von Überschall-Kampfflugzeugen ab-
zuhalten; ein Unterfangen,das schließlich im Erwerb französi-
scher Mirage-Jäger durch mehrere lateinamerikanische Staaten
endete[124]. Dieses Argument, das ebenso wie die übrigen, die
die Verfechter der Rüstungsexporte vorbringen, Zeugnis von der
Defensive ablegt, in der sich diese Position befindet, stößt
von seiten der Kritiker der Rüstungsexport-Politik auf heftige
Ablehnung; es gilt als vorgeschoben[125].

Im Mittelpunkt der Argumentation derjenigen Kongreßmitglieder, die die militärischen Auslandsverkäufe befürwor-
ten, steht jedoch die Aufwertung dieses außenpolitischen Instruments durch die Nixon-Doktrin[126]. Sie erlaubt es, die
Rüstungsexporte von einer neuen, positiven Zielsetzung her zu
begründen, und sie ist grundsätzlicherer Natur als das vorwiegend defensive, reagierende Argument der "pre-emptive sales".
Zudem wird das dritte der in Nixons Guam-Rede umrissenen Prin-
zipien, um das es hier geht, auch von den liberalen Kritikern
der Rüstungsexporte als ein - wenn auch nicht ausreichender -
Schritt in die richtige Richtung betrachtet:

"... in cases involving other types of aggression (unterhalb der Nuklearschwelle, M.M.), we shall furnish military
and economic assistance when requested in accordance with
our treaty commitments. But we shall look to the nation
directly threatened to assume the primary responsibility
of providing the manpower for its defense."   127

Mit der Nixon-Doktrin verschob sich das Schwergewicht in der
Diskussion der militärischen Auslandsverkäufe endgültig auf
die Spannungsgebiete in der Dritten Welt.

Im Zusammenhang dieses außenpolitischen Konzepts sehen die
Verfechter der Rüstungsexporte im Kongreß deren positive Funktion vornehmlich darin, daß sie es gestatten, kostspieligere
Instrumente der auswärtigen Militärpolitik unter Wahrung amerikanischer Interessen und amerikanischen Einflusses zu er-
setzen[128]. Der Preis dieses außenpolitischen Instruments

- nicht nur in Dollars des Bundeshaushalts, sondern auch in
der Münze innen- und außenpolitischer Friktionen - liegt demnach erheblich unter dem direkterer militärischer Instrumente,
von Militärhilfe-Schenkungen über die Stationierung bis zum
Einsatz amerikanischer Truppen im Ausland.

Indem es den Maßstab der Kosten anlegt[129], hat dieses Argument zweifellos gewisse Konsequenzen aus der Erfahrung des
Vietnam-Krieges gezogen; wie eng begrenzt sie sind, erweist
sich jedoch daran, daß sie nur die Instrumentenwahl betreffen,
während die Ziele des Auslandsengagements nach wie vor undiskutiert bleiben. Hier setzt denn auch die Kritik derjenigen
Kongreßmitglieder ein, die das Zustandekommen, die Validität
und die Vereinbarkeit der amerikanischen commitments mit den
Interessen der eigenen Gesellschaft als die unabhängige Variable verstehen, die weitgehend über die abhängige Variable,
die Instrumente der Einlösung dieser commitments, entscheidet
und daher nur in Zusammenhang mit ersterer sinnvoll diskutiert
werden kann[130].

Hinsichtlich Parteizugehörigkeit und geographischer Verteilung verändert sich die Gruppe der Verfechter der Rüstungsexporte im Senat zwischen 1967 und 1970 nicht unerheblich.
Waren im 90. Kongreß Demokraten und Republikaner ungefähr
gleich stark, mit 24 bzw. 25 Senatoren vertreten, so sind
demgegenüber im 91. Kongreß die Republikaner mit 28 Senatoren
- gegenüber 15 Demokraten - erheblich überrepräsentiert. Die
quantitativen Veränderungen haben sich also in erster Linie
in der Gruppe der demokratischen Senatoren ergeben.

Die Erklärung dürfte weitgehend im Wechsel der Administration liegen; Nixons Amtsantritt befreite einen Teil der
liberalen Demokraten von zuvor geübter Parteiloyalität. Dem
entspricht, daß die Gruppe der südstaatlichen Demokraten in
ihrer Unterstützung der Rüstungsexport-Politik weitgehend
konstant bleibt, während demokratische Senatoren aus dem
Mittelwesten, Nordosten und - in geringerem Umfang - aus
der Mountain-Region zu den Kritikern der Rüstungsexport-
Politik abwanderten.

Für die Verteilung der Pro-Rüstungsexport-Fraktion im
91. Kongreß ergibt sich also folgendes Bild:

43 Senatoren[131]

	D	R
insg.	15	28
davon		
NO	1	3
MW	-	8
S	11	8
Mount.	3	6
Pac.	-	3

Auf der Seite der Republikaner ist die Variable der Administration von erheblich geringerer Bedeutung; hier ergibt ein Vergleich des 9o. und des 91. Kongresses weitgehende Kontinuität, was darauf schließen läßt, daß die Haltung dieser Gruppe stärker von politischen Grundüberzeugungen als von Rücksichtnahme auf die Parteiloyalität bestimmt wird. Kontinuität herrscht übrigens auch auf der Seite der republikanischen Senatoren, die zu den Kritikern der Rüstungsexport-Politik gehören.

Noch ein anderer Faktor hat möglicherweise zu den Veränderungen in der Pro-Rüstungsexport-Position beigetragen. Zwar war die Diskussion schon 1967, mit der Kontroverse um den "revolving fund" des Pentagon und die Beteiligung der Eximbank, in Richtung auf die Problematik der legislativen Kontrolle in der Außenpolitik erweitert worden; doch erst der Konflikt um die Reaktion des Kongresses auf die Kambodscha-Invasion rückte, in der Diskussion um den Foreign Military Sales Act 197o, den Gegenstand der Mitwirkungs- und Kontrollrechte des Kongresses in der Außenpolitik endgültig in den Mittelpunkt. Die Auseinandersetzung um die Rüstungsexport-Politik wurde nun auf einer so grundsätzlichen Ebene geführt, daß sich der Charakter der Diskussion dadurch veränderte.

3.21.3 Die Rüstungsexport-Politik und die Auseinandersetzung um die legislative Kontrolle

Die Forderung nach mehr legislativer Kontrolle, durch den Eximbank-Skandal in die Diskussion der Rüstungsexport-Politik hineingetragen, durchzog diese Debatte seit 1967 leitmotivisch; 1970 wurde sie, nun ausgeweitet auf das grundsätzliche Problem der Verteilung der außenpolitischen Entscheidungskompetenzen zwischen Präsident und Kongreß, zum beherrschenden Gegenstand der Diskussion.

Bis in die zweite Hälfte der 6oer Jahre war das Übergewicht des Präsidenten und der Exekutive insgesamt in Fragen der Außen- und Militärpolitik, das sich seit Ende des Zweiten Weltkrieges immer mehr verstärkt hatte, im Kongreß nahezu unbestritten; und dies, obgleich die Verfassung den beiden Gewalten auf dem Gebiet der Außenpolitik ein breites Spektrum konkurrierender Einfluß- und Gestaltungsmöglichkeiten einräumt[132]. Die fraglose Akzeptierung dieser Entwicklung, die teils das Ergebnis der weltweiten Konfrontation der beiden Blöcke und des Stands der Waffentechnologie war, teils damit gerechtfertigt wurde, fand ihren eindeutigen Ausdruck in der Tonking-Golf-Resolution vom August 1964. Mit ihrer Ermächtigung des Präsidenten, "... to take all necessary measures to repel any armed attack against the forces of the United States and to prevent further aggression..."[133] stellte sie praktisch der Exekutive einen Blankoscheck aus und kam einer Abdikation des dem Kongreß zustehenden Kriegserklärungsrechts gleich[134].

Die Eskalation des Vietnam-Krieges in der Folgezeit leitete jedoch eine Tendenzwende ein. Im Kongreß mehrten sich - in kritischer Auseinandersetzung mit der Kriegspolitik der Johnson- und Nixon-Administration - die Stimmen, die für eine selbstbewußte Ausschöpfung der legislativen Rechte in der Außenpolitik und vor allem dafür plädierten, die Kontrolle über Krieg und Frieden wieder an sich zu ziehen[135].

Den Höhepunkt der War-Powers-Debatte markiert das Jahr 1970. Die Selbstherrlichkeit, mit der Präsident Nixon die Invasion amerikanischer Bodentruppen in Kambodscha verfügte, ohne den Kongreß auch nur vorab zu informieren, zog eine

Reihe von Senatoren und Abgeordneten, die vordem die präsidentiellen Privilegien in der Außenpolitik verteidigt hatten, auf
die Seite der Kritiker. Mit dem Widerruf der Tonking-Golf-
Resolution und dem Cooper-Church-Amendment[136], das die Finanzierung amerikanischer Bodentruppen in Kambodscha untersagte,
stellte sich Ende dieses Jahres erstmals eine Mehrheit von
Kongreßmitgliedern hinter Maßnahmen, die darauf gerichtet
waren, den diskretionären Entscheidungen des Präsidenten in
der Außenpolitik Grenzen zu setzen. Die Erörterung beider
Zusatzanträge war Bestandteil der Behandlung des Foreign
Military Sales Act dieses Jahres; der Widerruf der Tonking-
Golf-Resolution wurde als Zusatz dieses Gesetzes verabschiedet,
während das Cooper-Church-Amendment dem Nachtragshaushalt für
die Auslandshilfe, FY 1971, eingefügt wurde[137].

Bei der Feststellung, 197o habe sich eine Mehrheit der Kongreßmitglieder der in dem Satze: "It is time for the Congress
to exert its constitutional authority ..."[138] enthaltenen Auf-
forderung angeschlossen, darf die Analyse der War-Powers-
Debatte jedoch nicht stehenbleiben; es läßt sich vielmehr zeigen, daß sich hinter der Forderung nach Stärkung der legislativen Kontrolle in der Außenpolitik ganz unterschiedliche
konstitutionelle und politische Inhalte verbargen, in denen
sich ebenso unterschiedliche politische Grundorientierungen
aussprachen. Dabei erweist es sich, wie irreführend es sein
kann, ein Mehr an Kontrolle ohne weiteres mit der Demokra-
tisierung einer Politik gleichzusetzen.

Grundsätzlich muß politische Kontrolle, soll sie demokratischen Kriterien genügen, nach zwei Dimensionen differenziert werden: der prozessualen und der normativen. Wird im
ersten Verstande eine Politik hinsichtlich verfassungs- und
gesetzeskonformer Entscheidungsprozesse, der Information und
Durchschaubarkeit und schließlich rationaler und sparsamer
Verwaltung und der Rechenschaftslegung über die bewilligten
Mittel kontrolliert, so beinhaltet die normative Dimension
die Beurteilung von Richtung und Struktur einer Politik
hinsichtlich Zielsetzung und Instrumentenwahl, nach Maßstäben
und Normen, die nicht aus dem Kontrollgegenstand selbst abgeleitet worden sind. Erst diese Normen entscheiden über den

inhaltlich demokratischen Charakter einer Politik[139].

Legt man das so erweiterte und differenzierte Kontroll-
verständnis als Raster an, so ergibt sich, daß für die überwie-
gende Mehrheit der Kongreßmitglieder die normative Dimension
im Sinne einer Mit-Entscheidung über die Ziele der militärischen
Auslandshilfe und die Art und Weise ihres Einsatzes als Instrument überhaupt nicht in Betracht kam. Ganz überwiegend
steht nicht die Frage des "Ob" der Rüstungsexport-Politik,
stehen auch keine inhaltlichen Eingriffe in ihre Struktur zur
Debatte; es geht vielmehr um eine bessere Information des Kongresses durch die Exekutive und um quantitative Einschränkungen
durch Kürzung der Haushaltsmittel[140]. Diese Feststellung gilt
für die Diskussion der Rüstungsexport-Politik seit 1967, und
auch der grundsätzlichere Charakter der Auseinandersetzung
des Jahres 1970 hat nur geringfügige Verschiebungen zugunsten
eines zweidimensionalen Kontrollverständnisses mit sich gebracht. Ähnlich krasse Äußerungen wie die folgende, mit der
Sen. Symington (D., Mo.) 1967 die Hearings über "Arms Sales
to Near East and South Asian Countries" einleitete, gehörten
allerdings später zu den Ausnahmen:

> "Let me emphasize that the question of policy we plan
> to explore is not whether the United States should
> or should not be selling this military equipment;
> rather whether the government machinery is coor-
> dinated adequately; and also whether the Congress
> is properly informed and consulted before such
> decisions are made." 141

Drei unterschiedliche Positionen haben sich des Kontroll-
arguments bedient. Bei den Fiskalkonservativen wird mehr
legislative Kontrolle mit einer Kürzung der Mittel bei unter-
schiedslos allen Arten von Auslandshilfe - bei der Militärhilfe wie bei der Entwicklungshilfe - gleichgesetzt. Budget-
einsparungen gelten als politische Tugend an sich; darüber
hinausgehende Vorstellungen einer inhaltlichen Einflußnahme
werden von diesen Kongreßmitgliedern gewöhnlich nicht
artikuliert[142].

Eine weitere Gruppe versteht Kontrolle vor allem immanent;

sie wendet sich gegen Verschwendung und ineffektive Verwaltung
und plädiert für Durchschaubarkeit und Öffentlichkeit, während
sie die Zielvorstellungen der Programme nicht notwendigerweise
mit diskutiert. An der Haltung Sen. Proxmire's (D., Wis.), des
bekanntesten Exponenten dieser Richtung[143], zeigt sich jedoch,
daß die Grenzen zur dritten Position fließend sind. Ihre
Vertreter wollen durch Stärkung der legislativen Kontrolle
eine Richtungsänderung der Auslandshilfe-Politik insgesamt
bewirken, mit den Kernpunkten einer drastischen Reduzierung von
Militärhilfe und Rüstungsexporten und einer Multilateralisierung der Entwicklungshilfe[144]. Die Vertreter dieser Richtung, die die Notwendigkeit und die Verdienste der Militärhilfe angesichts begrenzter Haushaltsmittel gegen konkurrie-
rende, vorwiegend soziale Bedürfnisse abwägen, diskutieren
die Rüstungsexporte im größeren Zusammenhang der Neuordnung der
nationalen Prioritäten[145], wie sie sie fordern.

Wiewohl sich die außenpolitischen Kompetenzen des Kongresses auf eine Reihe von in der Verfassung verankerten Rechten
stützen - auf der Seite des Senats die "treaty power" und das
Mitwirkungsrecht bei Ernennungen, für beide Häuser die Bestimmung über Umfang und Ausrüstung der Streitkräfte und die Kontrolle des gesetzeskonformen Verhaltens der Exekutive[146] -,
sind im Verständnis der Senatoren und Abgeordneten die außenpolitischen Einflußmöglichkeiten der Legislative weitgehend
auf das Budgetrecht reduziert[147]. Die Berufung auf die "treaty
power" tritt in ihrer Bedeutung weit dahinter zurück.

Die Realität entspricht dieser Einschätzung. Nicht der
Widerruf der Tonking-Golf-Resolution, sondern das Cooper-
Church-Amendment 1970 und im Jahr zuvor das Church-Amendment
zum Department of Defense Appropriations Act[148], das die Finanzierung von US-Landstreitkräften in Laos und Thailand untersagte, übten einen restringierenden Einfluß auf die Kriegführung in Südostasien aus; die Begrenzung des Gesamtwertes
der Kreditverkäufe und die zusätzlichen regionalen Begrenzungen für Lateinamerika und Afrika[149] konnten den Fluß amerikanischer Waffen in diese Länder der Dritten Welt wenigstens
eindämmen. Auch war es hier möglich, Gegenstrategien der Re-

gierung Nixon, die sich ihre Handlungsfreiheit nicht beschneiden lassen wollte, durchaus zu parieren; auf Versuche der Administration, mit Hilfe von Schenkungen militärischen Über-
schußmaterials die Restriktionen zu umgehen, reagierte der
Kongreß 1970 mit gesetzlichen Bestimmungen, die diesen Ausweg
weitgehend versperrten[150].

Legislative Kontrolle reduziert sich demnach nicht nur
weitgehend auf die prozessuale Dimension, sondern diese verkürzt sich unter den gegenwärtigen Bedingungen des Kräfteverhältnisses von Kongreß und Exekutive noch weiter: der Gesichtspunkt der budgetären Kontrolle ersetzt den des normkon-
formen Entscheidungsprozesses. Nur dieser kleinste gemeinsame
Nenner, auf den sich die liberalen und die fiskalkonservativen
Kongreßmitglieder zu einigen vermochten, führte zu Mehrheitsentscheidungen, die der Rüstungsexport-Politik den Stempel
legislativer Mitentscheidung aufprägten. Obgleich der Intention nach quantitative Restriktionen, zogen sie doch begrenzte
inhaltliche Reorientierungen nach sich.

3.22 Das Zentrum: Das Office for International Logistics Negotiations (ILN)

Auf der Seite der Exekutive liegen nach den Regelungen des
Foreign Assistance Act of 1961 und des Foreign Military Sales
Act[151] die Rahmenentscheidungen in der Rüstungsexport-Politik,
soweit sie der Präsident nicht selbst an sich zieht, beim
Secretary of State; dieser ist dem Secretary of Defense in der
Hierarchie übergeordnet. Da jedoch alle Entscheidungen auf
nachgeordneter Ebene und die gesamte Verwaltung der Rüstungs-
export-Programme zum Zuständigkeitsbereich des Department of
Defense gehören, wächst diesem in der gesellschaftlichen Wirk-
lichkeit des Entscheidungssystems die größere Bedeutung zu.

Ort der Formulierung und Administration der Rüstungsexport-
Politik des Pentagon war das Office for International Logistics
Negotiations, eine Unterabteilung der International Security
Affairs Division (ISA). Als "Pentagon's State Department", wie

sie häufig genannt wurde[152], nahm ISA sowohl hinsichtlich ihrer
Funktionen als auch ihrer Organisationsstruktur eine Sonder-
stellung ein, die den Handlungsspielraum und die Politik des
ILN entscheidend mitbestimmte.

Ausschlaggebend ist die Nähe der International Security
Affairs Division zur Außenpolitik. Die Abteilung fungiert als
außenpolitische Beratungsstelle des Secretary of Defense, übersetzt außenpolitische Ziele in strategische Konzepte und besorgt die Koordination mit dem State Department[153]. Ihre zweite
prinzipielle Aufgabe liegt in der Formulierung und Verwaltung
der militärischen Auslandshilfe-Programme, in dem Rahmen, den
die Richtungsentscheidungen der übergeordneten Ebenen der
Departments of State und Defense abstecken. Von dieser Kompetenz leitet sich der Aufgabenbereich des ILN, die Auslandsverkäufe von Rüstungsgütern,ab. Die DOD-Direktive 51oo.27
umschreibt die Funktionen folgendermaßen:

> "... to develop and coordinate DOD plans and programs
> for the export of military material and services to
> friendly foreign nations to the end that foreign pur-
> chases from U.S.Government or industry will be
> maximized subject to considerations of overall national
> policy." [154]

Daraus abgeleitet, stand im Zentrum der Aufgaben des ILN die
Bestimmung der militärischen Erfordernisse und die vollstän-
dige Abwicklung aller Arten der militärischen Auslandsverkäufe
durch Regierungskanäle (FMS), also der Barverkäufe aus Be-
ständen der Streitkräfte, der Beschaffungen für Barverkäufe,
der Kreditverkäufe und Kreditgarantien[155]. Daneben gehörten
auch der Lizenznachbau amerikanischer Waffensysteme im verbündeten Ausland, ferner militärische Koproduktion und Zusam-
menarbeit in der militärischen Forschung und Entwicklung in
seinen Zuständigkeitsbereich[156].

Unterscheidet sich die International Security Affairs
Division durch einen geringen Grad an Institutionalisierung
von den übrigen, stärker spezialisierten und hierarchisierten
Abteilungen des Pentagon, so war diese Tendenz im Office for
International Logistics Negotiations besonders ausgeprägt;
ILN galt noch Mitte der 6oer Jahre als am wenigsten instituti-

onalisierte Organisation in ISA[157].

Angesichts des informellen Charakters der Entscheidungseinheit ISA und der Offenheit der neuen Rüstungsexport-Politik
in der Kennedy-Administration kam der ideosynkratischen Variablen, d.h. der Persönlichkeit und den politischen Präferenzen
des Special Assistant, ILN - seit 1964 Deputy Assistant Secretary, ILN - und ebenso seines Stabes ein erhebliches Gewicht
zu, das sich auch kaum abmilderte, als um 1964 die Formulie-
rungsphase fürs erste abgeschlossen war. Die Einpassung der
Rüstungsexport-Politik in das außenpolitische Konzept der
Nixon-Administration zwischen 1968 und 1970 brachte jedoch
neben der konzeptuellen auch eine organisatorische Reorientierung mit sich, die das neue Office for Military Assistance
and Sales sehr viel stärker als vorher das ILN der regulären
Pentagon-Maschinerie inkorporierte, vor allem aber den Einfluß
der Joint Chiefs und der Waffengattungen erheblich verstärkte[158].

Zum Leiter des ILN wurde im April 1962 Henry J.Kuss be-
stellt[159]. Seit 1947 in verschiedenen Positionen im Department of Defense tätig, stand Kuss von 1957 bis 1961 der Abteilung für Military Assistance Planning vor, die, nachdem Kuss
noch vor seiner Amtseinführung die 1959/1960 von der Eisenhower-
Administration entwickelten ersten Pläne einer Umgestaltung
der militärischen Auslandshilfe aufgegriffen hatte, detaillierte
Vorschläge und Entwürfe für eine neue, vor allem an den Erfor-
dernissen der Zahlungsbilanz-Sanierung orientierte Politik der
Foreign Military Sales erarbeitete[160]. Kuss war also bereits
an der Entwicklung des Konzepts der Rüstungsexport-Politik unter Kennedy und McNamara beteiligt; seine politischen und wirtschaftlichen Vorstellungen prägten darüberhinaus der Praxis
dieser Politik bis in die Regierungszeit Nixons ihren Stempel
auf.

Einzelheiten über die interne Organisation des ILN wurden
erstmals 1965 bekannt[161]. Zu dieser Zeit umfaßte die Abteilung
einen Stab von 27 Mitarbeitern. Die Aufgabenverteilung war
gleichzeitig regional und funktional bestimmt, d.h. jedes der
vier Teams hatte sowohl eine spezifische Funktion (Aushand-
lung von Aufträgen, Abwicklungsfragen, Finanzierungsfragen,

Kooperation mit der Industrie) als auch einen regionalen Schwerpunkt, der einen ganzen Kontinent, mehrere Länder oder auch nur
ein einziges umfassen konnte. Letzteres traf für die BRD zu.
Das "weiße Team", allgemein zuständig für Abwicklungsfragen,
konzentrierte sich allein auf den wichtigsten Importeur amerikanischer Rüstungsgüter, die Bundesrepublik. Um die Mitte der
6oer Jahre war ILN folgendermaßen organisiert[162]:

Team	Funktion	Region
Rotes Team	Aushandlung von Aufträgen (alle Länder)	Australien, Japan, Neuseeland u.a. Frankreich, NATO, Südostasien Kanada, Schweden, Dänemark, Norwegen
Weißes Team	Abwicklungsfragen und "export support" (alle Länder)	BRD
Blaues Team	Finanzierungs- fragen (alle Länder)	Italien Lateinamerika Spanien, Belgien, Niederlande
Graues Team	Kooperation mit der Industrie	Großbritannien, Schweiz, Österreich, Iran Israel, Naher Osten Indien, Pakistan, Türkei, Griechenland

Gegenüber dem Stand von 1965 hatte sich 1967 die Anzahl der
Mitarbeiter um weitere fünf erhöht, die nun sechs - statt
vorher vier - Teams bildeten[163].

3.22.1 Konzeption und Taktik des ILN

Der Versuch, den eigenen Beitrag des ILN zur Rüstungsexport-
Politik von den auf höherer Ebene festgelegten Richtungsent-
scheidungen zu trennen, ist schwierig, jedoch nicht unmöglich.
Für die Kennedy- und Johnson-Administration lassen sich einige
Aussagen wagen, wenn man die Zielformulierungen, wie sie von
McNamara vorgenommen wurden, mit den Aussagen von Kuss und
seinen führenden Mitarbeitern, primär den vier Stabsdirektoren,
vergleicht.

Seitens des Secretary of State bzw. seines Under Secretary
for Political Affairs[164] fehlen für die erste Hälfte der 6oer
Jahre vergleichbare offizielle Stellungnahmen zu den Zielen
der Rüstungsexport-Politik. Erst als diese um 1967 ins Kreuzfeuer der Kritik des Kongresses geriet, wurden auch die Entscheidungsträger des State Department – allerdings nicht der
Außenminister selbst, sondern von der Ebene des Under Secretary
for Political Affairs abwärts bis zum Deputy Assistant Secretary
for Politico-Military Affairs – in den Hearings ausführlich
zum Konzept dieser Politik befragt[165].

Vor dem Kongreß führte McNamara in der jährlichen Präsen-
tation des Rüstungsbudgets und der 5-Jahres-Projektion des
Rüstungsprogramms, ebenso in den Statements, mit denen er in
den Auslandshilfe-Hearings der Foreign Affairs- und Foreign
Relations Committees erschien[166], drei Ziele an, die die
Regierung mit der Rüstungsexport-Politik verfolge:

"Promote the defensive strength of our allies, consistent
with our political-economic objectives.

"Promote the concept of cooperative logistics and
standardization with our allies.

"Offset the unfavorable balance of payments resulting
from essential U.S. military deployment abroad."

Diese Formulierungen wurden von Kuss und seinen Mitarbeitern übernommen und durchgängig allen schriftlichen oder
mündlichen Stellungnahmen vorangestellt, die den Zweck hatten,
die militärischen Auslandsverkäufe gegenüber dem Kongreß oder

in der Öffentlichkeit darzustellen und zu vertreten[167]. Gegenüber rüstungsindustriellen Interessen und im Verkehr mit den
Waffengattungen und MAAG's dienten sie zwar auch als programmatische Aufhänger, wurden jedoch mit deutlicher Akzentverschiebung verwandt und anders interpretiert[168].

Verglichen mit dieser offiziellen Zielformulierung enthalten die Pentagon-internen Richtlinien für die Arbeit des
ILN erhebliche Schwerpunktverschiebungen: Die Aufgabenstellung,
die McNamara im Juni 1962 formulierte, stellte den Gesichtspunkt der Zahlungsbilanz-Sanierung noch eindeutiger in den
Mittelpunkt, als dies nach der Struktur der übergeordneten
Zieldimension zu erwarten gewesen wäre[169]. In dieser Ausdiffe-
renzierung des Konzepts der Rüstungsexport-Politik stellt sich
ein Zusammenhang zwischen dem ersten und dem dritten Teil der
offiziellen Zielpalette, d.h. des "promote the defensive
strength of our allies" und des "offset the unfavorable balance
of payments" her: der des "burden-sharing", der Indienstnahme der
westeuropäischen Verbündeten zugunsten einer Entlastung der
Vereinigten Staaten von den Zahlungsbilanz-Konsequenzen ihres
militärischen Auslandsengagements. Rüstungsexporte sind das
primäre Instrument im Dienst der so verstandenen Lastenteilung;
Standardisierung und Vereinheitlichung des Nachschubs erscheinen demgegenüber als eindeutig nachgeordnet[170]. Sie sind positive Nebenfolgen, keine eigenständigen Antriebsfaktoren des
Programms.

Für die Zeit der Kennedy- und Johnson-Administration können die Ziele des "burden-sharing" und des Offset als politisches
Datum gelten, das den Spielraum eigener Gestaltungsmöglichkeiten des Office for International Logistics Negotiations hinsichtlich Konzeption und Taktik begrenzt. Innerhalb dieses Rah-
mens war der eigene Beitrag des ILN beträchtlich; zum einen
aus den genannten organisatorischen Gründen und infolge der
konzeptuellen Offenheit der neuen Politik in der Initiierungsphase, zum anderen, weil die Auslandsverkäufe von Rüstungsgütern bis zur Mitte der 6oer Jahre im Windschatten eines
weitgehend uninformierten und uninteressierten Kongresses[171]
und einer ebensolchen Öffentlichkeit praktisch frei von
Kontrolle und Legitimationszwängen blieben. Daß sie in der

zweiten Hälfte des Jahrzehnts immer mehr ins Kreuzfeuer legislativer Kritik gerieten, ist - neben der Eskalation des Vietnam-Krieges und der damit verbundenen Reaktion des Kongresses
- auch der Art und Weise zuzuschreiben, wie ILN die vorge-
gebenen allgemeinen Ziele interpretierte und ihre Durchsetzung
handhabte.

Für die Konzeption der Rüstungsexport-Politik, wie sie
unter Kuss entwickelt wurde, sind zwei Dimensionen ausschlaggebend. Es handelt sich zum einen um ein spezifisches Verständnis der weltpolitischen Rolle der USA, ihrer militärischen und ökonomischen und - als Resultante - auch ihrer
politischen[172] Führungsposition innerhalb der westlichen
Allianz. Was sich für Kuss auf operationaler Ebene aus dieser
Konzeption ergibt, ist eine Variante der "burden-sharing"-For-
derung, die den Anspruch der Vereinigten Staaten, trotz der
angestrebten Umverteilung der Lasten ihre dominante Position
uneingeschränkt zu behaupten, schonungslos offenlegt:

> "While military exports are four percent of our total
> annual defense budget, they account for more than half
> of the deployment costs of our forces, measured in
> balance of payments terms. Here we are not talking about
> allied strength, but are talking about our ability to
> project our strength around the world. The ability of
> this country to follow a forward strategy is heavily in-
> fluenced by the balance of payments costs attributable
> to such a strategy"[173].

"Burden-sharing" wird hier in finale Relation zur globalen
militärischen Stärke gesetzt, Umverteilung wird Mittel zum
Zweck der Positionssicherung . Die Verbündeten zahlen einen
Preis, für den es keine amerikanische Gegenleistung gibt.

Die zweite Dimension, die den eigenständigen Beitrag des
ILN zur Rüstungsexport-Politik charakterisiert, liegt in
einem Verständnis der militärischen Exporte als "commercial
ventures"[174], das keinerlei Differenz zwischen dem Export
eines beliebigen Artikels des kommerziellen Austausches und
dem Verkauf von Waffen und militärischen Gütern ins Ausland
anerkennt. Militärische Transaktionen werden einer liberal-
kapitalistischen Konzeption des internationalen Handels und

seiner nicht nur wirtschaftlich, sondern auch weltpolitisch
positiven Folgen subsumiert:

> "From the political point of view international
> trade is the "staff of life" of a peaceful world.
> With it comes understanding - the lack of it eliminates
> communications - and creates misunderstandings"[175].

Dabei bleibt völlig außer Betracht, daß Rüstungsexporte sich
einem solchen Verständnis nicht fügen; zum einen sind sie in
einen außenpolitischen und militärischen Bedingungszusammenhang eingebettet, zum anderen verbietet auch ihre ökonomische
Struktur, die auf der Abnehmerseite durch ein staatliches
Nachfragemonopol, auf der Seite der amerikanischen Anbieter
durch ein hohes Maß exekutiver Mitwirkung und Bestimmung
durch politisch vorgegebene Ziele gekennzeichnet ist, eine Beurteilung nach den Kategorien des zivilen Marktes.

Stärker noch als die Interpretation des "burden-sharing"
hat dieses kommerzielle Verständnis des Rüstungshandels Konzeption und Taktik des ILN eingefärbt; ihm entsprach eine
Selbstdefinition, die sich vornehmlich an der Aufgabenstellung der Verkaufsförderung("sales promotion") für die Produkte
der amerikanischen Rüstungsindustrie orientierte[176]. Dieses
Selbstverständnis kommt in der Funktionszuweisung für die
einzelnen Teams zum Ausdruck[177], bestimmt aber auch die Erwar-
tungen an die Adresse der Waffengattungen - als der aus-
führenden Organe - und der MAAG's. Letztere sollen gemäß der
Konzeption des ILN ihre Vertrautheit mit der militärischen und
politischen Situation des Gastlandes und ihre Kontakte zu
dessen Entscheidungsträgern ebenfalls in den Dienst der Ver-
kaufsförderung stellen[178], erhalten also kommerzielle - statt
vordem militärische - Funktionen zugewiesen.

Betonten die übergeordneten Entscheidungsträger der
Kennedy- und Johnson-Administration stets den instrumentellen
Charakter der Rüstungsexport-Politik und ihre Integration in
die umfassenden außenpolitischen Zielvorstellungen, so setzten
sich Kuss und seine Mitarbeiter mit ihren aggressiven Export-
kampagnen, die das "Mehr Verkaufen" zum Selbstzweck erhoben,
in deutlichen - von Kuss selbst allerdings noch 1968 beharrlich

geleugneten[179]- Widerspruch dazu:

> "If we possibly can, we want to sell, first, the whole
> airplane. If we can't then we'll settle for major parts
> or for licensing. But to optimize sales, we've got to
> shoot first for the bigger package" 18o.

Ein solcher Ansatz barg angesichts des Bestrebens der wichtigsten Zielgruppe, der westeuropäischen Verbündeten, die eigene
Rüstungsindustrie durch Absatzsicherung lebensfähig zu erhalten,
ein starkes außenpolitisches Konfliktpotential in sich, und
dies um so mehr, als die Rüstungsexport-Konzeption des ILN die
Variable "nationaler Akteur" als eine der wichtigsten Bestim-
mungsgrößen des internationalen Rüstungsmarktes völlig vernachlässigte[181]. Von praktischer Konsequenz war dies vor allem
im Falle Großbritanniens und Frankreichs[182] - die Friktionen
mit der Bundesrepublik waren, da dort zu Beginn der 6oer Jahre
keine nennenswerte eigene Rüstungsindustrie vorhanden war,
anders gelagert[183] -; beide Länder setzten sich in doppelten
Widerspruch zu den Export-Interessen des ILN, indem sie zum
einen die heimische Rüstungsindustrie vor der durch technologischen Vorsprung und Binnenmarktgröße überlegenen amerikanischen Konkurrenz abschirmten, zum anderen ihr im Wege eigener
Exportförderung vergleichbare Vorteile einer Senkung der
Kosten pro Einheit durch Verlängerung der Produktionsläufe zu
verschaffen suchten[184]. Großbritannien und Frankreich traten
also, während sie den eigenen Markt zu großen Teilen für
amerikanische Produzenten unzugänglich hielten, international
als deren Konkurrenten auf.

War für Kuss und seinen Stab, wie im kapitalistischen Weltmarkt, so auch im internationalen Rüstungsmarkt die Konkurrenz
einzelner Produzenten in einem Freihandelszusammenhang, nicht
das Nebeneinander abgeschlossener Volkswirtschaften das er-
strebenswerte Regulativ, so stieß demgemäß das sicherheits-
politisch und mit Blick auf die Wahrung der nationalen Unabhängigkeit motivierte Verhalten der westeuropäischen Verbündeten auf Unverständnis. Es galt als Protektionismus und damit
vom freihändlerischen Standpunkt aus als verwerflich[185].
Während jedoch seit der Inauguration der "open door policy"

die ökonomischen Voraussetzungen des amerikanischen Plädoyers
für Freihandel meist undiskutiert blieben, sprach Kuss sie für
den angestrebten NATO Common Defense Market unumwunden aus:
die Überzeugung, daß sich im Falle eines ungehinderten und
gleichen Zugangs zu allen Märkten amerikanische Waffen und
militärische Ausrüstungsgegenstände aufgrund ihrer überlegenen
Konkurrenzposition durchsetzen würden[186].

Mit ihren beiden charakteristischen Elementen, der spezifischen "burden-sharing"-Interpretation und des Verständnisses
der Rüstungsexporte als "commercial ventures", hat die Konzeption des ILN auf zwei Ebenen zu Widersprüchen geführt: Als
Folge der Vernachlässigung der außenpolitischen Interessen,mit
denen die Rüstungsexporte nach der Intention der übergeordneten
Entscheidungsträger im Pentagon und im State Department zu ko-
ordinieren gewesen wären, ergaben sich Friktionen zwischen den
westeuropäischen NATO-Partnern und den USA; diese wiederum
setzten, in Verbindung mit der Indienstnahme der Waffengattungen und der MAAG's als Hilfstruppen der Exportförderung und der
Export-Import-Bank zur Kreditbeschaffung, Korrekturimpulse von
seiten der Legislative in Gang, die in das Rückzugsgefecht der
späten Johnson-Administration einmündeten.

Während die Entscheidungsträger auf höchster Ebene mit der
Vorlage des Foreign Military Sales Act dieser Kritik Zugeständ-
nisse machten, die in gewissem Umfang zu einer Modifizierung
der Rüstungsexport-Politik führten, bewiesen Kuss und seine
Mitarbeiter nicht einmal ausreichende taktische Flexibilität[187].
Daß sie selbst mit Konzept und Handhabung der Rüstungsexport-
Politik die Kritik des Kongresses und der Öffentlichkeit in
Gang gesetzt hatten, wenn sie auch freilich ohne die Auseinandersetzung über die amerikanische Kriegführung in Vietnam nicht
in die grundsätzliche Dimension der legislativen Kontrolle in
der Außenpolitik vorgedrungen wäre,blieb ihnen vollends verbor-
gen[188].

Mit der veränderten Rüstungsexport-Konzeption der Regierung
Nixon und der Akzentverschiebung von einer handelspolitischen
zu einer sicherheitspolitischen Bestimmung dieses außenpolitischen Instruments war die von Kuss praktizierte Politik kaum
vereinbar; seine Ablösung im März 1969 ist sicherlich nicht
zuletzt darauf zurückzuführen.

3.23 Das Office for International Logistics Negotiations und die rüstungsökonomischen Interessengruppen

Als Zentrum der Formulierung und Verwaltung der Rüstungsexport-Politik bildet die Abteilung für International
Logistics Negotiations gleichzeitig den Zugang der rüstungsökonomischen Interessen zum Entscheidungssystem; existiert
in Gestalt des Defense Industry Advisory Council (DIAC)[189]
ein offizielles Organ der Kommunikation und Koordination von
Pentagon und Rüstungsindustrie, so findet sich das Inter-
aktionsverhältnis des ILN mit den am Export interessierten
Rüstungsproduzenten im Subcommittee on Military Exports des
DIAC institutionalisiert[190].

Dieses 1963 gegründete Subcommittee hatte nach Henry
Kuss, der in seiner Eigenschaft als Deputy Assistant Secretary (ILN) den Vorsitz führte, vor allem die Aufgabe, die Informationen über den militärischen Auslandsmarkt unter den
amerikanischen Produzenten zu verbreiten, eine Funktion, bei
der diejenigen Mitglieder, die rüstungsökonomische Interessen
vertraten, als Multiplikatoren wirken sollten. 1965 waren
neben 5 Banken 21 rüstungsproduzierende Konzerne vertreten;
sie waren nahezu identisch mit der Gruppe der stark exportabhängigen Rüstungsproduzenten[191]. Über die Mitgliedschaft
im Subcommittee on Military Exports nahmen also die Konzerne
ein aktives Interesse am Regierungsprogramm der militärischen
Auslandsverkäufe, die - bei hoher Rüstungsabhängigkeit -
einen beträchtlichen Teil ihres militärischen Umsatzes im
Export tätigten. Vor allem waren diejenigen ohne Ausnahme vertreten, deren militärische Umsätze zu mehr als 15 % dem Exportgeschäft entstammten: Lockheed mit einem Anteil militärischer
Exporte am Rüstungsgeschäft von 15 %, McDonnell-Douglas mit
17 %, Raytheon mit 19 %, General Dynamics mit 26 % und
schließlich Northrop mit 39 %. Wie diese fünf, so sind auch
die übrigen Konzerne in der Liste der hundert führenden Abnehmer von Rüstungsaufträgen vertreten. Überwiegend der Luft-
und Raumfahrtbranche zugehörig, sind sie Hersteller von
ganzen Waffensystemen oder aber technisch aufwendiger Subsysteme[192]. Das Interesse der Banken - First National City

Bank, Chase Manhattan Bank, Riggs National Bank und Morgan
Guarantee Trust Company - läßt sich auf ihre Beteiligung an
der Finanzierung militärischer Auslandsverkäufe zurückführen[193].

Regelmäßige Arbeitskontakte des Subcommittee on Military
Exports bestanden Mitte der 6oer Jahre zur Aerospace Industries
Association, zur Electronic Industries Association, zur
National Security Industrial Association (NSIA) und zur Armed
Forces Management Association (AFMA)[194]. Entspricht die Parti-
zipation der erstgenannten dem hohen Anteil der Luft- und
Raumfahrtindustrie an den Rüstungsverkäufen ins Ausland, so
läßt sich die Mitwirkung der Electronic Industries Association
weniger auf aktuelle Exportbeteiligung als vielmehr auf die
Kampagne zurückführen, die ILN 1966 mit dem Ziel einer Steige-
rung der militärischen Exporte dieser Industriegruppe vor allem
nach Westeuropa begann und in die die Electronic Industries
Association einbezogen wurde[195].

Während seitens dieser Vereinigung und auch der Aerospace
Industries Association kaum dezidierte Stellungnahmen zur
Rüstungsexport-Politik vorliegen, die den Verbandsspitzen zu-
zurechnen wären[196], haben sich NSIA und in noch stärkerem Maße
AFMA aktiv der Sache der Ankurbelung der militärischen Aus-
landsverkäufe und der Heranführung bisher uninteressierter
Produzenten an diesen Markt verschrieben[197]. Für NSIA nahm der
1963 eingerichtete Exportausschuß (International Advisory
Committee) diese Funktion wahr[198]. AFMA bediente sich einer
Doppelstrategie: wurde die Monatszeitschrift "Armed Forces
Management" als offizielles Publikationsorgan vor allem zur
Verbreitung der von ILN formulierten Ziele und Strategien
in den Waffengattungen und der interessierten Öffentlichkeit
benutzt, so behandelte die vom industriellen Arm der Vereinigung herausgebene Wochenschrift "Military Export Reporter" die
militärischen Exporte ausschließlich aus der Perspektive der
Produzenten und versuchte, sowohl die aktuell am Export beteiligten Konzerne gezielt zu informieren als auch die abseits
stehenden zu interessieren. Im verbalen Engagement für die Exportförderung ließ Military Export Reporter sowohl Armed Forces
Management als auch die Publikationsorgane des ILN hinter
sich[199].

Mitgliedschaft und Arbeitskontakte des Subcommittee on
Military Exports geben also Aufschluß über die Gruppe von
Rüstungsproduzenten, die ihre Beteiligung am militärischen
Exportgeschäft in ein aktives Interesse an der Gestaltung
der Rüstungsexport-Politik umsetzt; sie gestatten es gleich-
zeitig, die Frage nach der Größenordnung dieser interessierten
Fraktion, bezogen auf die Gesamtheit der am inneramerikanischen
Rüstungsmarkt beteiligten Produzenten, in einer ersten Annähe-
rung zu beantworten.

An der Produktion militärischer Güter oder der Forschung
und Entwicklung für diesen Zweck sind in den Vereinigten
Staaten 15oo - 2ooo Firmen beteiligt, aber nur rund 2o von
ihnen profitierten um die Mitte der 6oer Jahre in nennenswertem
Umfang vom militärischen Exportgeschäft[2oo]. Zwar handelte es
sich um große Konzerne, doch bilden sie, verglichen mit der
Überzahl derjenigen Firmen, deren Interessen sich ausschließlich auf den internen Rüstungsmarkt konzentrierten, eine ver-
schwindend geringe Minderheit.

Dem entspricht die Einschätzung des ILN. Noch um die Mitte
der 6oer Jahre konstatierte Kuss mehrfach das Desinteresse der
überwiegenden Mehrheit der Rüstungsproduzenten am Export:

"This tendency of American companies to refrain from
entering into the international market is a serious
one and affects our entire international posture..." [2o1].

Aus der Sicht der Fraktion der exportinteressierten Produzenten läßt sich das Verhältnis von ILN und Rüstungsindustrie zu
dieser Zeit keineswegs als symmetrische Interaktion kennzeichnen; vielmehr war ILN der Motor der Auslandsverkäufe von
Rüstungsgütern, während die Produzenten reagierten, durchweg
widerwillig und schleppend:

"In spite of overwhelming proof that this is an actual
and not just a potential multi-billion-dollar market,
in spite of a broad range of incentives already provided
by government to industry to move into the area, Kuss
himself can cite repeated examples of companies that
have had to be dragged, kicking and complaining into this
highly profitable business. As a result, Kuss' people

> have gone out and sold for the unaware, unknow-
> ledgeable and uninterested companies...." [202]

Die erste Phase der Rüstungsexport-Politik, die bis etwa 1965
andauerte, darf demnach als eindeutig von der Administration
dominiert gelten. Es kann keine Rede davon sein, daß rüstungsindustrielle Interessen die Politik der militärischen Auslandsverkäufe diktiert oder in der Initiierungszeit auch nur
nennenswert beeinflußt hätten; vielmehr stießen die Exportkam-
pagnen des ILN nicht selten auf Widerstand, sei es, daß die
Firmen bei der Abwicklung von Auslandsaufträgen Schiffbruch
erlitten, sei es, daß sie die Regierungsinitiativen als Konkurrenz empfanden[203]. Auch die Verkaufsförderungskampagnen
der Associations, besonders der NSIA, wurden auf Betreiben des
ILN begonnen; einen begrenzten eigenständigen Beitrag leiste-
ten sie erst in der zweiten Hälfte der 6oer Jahre.

Änderungen an diesem weitgehend durch Abstinenz der Produzenten gekennzeichneten Bild ergaben sich erst, als ILN
1966 eine Verkaufsoffensive begann, die sich an die Adresse
der heimischen Rüstungsindustrie richtete[204]. Angesichts der
Komplexität der Regierungsmaschinerie, in die die militärischen
Exporte eingebettet waren, war denjenigen Firmen, die weder
über eigene Auslandsvertretungen noch über Kenntnisse auf dem
Gebiet der Exportlizenzen verfügten, der militärische Exportmarkt nur unter Schwierigkeiten zugänglich; auf diese "Non-
Bigs", die Zulieferer, die Hersteller von Subsystemen und Komponenten von Waffensystemen, vornehmlich -wenn auch nicht ausschließlich - der elektronischen Industrie richtete sich daher
das Hauptaugenmerk[205].

Diesem Adressatenkreis wurden Hilfestellungen vielfacher
Art zuteil[206]. Dies betraf zunächst die Information über die
Absatzmöglichkeiten im Export, die durch eigens zu diesem
Zweck einberufene Symposien ebenso wie in konzertierter Aktion
mit NSIA und den Zeitschriften Armed Forces Management und
Military Export Reporter verbreitet wurde. Zweitens wurden Versuche unternommen, das Lizenzierungsverfahren für militärische Exporte durchschaubarer zu machen und im Verein mit
dem State Department den Instanzenzug zu vereinfachen. Am

wichtigsten waren jedoch die Verkaufshilfen; sie umfaßten
- teilweise unter Mithilfe des Department of Commerce -
Marktanalysen, Unterstützung bei der Herstellung von Kontakten
zu auswärtigen Entscheidungsträgern, Beratung in jedem Stadium einer Auftragsabwicklung seitens des ILN oder - unter
seiner Ägide - der Waffengattungen und der MAAG's, und
schließlich Hilfen bei der Kreditfinanzierung.

Diese Maßnahmen begannen sich 1967 zugunsten der vom ILN
intendierten Ziele auszuwirken; Klagen über mangelnde Kooperation der Industrie wurden nicht mehr laut. Gleichzeitig hatte
sich die Anzahl der Firmen, die durch Mitarbeit im DIAC oder
den mit dessen Subcommittee on Military Exports kooperierenden
Associations ihr Interesse am militärischen Export bekundeten,
gegenüber 1965 vervielfacht: Nach einer Umfrage der National
Security Industrial Association von April/Mai 1968 bezeichneten sich über die Hälfte der 4oo Mitgliedsfirmen als "hoch-
gradig daran interessiert, den Export militärischer Güter
entweder auszuweiten oder zu beginnen"[2o7]; in der Jahresversammlung der Aerospace Industries Association nahmen im
gleichen Jahr die Vertreter von 14o Konzernen an der Arbeits-
gruppe für militärische Exporte teil, ein Umstand, den ein
Mitarbeiter von Kuss als "wichtigen Indikator des steigenden
industriellen Interesses am militärischen Exportmarkt"
wertete[2o8].

Dem entsprach die Partizipation einer weitaus größeren
Anzahl von Konzernen am militärischen Exportgeschäft, als
dies Mitte der 6oer Jahre der Fall gewesen war: Eine Aufstellung des General Accounting Office nennt für 1969/197o
89 Firmen, die Aufträge des Department of Defense für
militärische Auslandsverkäufe und Militärhilfe-Schenkungen
im Werte von mehr als 1o.ooo Dollar erhielten[2o9].

Nach 1968 verstärkte sich die Tendenz einer Partizipation
der Rüstungsproduzenten zunächst noch weiter, als Reaktion
auf die Kritik des Kongresses an der aggressiven Rüstungsexport-Politik. Nicht nur ILN, sondern auch übergeordnete
Ebenen der Administration erwarteten nun offensichtlich von
den rüstungsökonomischen Interessengruppen, daß sie die
Lücke in der Förderung der militärischen Auslandsverkäufe

schlossen, die die erzwungene Rücknahme der Rolle des ILN
geschaffen hatte[210].

Angesichts des Wandels in der Zusammensetzung der militärischen Exporte waren einem solchen Vorhaben jedoch enge
Grenzen gesetzt. Das Schema der Substitution rüstungs-
industrieller Interessen für den Beitrag der Administration
eignet sich allenfalls für die politisch kaum kontroversen
und in der Abwicklung problemlosen Barverkäufe an die verbündeten Industrienationen. Deren Anteil an den militärischen
Auslandsverkäufen sank jedoch von 65 % um die Mitte der 6oer
Jahre auf 26 % im Jahre 1971, während die Regionen "Naher
Osten und Südliches Asien" ihren Anteil verdoppelten[211].
Rüstungsexporte in Länder der Dritten Welt und in Spannungsgebiete erfordern aber ein hohes Maß an Regierungsmitwirkung,
einmal aus Gründen der potentiell weitreichenden außenpolitischen Konsequenzen, zum anderen wegen der Schwierigkeiten
in der Abwicklung, vor allem in Gestalt von Kreditfinanzierung.

Diese Veränderungen in der Struktur der militärischen
Exporte sind Reflex einer weiterreichenden Reorientierung der
Rüstungsexport-Politik im außenpolitischen Konzept der Nixon-
Administration: Die vorwiegend zahlungsbilanzpolitische Begründung tritt zugunsten einer außenpolitischen zurück.
Rüstungsexporte werden zunächst als Instrument im Dienste
politischer und militärischer Einflußsicherung der Vereinigten
Staaten betrachtet und erst in zweiter Linie dem "burden-
sharing"-Zusammenhang zugerechnet, der sich exklusiv auf die
verbündeten Industrienationen bezieht. Das Maß der eigenständigen Gestaltungsmöglichkeiten der Rüstungsindustrie, das für
die Zeit von 1966 bis 1969, d.h. nach Ankurbelung der nach
innen gerichteten Verkaufskampagnen und vor der Gründung des
neuen "Office for Military Assistance and Sales" charakteristisch war, wurde in der Regierungszeit Nixons sicher wieder
unterschritten.

3.3 Das Machtmuster im Entscheidungssystem

Der Vergleich der verfassungsrechtlichen und gesetzlichen
Norm mit der gesellschaftlichen Wirklichkeit des Rüstungsexport-Systems ergibt ein Bild des relativen Einflusses,das
in seiner Makrostruktur das Kräfteverhältnis von Legislative und Exekutive beleuchtet; innerhalb der Exekutive wird das
Machtmuster - der realisierte Einfluß der wichtigstenEinheiten
gegenüber den Interessen der anderen Akteure - in einigem
Detail sichtbar[212].

Das Entscheidungszentrum lag bis zum Ende der Johnson-
Administration eindeutig beim Department of Defense, wo in
allererster Linie das Office for International Logistics
Negotiations die Rüstungsexport-Politik prägte. Von der Militärhilfe-Planungsgruppe 1960 über die Inauguration des neuen
Rüstungsexport-Konzepts 1961/62 bis zur Heranführung der
Gruppe der Zulieferer und Subsystemhersteller unter den
Rüstungsproduzenten an die militärischen Auslandsverkäufe
charakterisiert ein Übergewicht des ILN diese Politik, das sich
mit der gesetzlich vorgesehenen Entscheidungshierarchie nicht
vereinbaren läßt, das aber gleichwohl zu dieser Zeit weder
vom Department of State noch von der Legislative ernsthaft
in Frage gestellt wurde.

Korrekturimpulse zeigten sich erstmals 1967. Die legislative Kritik der Rüstungsexport-Politik führte, im Verein
mit der wachsenden Einsicht in die außenpolitische Dysfunktio-
nalität der bisherigen Handhabung dieses Instruments, auf
Seiten des State Department und der Pentagon-Spitzen zunächst
zu einer verbalen Distanzierung von der aggressiven Verkaufspolitik des ILN und im Jahre 1968 in Gestalt des Foreign
Military Sales Act auch zu einer begrenzten inhaltlichen
Korrektur. Die Zeit von 1967 bis 1969 erweist sich sowohl
im Verhältnis von Legislative und Exekutive als auch der
exekutiven Einheiten untereinander als Umbruchsphase.

Auf dem Gebiet der militärischen Auslandsverkäufe kann die
Exekutive keinesfalls als verlängerter Arm rüstungsindustriel-
ler Interessengruppen gelten; die These, sie wären in erheb-

lichem Ausmaß für die Rüstungsexport-Politik mitverantwort-
lich, läßt sich nicht aufrechterhalten[213]. Es war vielmehr
die Verkaufsabteilung des Pentagon, die die Produzenten für
den militärischen Export gewann, und deren Einfluß war entsprechend gering, bis zur Mitte der 6oer Jahre praktisch nicht
existent.

Noch ein zweites Erklärungsmodell versagt angesichts der
Rüstungsexport-Politik. Mit dem Übergewicht des Pentagon und
der weitgehenden Abstinenz des Kongresses nimmt sich die
Periode der Kennedy- und Johnson-Administration auf den ersten
Blick wie ein Musterbeispiel des häufig als "Militarisierung"[214]
beschriebenen Strukturwandels der amerikanischen Außenpolitik
seit dem Zweiten Weltkrieg aus. Bei näherem Zusehen erweist
sich jedoch auch diese Hypothese als unhaltbar.

Die exekutiven Einheiten

Die Dichotomie zivil - militärisch verfehlt die Interessenunterschiede zwischen den exekutiven Einheiten: Das Treasury
Department verteidigt noch 1967 die expansive und aggressive
Rüstungsexport-Politik und stellt sich mit diesem Festhalten
an einer politischen Linie, die die Spitzen von Pentagon und
State Department zur gleichen Zeit in konzertierter Aktion
zu korrigieren bestrebt sind, an die Seite des ILN. Zwischen
den übergeordneten Entscheidungsträgern dieser beiden Departments lassen sich, wie bis Mitte der 6oer Jahre, so auch in
der Umbruchsperiode kaum Interessenunterschiede ausmachen;
ein Ergebnis, das der 1971 veröffentlichte Bericht von
Townsend Hoopes, eines früheren Abteilungsleiters in der
International Security Affairs Division des Pentagon, bestätigt[215].

Die Arbeit des State/Defense Co-ordinating Committee war
demnach durch generelle Übereinstimmung von Pentagon, State
Department, ACDA und AID über die Ziele der Rüstungsexport-
Politik charakterisiert; Differenzen ergaben sich lediglich
in bezug auf Verkäufe hochkomplexer Waffensysteme an Länder
der Dritten Welt, die jedoch zu dieser Zeit nur einen Bruchteil

des für nicht-industrialisierte Regionen bestimmten Viertels
der amerikanischen Rüstungsverkäufe ausmachten. Auch eine
weitere Erklärungsmöglichkeit für das Übergewicht des Pentagon
erscheint nicht stichhaltig: Das Fehlen einer organisierten
Gefolgschaft gesellschaftlicher Interessen, mit der die mangelnde Durchsetzungskraft des State Department - auf ACDA und
AID läßt sich das Argument sinngemäß übertragen - häufig und
in anderen außenpolitischen Fragen sicher zu Recht, in Zusammenhang gebracht wird[216]. Auch das Treasury Department hat
keine solche Klientel, während ILN sie sich um die Mitte der
6oer Jahre mit beträchtlichem Aufwand selbst schuf.

Von einer schwachen Position des State Department gegenüber dem Department of Defense läßt sich schon deshalb nicht
gut sprechen, weil die erstgenannte Entscheidungseinheit sich
kaum vor die Notwendigkeit einer Durchsetzung der eigenen
gegenüber abweichenden anderen Interessen gestellt sah. Nicht
das Gegeneinander zweier Positionen, deren eine politisch-
diplomatische oder ökonomische, deren andere militärische Instrumente der Außenpolitik bevorzugte, bestimmte das Verhältnis beider Departments, sondern vielmehr eine gemeinsame Sichtweise, für die Rüstungsexporte primär Instrumente im Dienst
der Zahlungsbilanz-Sanierung waren[217]. Zu Differenzen kam es
bezeichnenderweise nur über jene Sektoren der Rüstungsexport-
Politik, in denen entweder das Motiv der Einflußsicherung die
zahlungsbilanzpolitische Begründung überlagerte, d.h. im Falle
finanzschwacher Abnehmerstaaten, oder aber in dem Maße, wie
Konzeption und Taktik des ILN das Ziel der Zahlungsbilanz-
sanierung in Widerspruch zu anderen außenpolitischen Interessen
geraten ließen.

Prozessuale und inhaltliche Dimension, also die beiden
Bezugsgrößen normkonformer Entscheidungsprozeß und inhaltliche Übereinstimmung mit den Zielformulierungen derjenigen
Einheiten, bei denen die Richtlinienkompetenz liegt, charakterisieren gleichermaßen die gesellschaftliche Wirklichkeit
eines Entscheidungssystems. Läßt sich die Asymmetrie zugunsten
des Pentagon, die den Entscheidungsprozeß kennzeichnet, vor
allem als Konsequenz der organisatorischen Regelungen des
Foreign Assistance Act of 1961 begreifen, so sind für die Ab-

weichungen von den Zielen, die Pentagon und State Department
übereinstimmend proklamieren, sowohl Gegebenheiten innerhalb
der Exekutive als auch das Verhältnis von Legislative und Exekutive verantwortlich.

Stärker noch als auf die Übereinstimmung von State Department und Pentagon läßt sich die inhaltliche Bestimmung des
Rüstungsexport-Systems auf die Konzeption der führenden Mitarbeiter des ILN und die weitgehende Freiheit dieser Abteilung
bei der Übersetzung der Zielformulierungen in praktische Politik zurückführen; ein Beitrag, der allerdings in dieser Form
auf die Kennedy- und Johnson-Zeit beschränkt war und daher als
Faktor von begrenzter struktureller Relevanz zu gelten hat.
Seine organisatorischen Vorbedingungen wurden durch die Neu-
regelung der Nixon-Administration abgeschafft, und die Lektion,
die das Scheitern des Vietnamkrieges und die negativen Reaktionen auf die unreflektierte Übertragung der Wertvorstellungen
der amerikanischen Gesellschaft auf deren internationale Umwelt
lehrte, hat unzweifelhaft die außenpolitische Sensibilisierung
vorangebracht. Ein derart unbekümmerter, ökonomisch motivierter
Amerikazentrismus, wie der von Kuss vertretene, erscheint in
den 7oer Jahren unter keinen Umständen denkbar. Über diese
Fragen des politischen Stils hinaus dürften die Korrekturen,
die die Nixon-Administration vorgenommen hat, auch inhaltlich
unabdingbar gewesen sein. Sie betreffen allerdings - so ließe
sich hier einschränkend argumentieren - gegenüber den verbündeten Industrienationen nur die Ausprägung der amerikanischen
Forderungen, die im Kern nach wie vor auf eine Indienstnahme
ohne proportionale amerikanische Gegenleistung gerichtet sind.

Das Verhältnis Legislative - Exekutive

Der Beitrag des Kongresses zur inhaltlichen Bestimmung des
Rüstungsexport-Systems war, sowohl in der ersten, vorwiegend
durch Abstinenz charakterisierten Periode als auch in der
zweiten Phase, die eine entschiedene Interessenvertretung
verschiedener Fraktionen kennzeichnete, vorwiegend ein Reflex
des Verhältnisses von Legislative und Exekutive in der Außen-

politik. Im Maß der wachsenden Kritik an der amerikanischen
Kriegführung in Vietnam nahm auch in der Rüstungsexport-Politik
die Besinnung auf die Mitentscheidungs- und Kontrollrechte
zu, die die Verfassung der gesetzgebenden Gewalt auf außen-
politischem Gebiet übertragen hat[218].

Im Rüstungsexport-System haben diese Bestrebungen zu einer
Veränderung des Kräfteverhältnisses von Exekutive und Legislative geführt; das Übergewicht der ersteren wurde zwar nicht
beseitigt, aber doch, verglichen mit der ersten Hälfte der
6oer Jahre, deutlich abgemildert. Die in der Foreign Military
Sales-Gesetzgebung von 1968 und 197o enthaltenen Maßnahmen -
die Auflösung des "revolving fund", die Einschränkung der
Finanzierung militärischer Auslandsverkäufe durch die Export-
Import-Bank, die regionalen Begrenzungen für Kreditverkäufe
in die Dritte Welt und schließlich die Limitierung der Vergabe
von militärischem Überschußmaterial - sind Resultate der Eingriffe des Kongresses, die die Rüstungsexporte nicht nur
restringierten, sondern auch - wenngleich in beschränktem
Umfang - zur inhaltlichen Reorientierung des Programms bei-
trugen; Erfolge, die sich in bezug auf die Höhe der Verteidigungsausgaben und die Entscheidungen über Entwicklung oder
Produktionsbeginn wichtiger Waffensysteme nicht wiederholten.

Die Gründe liegen zunächst in der Rüstungsexport-Politik
selbst, in der breiten Unterstützung, die der Mehrheit der
Kongreßmitglieder 1967 in ihrer Kritik an der aggressiven
Linie des ILN und den Mißständen in bezug auf Eximbank und
"revolving fund" von seiten der liberalen Öffentlichkeit zuteil
wurde, und in der Bereitschaft der oberen Entscheidungsebenen
von State Department und Pentagon, den Korrekturimpuls zumindest
begrenzt aufzunehmen. Haben diese Gegebenheiten zweifellos
die Position der Kritiker der Rüstungsexport-Politik im Kongreß
gestärkt, so reichen sie doch nicht aus zu erklären, warum
diese Interessen hier eine Mehrheit auf sich vereinigen konnten.
Die Voraussetzungen einer Mehrheitsbildung gegen die Admini-
strationspolitik lagen vielmehr in erster Linie in der Entwicklung der amerikanischen Außenpolitik seit Mitte der 6oer Jahre.
Nachdem der Vietnamkrieg die Begründung der militärischen Auslandsverkäufe und der Militärhilfe-Schenkungen als Instrumente

zur Abwehr der kommunistischen Bedrohung hatte fragwürdig
werden lassen, vereinigten sich auf diesen Gebieten die konservativen Besorgnisse eines "overspending" mit der ganz anders
motivierten liberalen Kritik, und die Koalition beider Gruppen
bildete eine knappe Mehrheit; im engeren Bereich von Rüstung
und Verteidigung der Vereinigten Staaten wurde und wird die
fiskalkonservative Motivation jedoch von außenpolitischen
Bedrohungsvorstellungen überlagert, und die liberalen Kritiker
blieben bis jetzt in der Minderheit.

Nur das Budgetrecht, kleinster gemeinsamer Nenner der Position des Kongresses - bzw. einer Mehrheit seiner Mitglieder
- erweist sich also als wirksame Waffe und ermöglicht Eingriffe in die Regierungspolitik, setzt ihnen jedoch gleichzeitig enge Grenzen. Sie sind prinzipiell negativ, beinhalten
finanzielle Restriktionen oder schließen die Verwendung von
Mitteln für bestimmte Zwecke aus; Möglichkeiten einer inhaltlichen Umformulierung ergeben sich nur im Maße des Umschlagens
quantitativer Beschränkungen in qualitative Veränderungen.
Die Rüstungsexport-Politik ist ein Beispiel dafür und macht
so die Grenzen der Rolle des Kongresses bei der Gestaltung
der amerikanischen Außenpolitik deutlich.

SCHLUSSBEMERKUNGEN

Eine Standortbestimmung der amerikanischen Außenpolitik
zwischen den Polen bürgerlich-liberal, kapitalistisch und
demokratisch ist vor allem deshalb schwierig, weil keine
der drei Charakterisierungen dem politisch-sozialen System
der Vereinigten Staaten ganz gerecht wird. Einst der Prototyp
eines bürgerlich-liberalen Regierungs- und Gesellschafts-
systems, sind sie heute nicht nur im ökonomischen, sondern auch
im politisch-herrschaftsmäßigen Funktionsbereich weitgehend
durch Strukturelemente des Spätkapitalismus - im Habermas'schen
Sinne - gekennzeichnet. Daneben aber haben sich nicht wenige
Züge einer liberaldemokratischen Verfassung von Regierungssystem und Gesellschaft erhalten - in der Bedeutung der Ver-
fassungsgerichtsbarkeit, der liberalen Presse, der Unter-
suchungsausschüsse des Kongresses -, die die "political
culture" nach wie vor entscheidend prägen und ein Maß an
demokratischer Kontrolle garantieren, das den Vergleich mit
westeuropäischen Verhältnissen, nicht zuletzt mit der Bundesrepublik, nicht zu scheuen braucht.

Die Kontrolle durch den Kongreß und die Öffentlichkeit -
so wird landläufig demokratische Kontrolle verstanden -
garantiert aber keineswegs, daß eine Politik auch inhaltlich
mit demokratischen Normen übereinstimmt. Das gilt für die
Festsetzung vom Mindestlöhnen ebenso wie für Fragen des
Weltwährungssystems, aber doch mit Abstufungen. Im Falle von
unmittelbar auf die eigene Gesellschaft bezogenen Entscheidungen sorgt die Nähe zu den praktischen Interessen der
Einzelnen - der Kongreßmitglieder und ihrer Wähler - wenigstens in einem gewissen Umfang dafür, daß als Resultat von
Mehrheitsentscheidungen etwas herauskommt, das der Formel
"größtes Glück der größten Zahl" nicht geradezu hohn spricht.
Die Festsetzung der Zuckerquote, die Anwendung der Meistbe-
günstigungsklausel auf Entwicklungsländer, die finanzielle
Ausstattung der Weltbank sind dagegen Entscheidungen, von
denen sich der Durchschnittswähler kaum betroffen fühlt und
deren Konsequenzen für die amerikanische Gesellschaft erst

längerfristig und vielfach vermittelt fühlbar werden; ihre
Bedeutung für die internationale Ordnung und die Möglichkeit
ihrer Reorganisation nach demokratischen Maßstäben kann jedoch
kaum überschätzt werden.

In einer ersten groben Annäherung ließe sich die Norm
demokratischer Außenpolitik mit Hilfe der Kriterien der individuellen und kollektiven Existenzsicherung und der Existenz-
entfaltung – bezogen auf den Einzelnen wie auf das Verhältnis
der staatlich organisierten Gesellschaften untereinander –
bestimmen. Über die Ziele hinaus enthält eine solche Definition auch Aussagen über das Mittelarsenal, und sie setzt den
Maßstab der Konsequenzen für die eigene und für alle anderen,
von einer Außenpolitik betroffenen Gesellschaften.

Als sie die Entscheidung über Krieg und Frieden in die
Hände des Kongresses legten, gingen die Väter der amerikanischen Verfassung in Übereinstimmung mit der Philosophie der
Aufklärung davon aus, daß die bürgerliche Gesellschaft des
Krieges nicht bedürfe, ja daß Kriege den wirtschaftlichen
Interessen abträglich seien. Diese Hypothese hat für die
Vereinigten Staaten, seitdem sie in der zweiten Hälfte des
19. Jahrhunderts dezidierte außenpolitische Interessen zu
vetreten begannen, nur sehr begrenzt gestimmt; die Landung
einiger Marineinfanteristen war unter Umständen "billiger"
als andere Formen wirtschaftlicher und politischer Einflußsicherung, und für den einzelnen Bürger praktisch folgenlos.

Wo die Konsequenzen für die amerikanische Gesellschaft
jedoch spürbar wurden, wo große Teile der Bevölkerung für
eine Außenpolitik zu zahlen hatten, da verhinderten die
sozialen Kosten zwar nicht die Entscheidung für diese Maßnahme, aber sie haben bisher mittelfristig noch immer zu
einer Korrektur geführt. Das jüngste Beispiel ist die Beendigung des Vietnamkrieges, nachdem dieser die amerikanische
Gesellschaft zu teuer zu stehen gekommen war, teuer nicht
nur durch den Verlust von Menschenleben, sondern auch in
der Münze gesellschaftlicher Konflikte und einer Krise des
Selbstverständnisses.

Die Begründung, mit der die Federalists das Recht der

Entscheidung über Krieg und Frieden in die Hände des Kongresses legten

- "We have ... given one effectual check to the
  Dog of war by transferring the power of letting
  him loose from the Executive to the Legislative
  body, from those who are to spend to those who
  are to pay"   +   -,

hat sich also im Kern als richtig erwiesen; auf diese Weise
wurde eine Ziel-Mittel-Restriktion in der amerikanischen
Außenpolitik bewirkt. Ihre Annäherung an die Normen demokratischer Außenpolitik zu sichern, reicht diese Ratio
jedoch nicht aus.

+) Julian P. Boyd (ed.): The Papers of Thomas Jefferson.
Princeton 1958, Bd. 15, 397.

ANMERKUNGEN

Kap. 1: Die Rüstungsexport-Politik: Fragestellung, Gegenstand,
analytische Konzepte

1) Zur Entstehungsgeschichte der Internationalen Beziehungen
s. Czempiel: Entwicklung der Lehre von den Internationalen Beziehungen. Dort auch weitere Literatur. Ferner Burton: International Relations, 6-23. Einen Überblick über die Entwicklung
der Friedensforschung gibt Krippendorff: Einleitung zu ders.:
Friedensforschung, 13-23.

2) Immer noch unverzichtbar die Darstellung von Waltz: Man, the
State, and War. Eine Auswahl von relevanten Quellentexten ent-
hält Wolfers/Martin: Anglo-American Tradition. Zu einzelnen
Theoretikern vgl. u.a. Hoffmann: Rousseau on War and Peace.
In: ders: State of War, 54-87. Zu Kant s. Friedrich: Inevi-
table Peace.

3) Waltz: Man, the State, and War, 80-158.

4) Adam Smith: Lectures on Justice, Police, Revenue and Arms;
und ders. An Inquiry into the Nature and Causes of the Wealth
of Nations, Book,V, Ch. I, Part I: Of the Expence of Defence.

5) Der Begriff "Internationale Beziehungen" kennzeichnet hier
die Wissenschaftsdisziplin, mit "Außenpolitik" als Teildiszi-
plin. Für ihren Gegenstand werden "internationales System",
"internationale Beziehungen" u.a.m. synonym gebraucht, bzw.
"Außenpolitik" und "auswärtige Beziehungen". Zu den verschiedenen Terminologien s.Czempiel: Einleitung zu ders.: Lehre
von den Internationalen Beziehungen.

6) Burton: International Relations, 8, 14. Zur Entwicklung der
Disziplin bis Ende der 5oer Jahre Lasswell: Scientific Study
of International Relations. Von deutscher Seite Senghaas:
Horizonte einer Disziplin; und Gantzel: Disziplin.

7) Morgenthau: Macht und Frieden; Schwarzenberger: Power Politics; Wolfers: Pole of Power. Zur Kritik der Theorie s. Hoffmann: International Relations; und Link: Allgegenwart des Machtkampfes.

8) Liska: International Equilibrium; vgl. dazu auch Haas:
Balance of Power; Kritik der Theorie und der undiskutiert zugrunde liegenden normativen Annahmen über die Struktur des
internationalen Systems bei Hoffmann: International Relations,
2o8 f.

9) Vgl. z.B. Kahn: Thermonuclear War; ders.: Thinking about the
Unthinkable; Kissinger: Kernwaffen; Schelling: Strategy of
Conflict.

1o) Zu den Anfängen der Diskussion zwischen Scientisten und
Traditionalisten s.Kaplan: New Great Debate; Hoffmann: Inter-

national Relations; und Alker: International Relations Theory.

11) Dazu Burton: International Relations, 7 f.

12) Die Arbeiten der revisionistischen Schule sind inzwischen Legion. Hier genüge der Hinweis auf Charles A.Beard, William A.Williams, Gar Alperowitz, John L.Gaddis, Lloyd C.Gardner, Gabriel Kolko, Walter Lafeber. Einen Überblick vermitteln Link: Amerikanische Außenpolitik aus revisionistischer Sicht; Richardson: Cold-War Revisionism; Schröder: Ökonomische Aspekte der amerikanischen Außenpolitik.

13) Burton: International Relations, 28, 87-94; Czempiel: Entwicklung der Lehre von den Internationalen Beziehungen.

14) Auf deutscher Seite bahnbrechend Senghaas: Abschreckung und Frieden.

15) Vgl. vor allem Dencik: Revolutionäre Friedensforschung; und Schmid: Politics and Peace Research.

16) Dazu Czempiel: Schwerpunkte und Ziele, 48-5o.

17) Krippendorff: Strategie, 458.

18) Krippendorff: Internationale Beziehungen; und ders.: Das Internationale System.

19) "Both view the empire ... as an essential part of what America is all about. Both share a belief in American exceptionalism - that this country is either the salvation of the world or its destroyer."Steel: Power and Old Glory, 3o.

2o) Dazu Bracher: Primat der Außenpolitik; und Czempiel: Primat der Auswärtigen Politik.

21) Beloff: Foreign Policy; Waltz: Foreign Policy and Democratic Politics.

22) Kaiser: Transnationale Politik. Zum Problem der Analyseebenen immer noch grundlegend Singer: Level-of-Analysis Problem.

23) Rosenau: Pre-theories and Theories; Hanrieder: Compatibility and Consensus; dazu die Erwiderung von Rosenau: Compatibility, Consensus, and an Emerging Political Science of Adaptation. Ferner Rosenau: Domestic Sources; und ders.: Linkage Politics. Den bisher einzigen Versuch der empirischen Umsetzung des Konzepts hat Hanrieder unternommen: West German Foreign Policy. - Für den gegenwärtigen Stand der Diskussion s. Wilkenfeld: Conflict Behavior and Linkage Politics.

24) Für einen weiteren Ansatz, den der transnationalen Politik, paradigmatisch Nye/Keohane: Transnationale Beziehungen.

160

25) Beispiele bei Kaiser: Transnationale Politik.

26) Dies die Position von Luhmann:Funktion und Folgen, 24.

27) Rosenau: Adaptation.

28) Ebd., 3-16.

29) Die bürgerliche Wissenschaft der Internationalen Beziehungen, die die Selbstdefinition von Gesellschaften bei der
Kennzeichnung ihrer Politik mit berücksichtigt, produziert
aus dieser Sicht "...Wissen für die Herrschenden und Ideolo-
gien, um deren Herrschaft zu sichern"; so Hein/Simonis: Theoretische und methodische Probleme einer kritischen Theorie
internationaler Politik, 92. Den gleichen Vorwurf der Produktion von Herrschaftswissen erhebt Gantzel: Zwischenbilanz,
294.

3o) Zu Comte s.Aron: Hauptströmungen des soziologischen Denkens, Bd. I, 84 f.; zum Problemkreis Handelsgeist und fried-
liebender Kapitalismus ferner Schumpeter: Zur Soziologie des
Imperialismus.

31) Für Lenin s. vor allem: Imperialismus.

32) Vgl. die Arbeiten von Hilferding, Hobson, Lenin, Luxemburg.
Einen Überblick gibt Wehler: Imperialismus; s. auch Preiser:
Die Imperialismusdebatte. Eine empirische Kritik versuchen
Boulding/Mukerjee: Unprofitable Empire.

33) Paradigmatisch Magdoff: Age of Imperialism; Jalée:
Imperialismus.

34) Das gilt vor allem für die neueren Arbeiten Krippendorffs
(Anm.18). Der Artikel von Hein/Simonis (Anm. 29) ist theoretisch anspruchsvoller und differenzierter und hebt sich auch
insofern von K. ab, als er das Verhältnis von Wissenschaft
und Politik nicht kurzschließt.

35) Hoffmann: State of War; und ders.: International Relations.

36) Vgl. die Arbeiten von Beloff und Waltz (Anm. 21).

37) Treviranus: Außenpolitik im demokratischen Rechtsstaat;
Czempiel: Probleme demokratischer Außenpolitik; Kaiser: Das
Internationale System der Gegenwart als Faktor der Beeinträchtigung demokratischer Außenpolitik; vgl. ferner die Zusammenfassung des Forschungsstandes bei Knapp: Stimme Amerikas,
125-128.

38) Die Ausnahme bildet die Arbeit von Kaiser (Anm. 37).

39) So explizit Treviranus, 123, und Kaiser, 357 (Anm. 1).

4o) Umfassende Literaturübersicht zur amerikanischen Rüstungs-
und Militärpolitik bei Russett/Stephan: Military Force,196-371.

41) Bolton: Defense Purchases and Regional Growth; Benoit/
Boulding: Disarmament; Javits/Hitch/Burns: Defense Sector;
Melman: War Economy.

42) Zur Militarismusproblematik immer noch grundlegend Vagts:
Militarism; vgl. ferner Donovan: Militarism, USA.

43) Thomas Jefferson in seiner ersten Inaugural-Adresse (18o1),
zitiert bei Krakau: Missionsbewußtsein und Völkerrechtsdoktrin,
1o5.

44) Historical Statistics of the United States, Y 357 f.,
36o; Statistical Abstract 1972, 248, 257 f.

45) Vgl. dazu: Global Defense. U.S.Military Commitments Abroad;
Senate Committee on Foreign Relations, 91, U.S. Security
Agreements; für den NATO-Bereich s. House Committee on Armed
Services, 92, Hearings: NATO Commitment. Paul: American Mili-
tary Commitments, stützt sich fast ausschließlich auf die
erstgenannten Hearings.

46) Statistical Abstract 1972 (Anm. 44).

47) Janowitz: Professional Soldier, 79 ff.; Proxmire: Report
from Wasteland, 141 ff.; für die 5oer Jahre Warner: American
Federal Executive; neuerdings Moskos: New Estrangement.

48) In der BRD vor allem im Anschluß an Senghaas: Abschrek-
kung und Frieden.

49) Senghaas in ders./Rittberger/Luber: MBFR, 33.

5o) Die beste und zuverlässigste Überblicksdarstellung der
amerikanischen Rüstungsexport-Politik geben Stanley/Pearton:
International Trade in Arms; s. ferner als gute journalistische
Arbeit Thayer: War Business. Frank: Arms Trade in International
Relations, steht der Position der amerikanischen Regierung
nahe. Von deutscher Seite die grundlegende Arbeit von Albrecht:
Handel mit Waffen.

51) PL 87-195 (S.1983), 75 Stat. 424. Die Auslandshilfe-
Gesetzgebung und die wichtigsten Ausführungsbestimmungen in
Senate Committee on Foreign Relations, House Committee on
Foreign Affairs, 92/1, Legislation on Foreign Relations.

52) Für die Definition militärischer Güter s. Department of
State: International Traffic in Arms.

53) Vgl. die Definition McNamara's in: Senate Committee on
Foreign Relations, 87/2, Hearings, 74 f.

54) PL 9o-629 (H.R. 15681), 82 Stat. 132o, abgedruckt in: Legislation on Foreign Relations (Anm. 51).

55) Zur Sprachregelung in der Rüstungsexport-Politik ausführlich Lt.Gen. Warren in: House Committee on Foreign Affairs, 91/2, Hearings, 46 f.

56) Albrecht: Handel mit Waffen, ist ihnen z.T. erlegen. Ihm zufolge werden Rüstungsverkäufe von Regierung zu Regierung, da sie Maßnahmen der Militärhilfe sind, auch bei Barzahlung als "military credit sale" bezeichnet (S.94). Dies stimmt nicht: Unter "Foreign Military Credit Sales" versteht man nur denjenigen Teil der "Foreign Military Sales", der durch Kredite finanziert wird.

57) Dazu die Aussage des Rüstungshändlers Cummings in: Senate Committee on Foreign Relations, 9o/1, Arms Sales to Near East and South Asian Countries, 25-47.

58) Zur militärischen Auslandshilfe der USA allgemein Hovey: Military Assistance; Montgomery: Foreign Aid.

59) Statistical Abstract 1968, 797.

6o) Zur militärischen Auslandshilfe der 6oer Jahre ausführlich Joint Economic Committee, 92/1, Economic Issues in Military Assistance, 5o-55, 2o4.

61) Knappe Zusammenfassung der Entwicklung bei Stanley/Pearton: International Trade in Arms, 85-9o.

62) Dazu Gilbert: Implications of the Nixon Doctrine.

63) Die Angaben für FY 1972 ff. sind aufgerundete Werte, nach CQ Weekly Report, Vol. XXXIII, No. 13, 656 f. - Eine Aufgliederung, wie sie in "Economic Issues in Military Assistance" (s. die Quellenangabe zu Tab. 1) vorgenommen wird, existiert für die Jahre 1972 ff. aus zuverlässiger Quelle bislang nicht. In: House Committee on Foreign Affairs, 93/2, Committee Print, The International Transfer of Conventional Arms, wurden die Daten aus "Economic Issues.." völlig unverändert übernommen. Die Daten in: Arms Control and Disarmament Agency, World Military Expenditures and Arms Trade, 1963-1973, reichen zwar bis FY 1973, jedoch wurden Grant Military Assistance und FMS zu einer Kategorie zusammengefaßt, so daß die Angaben für unsere Zwecke nicht brauchbar sind, vgl. ebda, Tab. III, 67 ff.

64) Nixon: Structure of Peace, Part III, bes. 82 - 89, 111 -132, 168 - 17o. Zur Funktion von Militärhilfe und FMS in der Doktrin s. Laird in: Senate Committee on Foreign Relations, 92/1, Foreign Assistance Legislation, 333 ff.

65) Vgl. Czempiel: Das amerikanische Sicherheitssystem, 8 f.; ferner die einleitenden Bemerkungen von Haftendorn: Militärhilfe im außenpolitischen Instrumentarium, 374 f.

66) Der politische Funktionsbereich schließt sowohl das Herr-
schaftssystem als auch das sozio-kulturelle System ein. Habermas: Legitimationsprobleme, 15 ff, hat bei seiner Klassifizierung (ökonomisches, politisch-administratives, sozio-kul-
turelles System) nur die interne Reproduktion einer herrschafts-
mäßig organisierten Gesellschaft im Auge, nicht jedoch deren
Auseinandersetzung mit ihrer Umwelt.

67) Zum Zahlungsbilanz-Problem s. im einzelnen die Belege in
Abschnitt 2.21 und 2.22

68) Zu "burden-sharing" und Zahlungsbilanz-Ausgleich immer
noch grundlegend Mendershausen: Troop Stationing in Germany.

69) Zur Truppenstationierung Mendershausen (Anm. 68); und
House Committee on Armed Services, 92, Hearings, NATO Commitment, 12513.

7o) u.a. Thiel: Truppenstationierung und Devisenausgleich.

71) Der hier verwandte Entscheidungssystem-Ansatz ist mit dem
Decision-Making-Ansatz nicht identisch; zu letzterem s. Snyder/
Bruck/Sapin: Decision-Making as an Approach; und Robinson/
Snyder: Decision-Making.

72) Der Elitebegriff wird hier vermieden, um Assoziationen mit
dem Machtelite-Theorem auszuschalten und um nicht in die Diskussion über die verschiedenen Elite-Begriffe und vor allem die
mit ihnen verbundenen Macht-Konzepte zu geraten. Zu dieser
Problematik ausführlich Bachrach: Theorie demokratischer Elitenherrschaft; Bachrach/Baratz: Power and Poverty.

73) Dies im Anschluß an Hofmann: Wissenschaft und Ideologie,55;
und ders.: Gesellschaftslehre, 26 ff.

74) Im Gegensatz zu Jahn: Interessen, 359,wird hier durchaus
die Position bezogen, daß Interessen in Worten oder Handlungen
empirisch nachweisbar sein müssen, um wissenschaftlich erfaßt
werden zu können. Die Aussage, Interessen könnten "unabhängig
von den Zieldeklarationen, den Wertvorstellungen und den unter-
bewußten Wünschen der Menschen" existieren (36o), impliziert
einen radikal anderen Wissenschaftsbegriff. Bei Senghaas,
Editorisches Vorwort zu ders.: Kritische Friedensforschung,12-
17, bedeutet das Attribut "objektiv" lediglich die Notwendigkeit einer Rückführung individueller Interessenmanifestation
auf längerfristige, vor allem gruppenspezifische Strukturen.
Zum sozialwissenschaftlichen Interesse-Begriff die gründliche
Studie von Neuendorff: Begriff des Interesses, 1o-31.

75) Bevorzugtes Erklärungsmuster ist das MIC-Theorem, vgl.
dazu Medick: Konzept des Military-Industrial Complex; zum Einfluß rüstungswirtschaftlicher Interessen im Entscheidungsprozeß Russett: What Price Vigilance, Kap. 1-3.

76) Grundlegend dazu Schlesinger : Congress and the Making of
American Foreign Policy.

77) Ausführlich Krippendorff: Strategie, 451-484.

78) Offe: Klassenherrschaft, definiert Macht als Ausschluß gesellschaftlicher Alternativen; er nimmt damit die "non decisions"-Diskussion bei Barach/Bachratz (Anm. 72) auf.

79) Dazu Krell: Kritik der amerikanischen Rüstung.

8o) Paradigmatisch Magdoff: Age of Imperialism; DuBoff: Pentagonism or Imperialism.

81) Zum deutsch-amerikanischen Verhältnis in der Nachkriegszeit s. Czempiel: Die Bundesrepublik und Amerika.

82) s.o. Anm. 27.

83) Zur Datenbasis für 1972 ff. s.o. Anm. 63.

Kap. 2: Rüstungsexporte in der Zielstruktur

1) Committee on the Economic Impact of Defense and Disarmament, 6.

2) Dazu u. Abschnitt 2.13; vgl. ferner Albrecht: Handel mit Waffen, 181.

3) The Budget of the United States Government, jährlich. Die wichtigsten offiziellen Haushaltsrechnungen sind die des Office of Management and Budget (früher Bureau of the Budget), des Department of Commerce und des General Accounting Office.

4) Haushaltsausgaben im Verteidigungsbereich, FY 1961 - 1973 (in Millionen Dollar):

	1961	1962	1963	1964	1965	1966	1967
Engerer Verteidigungshaushalt	46.855	51.o71	53.477	56.683	56.128	62.515	75.144
Mil. Auslandshilfe	2.79o	2.521	1.975	1.225	1.699	2.1o8	1.95o
Summe	49.645	53.592	55.452	57.9o8	57.827	64.623	77.o94

	1968	1969	197o	1971	1972	1973
Engerer Verteidigungshaushalt	84.699	84.829	83.431	8o.2o2	81.o6o	79.647
Mil. Auslandshilfe	1.533	1.193	1.262	1.751	1.436	1.321
Summe	86.232	86.o22	84.693	81.953	82.496	8o.968

Quellen: Engerer Verteidigungshaushalt nach: The Budget of the U.S. Government, FY 1973, 546 ff.; FY 1974, 345 ff. Militärische Auslandshilfe wie Tab. 3. Für 1968 ff. ergibt sich die Differenz gegenüber Tab. 3 durch Deduktion des Postens NATO-Infrastruktur, der seitdem im engeren Verteidigungshaushalt (National Defense, Military) geführt wird.

5) Berechnung nach Tab. 1 und der Zusammenstellung der Haushaltsausgaben im Verteidigungsbereich in Anm. 4. 1974 betrug die Ratio allerdings 1o %. Im Vergleich zu den 6oer Jahren hat der militärische Export also in Relation zum Verteidigungshaushalt an Bedeutung gewonnen.

6) z.B. Statistical Abstract 1971, 24o (No. 378).

7) Als Angaben für 1972/73 standen lediglich die offiziellen Haushaltsdaten (s. Quellenangabe) zur Verfügung, die erheblich unter dem realen Umfang der militärischen Auslandshilfe liegen.

8) Military Assistance Program, Grant Aid. Gemäß Foreign
Assistance Act of 1961, as Amended. Unter der Jurisdiktion des
Senate Committee on Foreign Relations und des House Committee
on Foreign Affairs; verwaltet von DOD.

9) Military Assistance Service Funded. Bestandteil des regulären Verteidigungsbudgets. Zu Beginn der 6oer Jahre minimal.
Seit FY 1966 wurde die Militärhilfe für Vietnam, später auch
für Thailand und Laos, aus MAP herausgenommen und der MASF-
Kategorie zugeschlagen.

1o) International Military Headquarters and Agencies, NATO
Infrastructure, Military Missions. Bis 1964 keine Angaben
verfügbar. Jurisdiktion und Verwaltung wie Anm. 8. Jedoch
wurde der NATO-Infrastruktur-Beitrag mit Ende FY 1967 in den
Posten "Military Construction" des regulären Verteidigungsbudgets übernommen (PL 9o-18o).

11) Turnover of Real and Personal Property to Other Nations.
Im Haushalt nicht ausgewiesen. Bis 1964 keine Angaben verfügbar. Die angegebenen Werte sind Anschaffungskosten.

12) Verwaltet von AID. Es handelt sich um 3 Posten: 1. Supporting Assistance (militärischen Zwecken dienende Wirtschaftshilfe vor allem in Südostasien, ausgewiesen im Economic Aid-
Haushalt); 2. Public Safety Programs (ausgewiesen in den Rubri-
ken Technical Cooperation, Development Grants, Development
Loans des Foreign Economic Aid-Haushalts); 3. diejenigen Gelder aus dem Erlös des Food for Peace Program (PL 48o) in lo-
kaler Währung der Empfängerländer, die deren Regierungen für
militärische Zwecke zur Verfügung gestellt werden (Foreign
Economic Aid-Haushalt).

13) Department of Commerce: Defense Indicators, monatlich.
Zu den "Military Prime Contracts" s. dort jeweils Abschnitt 2.
Definition der Kategorie in der jeweiligen Einleitung.

14) Dazu The Budget of the U.S. Government, Posten o51 (Department of Defense, Military).

15) Vgl. Department of Defense: The Changing Patterns of
Defense Procurement (1962), abgedruckt bei Bolton: Defense and
Disarmament, 19.

16) Vgl. z.B. DOD: Military Assistance and Foreign Military
Sales Facts, April 1972, 15; Department of Commerce: Defense
Indicators; Committee on the Economic Impact of Defense and
Disarmament, 6.

17) "Vehicles and Weapons", "Ammunition", "Communication
Equipment", s. DOD: Military Assistance and Foreign Military
Sales Facts, 1972, 15.

18) "Weapons and Ammunition", "Electronic and Communication
Equipment", "Combat Vehicles", s. Defense Indicators (Anm.16).

19) "Electronics", "Tank-Automotive, Weapons, Ammunition",
s. Bolton: Defense and Disarmament, 19.

2o) Der Anteil der militärischen Verkäufe am Gesamtumsatz
betrug im einzelnen:

1961	–	8o,6 %	1967 – 73,6 %	
1962	–	81,8 %	1968 – 7o,8 %	
1963	–	83,5 %	1969 – 73,o %	
1964	–	81,8 %	197o – 7o,8 %	
1965	–	76,9 %	1971 – 7o,5 %.	
1966	–	74,4 %		

Angaben für Kalenderjahre, nach: Aviation Week and Space Technology: Aerospace Facts and Figures 1972/73, 11.

21) Vgl. o. Anm. 16.

22) Berechnet nach DOD: Military Assistance and Foreign Military
Sales Facts, April 1972, 15.

23) Berechnet nach Aerospace Facts and Figures, wie Anm. 2o.
Die Abhängigkeit von Foreign Military Sales ist sogar noch ge-
ringer, da diese Quelle unter "militärische Exporte" Grant
Military Assistance und FMS zusammenfaßt.

24) Zu Frankreich und Großbritannien s. Albrecht: Handel mit
Waffen, 36; Stanley/Pearton: International Trade in Arms, 65 ff.

25) Angaben für die 6oer Jahre finden sich in: Stanley/Pearton:
International Trade in Arms, 71 (Daten des DOD); MER 1966,
October 6, 318 (CR-Daten). Im einzelnen ergibt sich folgendes
Bild:

Stark exportabhängige Rüstungsproduzenten, FY 1963 – 1966

	Anteil mil. Exporte an den Rüstungs- aufträgen	Rüstungs- abhängig- keit [+]	Rang unter den "Top 1oo"	
General Dynamics	25,5 %	67 %	4	
Lockheed	15,4 %	88 %	1	
McDonnell	16,5 %	75 %	6	
Northrop	38,6 %	61 %	25	
Martin Marietta	13,3 %	62 %	18	
Raytheon	19,2 %	55 %	16	
Sperry Rand	9,6 %	35 %	15	
Ling-Temco-Vaught	6,4 %	7o %	22	
Boeing	1,3 %	54 %	5	
Grumman Aircraft	1,6 %	67 %	21	[+] Rüstungs- aufträge/
FMC Corp.	26,6 %	21 %	37	Gesamtumsatz

| Chrysler | 26,3 % | 4 % | 39 |
| General Motors | 3,9 % | 2 % | 11 |

Militärische Exporte nach MER (s.o.); Rüstungsaufträge nach
Lapp: Weapons Culture, 186 f.; DOD veröffentlicht jährlich die
Liste der 1oo führenden Rüstungskonzerne, s. "Top 1oo Com-
panies ... Listed According to Net Value of Military Prime
Contract Awards Fiscal Year ...", u.a. regelmäßig in DIB abge-
druckt. Hier benutzt die Angaben für FY 1966.

26) Die Gruppe der führenden Exporteure ist bis 1973 im wesent-
lichen konstant geblieben, s. die Angaben in Business Week,
Sept. 8, 1973, 32. Aufgeführt werden (in dieser Reihenfolge):
Textron; Northrop; Raytheon; General Electric; Lockheed;
FMC; McDonnell; United Aircraft; Litton Industries; Hughes
Aircraft.

27) Berechnet nach den in Anm. 25 angegebenen Quellen.

28) s. Military-Industrial Linkages.

29) s.o. Anm. 25.

3o) Vgl. u.a. Raskin: Kennedy Hawks, 69. Auf diese Angaben
stützt sich Senghaas: Rüstung und Militarismus, 115 f.

31) Für die Jahre 1971 ff. lassen die Veränderungen im relativen Gewicht des militärischen Exportmarktes gegenüber dem
Binnenmarkt vermuten, daß die Kompensationshypothese eher zu-
treffen könnte. Sie zu überprüfen hätte jedoch neue Quellen-
studien erfordert, war daher im Rahmen der Überarbeitung dieser
Studie nicht leistbar.

32) Sie werden diskutiert bei Albrecht: Handel mit Waffen, 52-
56; Stanley/Pearton: International Trade in Arms, 147-151;
Thayer: War Business, 252 ff.

33) Albrecht (Anm. 32), 31-41; Stanley/Pearton (Anm. 32),
137-141.

34) Stanley/Pearton, 148 ff. Trendanalyse bei Simpson/Gregory:
West European Collaboration in Weapons Procurement.

35) Für die Starfighter-Koproduktion die Tab. bei Johannson:
Starfighter, 53.

36) Vgl. z.B. Coble: How is the West German-American Main
Battle Tank Development Program Coming Along? In: AFM 11
(Jan. 1965), 42-46; MacDonald: Why U.S.-German Main Battle
Tank is an Excellent Example of Cooperation. In: AFM 13
(Jan. 1967), 53 f.; ferner: DIB 2 (Jan. 1966), 6; 2 (June 1966),
22; 2 (Oct. 1966), 2o; und MER, October 6, 1966, 316.

37) Beispiele sind die italienisch-amerikanische Koproduktion
des M 6o-Panzers; s. dazu DIB 1 (April 1965), 16; ferner
das amerikanisch-britische Projekt einer elektronischen

Steuerungsanlage für Satelliten, s. DIB 2 (March 1966),3; sowie weitere Projekte vor allem auf dem Gebiet der Subsysteme
und der Teile komplexer Waffensysteme (elektronische Einrichtungen, Motoren etc.), Beispiele in DIB 1 (Nov. 1965), back
cover; DIB 3 (March 1967), 28 f.

38) Aufstellung bei Albrecht: Handel mit Waffen, 52-55.

39) Dazu Stanley/Pearton: International Trade in Arms, 5o;
Albrecht:Handel mit Waffen, 53 f. Zum Problem der Lizenzgebühren s. DIB 1 (June 1965), 2, 24.

4o) Zur Kooperation auf dem R&D-Sektor s. Leavitt: International Cooperation in Military Research and Development. In:
Air Force/Space Digest International 2 (May 1966), 2o-25.

41) Vgl. die Aufstellung bei Stanley/Pearton: International
Trade in Arms, 156. Zur Beteiligung der Northrop Corporation
an Unternehmen der französischen Luftfahrtindustrie s. MER,
September 8, 1966, 288.

42) Dazu Simpson/Gregory: West European Collaboration;
Stanley/Pearton: International Trade in Arms, 149; ferner MER,
September 8, 1966, 285 f.

43) So z.B. McNamara in: Senate Committee on Appropriations,
87/1, Hearings, 152; Rusk in: House Committee on Foreign
Affairs, 87/1, Hearings, 33.

44) Ausführliche Wiedergabe der Äußerungen McNamaras vom Mai
1965 bei MacDonald: Common Defense Market: Business in Multi-
Billions is Established. In: AFM 12 (Jan. 1966), 37-4o.

45) So Thayer: War Business, 24o ff., 265 f.; auch Stanley/
Pearton: International Trade in Arms, 75. Programmatisch Kuss:
A NATO Common Defense Market. In: DIB 1 (Nov. 1965), 5-25;
Donne: Does U.S. Really Want a Common Defense Market? In: AFM
12 (Jan. 1966), 41,46; Witze: The Case for a Common Defense
Market.In: Air Force/Space Digest International 2 (Jan. 1966),
4-9.

46) Albrecht:Handel mit Waffen, 22 ff.; Stanley/Pearton: International Trade in Arms, 122-16o.

47) Committee on the Economic Impact of Defense and Disarmament,
77; Weidenbaum: Problems of Adjustment, 75.

48) Albrecht: Handel mit Waffen, 3o ff.; Stanley/Pearton:
International Trade in Arms, 143 ff.; Simpson/Gregory: West
European Collaboration, 445.

49) Albrecht (Handel mit Waffen, 169, Tab. 15) gibt als Wert
der militärischen Binnennachfrage im Luftfahrtsektor der USA
für 1964 52,8 Mrd. Dollar an. Dem liegt ein Irrtum zugrunde:
52,26 Mrd. Dollar betrug für FY 1963 der Verteidigungshaushalt
der USA insgesamt (Posten o5o: National Defense, s. The Budget

of the United States Government, FY 197o, Summary Table 17, 527); 1964 betrug der gleiche Haushaltstitel 53,6o Mrd. Dollar (ebda). Der "Procurement"-Titel (ausgewiesen in o51:Department of Defense, Military) betrug für FY 1964 15,351 Mrd. Dollar, und dieser Betrag liegt mit Sicherheit über dem Wert der Aufträge der Luft- und Raumfahrtindustrie.

5o) Stanley/Pearton: International Trade in Arms, 145 f., 21o ff.; Thayer: War Business, 269-277.

51) Stanley/Pearton: International Trade in Arms, 145 f.

52) Angaben nach Daten des Department of Commerce in: CR, Vol. 1o8, 13.1o.1962, 22215.

53) Vgl. Cooper: Economics of Interdependence, 271; ferner Mendershausen: Troop Stationing in Germany, 66 ff.

54) Von 1957 bis 1963 verminderten sich die amerikanischen Goldreserven von 22,9 Mrd. Dollar auf 15,7 Mrd. Dollar, d.h. um 7,2 Mrd. Dollar; vgl. die Daten der Departments of Commerce und Treasury in CR, Vol. 1o8, 13.1o.1962, 22215; ferner Angell: United States International Payments Deficit, 2.

55) Kaiser: Neue Abhängigkeit, 817; ferner Willmann:Wirtschaftspolitische Konzeption.

56) Diese oder eine ähnliche Typologie liegt nahezu allen Arbeiten zur amerikanischen Zahlungsbilanz-Position zugrunde. Ein verläßlicher Maßstab in Form einer einheitlichen Typologie in den offiziellen amerikanischen Quellen fehlt jedoch, vgl. z.B. die Daten des Department of Commerce (Anm. 52) mit Statistical Abstract 1971, No. 1223, 753.

57) Calleo/Rowland: America and the World Political Economy,96.

58) Vgl. u.a. Grosse:Amerikanische Direktinvestitionen; Layton: Trans-Atlantic Investments, 124; Pfaltzgraff:Future of Atlantic Economic Relationships, 425; Standke: Amerikanische Investitionspolitik in der EWG, 13 ff.

59) Dies die Auffassung von Aubrey: Dollar in World Affairs, 51; Layton: Trans-Atlantic Investments, 124; Mikesell: U.S. Private and Government Investment Abroad, 162.

6o) So Pfaltzgraff: Future, 424; Polk/Meister/Veit: U.S. Production Abroad, 8 ff.

61) Calleo/Rowland: America and the World Political Economy, 96-98, zu den langfristigen Auslandsinvestitionen Tab. 7-1, 167 f.; ferner Taber: Kennedy and a Uniting Europe, 69; Hellmann: Auslandsinvestitionen, 676-684.

62) Layton: Trans-Atlantic Investments, 134.

63) Grosse (Anm. 58), 29; Layton (Anm. 59), 124; Seitz: Die
EWG-Länder und der Dollar, 645; Willmann: Wirtschaftspolitische
Konzeption, 194, 196.

64) Willmann (Anm. 63), 194 ff.

65) Nach einer Aufstellung des House Committee on Armed Services, 92, Hearings, NATO Commitment, 12868 f., ergaben sich
für den privaten und den Regierungssektor in der amerikanischen
Zahlungsbilanz folgende Ergebnisse (Angaben für Kalenderjahre,
in Millionen Dollar)

	1961	1962	1963	1964	1965	1966	1967
Privater Sektor	3.348	2.o92	1.6o2	2.9o9	1.3o7	2.187	1.4oo
Regierungs-sektor	-4.o23	-3.753	-3.191	-3.oo7	-3.345	-4.23o	-4.6oo

	1968	1969	197o	1971 (Projektion)
Privat	3.o62	1.53o	1.91o	-4.o64
Regie-rung	-4.8o5	-4.379	-5.27o	-5.246

66) Dazu ausführlich Mendershausen, Troop Stationing, 6o ff.

67) Für eine Aufstellung der Zahlungsbilanz-Konsequenzen der
amerikanischen Verteidigungsausgaben zu Beginn der 6oer Jahre
s. Joint Economic Committee, 88/1, Balance of Payments, 1oo.

68) Vgl. u.a. Senate Committee on Foreign Relations, 87/2,
Report, 5 f.; Dass., 88/1, Hearings, 27; Senate Committee on
Appropriations, 88/1, Hearings, 395; ferner Montgomery:
Foreign Aid, 21; O'Leary: American Foreign Aid, 85.

69) Für 196o-1968 s. die Zusammenstellung in: Survey of
Current Business 1969, 12, 44.

7o) House Committee on Armed Services, 92, Hearings, NATO
Commitment, 12513; für die 6oer Jahre Mendershausen: Troop
Stationing; und Horn: Europapräsenz, 55.

71) Detaillierte Aufstellung der amerikanischen militärischen
Präsenz im Ausland in: Global Defense, U.S. Military Commit-
ments Abroad, 38. Daten bis 1973 in: Senate Committee on
Foreign Relations, 93/1, Report, U.S. Security Issues, 3.

72) Zu den einzelnen Faktoren des Defizits auch Calleo/Rowland:
America and the World Political Economy, 95 - 1oo.

73) Vgl. z.B. Feis: From Trust to Terror; Lafeber: America,
Russia, and the Cold War.

74) Vgl. auch Calleo/Rowland (Anm. 72), 99: "America's basic payments deficit, at least until 1971, has been essentially political rather than commercial".

75) Für eine kritische Bestandsaufnahme s. Senate Committee on Foreign Relations, 91, Hearings, U.S.Security Agreements.

76) Aus revisionistischer Sicht Kolko: Roots; ders. und Joyce Kolko: Limits. - In seiner kritischen Sicht, auch gegenüber den Revisionisten, und Ausgewogenheit des Urteils bestechend Gaddis: The United States and the Origins of the Cold War. Vgl. ferner Link: Amerikanische Außenpolitik aus revisionistischer Sicht; und Steel: Did Anyone Start the Cold War?; ferner ders.: The Power and Old Glory.

77) Zur Entstehungsphase Czempiel: Das amerikanische Sicherheitssystem, 48 ff.; Calleo/Rowland: America and the World Political Economy, 87; zusammenfassend zu den Veränderungen des Weltwährungssystems infolge der Washingtoner Währungsbeschlüsse 1971 Bernholz: Währungskrisen, 79-92.

78) Aubrey: Dollar in World Affairs, 9 f., 4o f.; Kaiser: Neue Abhängigkeit, 816 f.; Willmann: Wirtschaftspolitische Konzeption, 139.

79) Dies gilt trotz der bemerkenswert großen Zahl von Einsätzen amerikanischer Streitkräfte im Ausland, s. Krippendorff: Strategie, 43 - 59. Liste der "Military Hostilities Without a Declaration of War'1798 - 1972", in: House Committee on Foreign Affairs,
93/1, Hearings, War Powers, 328 - 376.- Für eine Interpretation der Militarisierung als Abweichung vom Strukturmuster s. Link: Amerikanische Außenpolitik aus revisionistischer Sicht, 218.

8o) Ein Blick auf die Beurteilung der Kennedy-Administration von 1963 bis heute enthüllt eine Reihe faszinierender Tatbestände. Erschien der "jugendliche Präsident" (Krippendorff: Kennedy-Vision und Wirklichkeit, 3) unmittelbar nach seiner Ermordung als ein Neuerer, dem man mit Sicherheit das Attribut eines "starken" und mit großer Wahrscheinlichkeit auch das eines "großen" Präsidenten glaubte zusprechen zu sollen (ebda., 6), so war Kennedy Ende der 6oer Jahre zum Kalten Krieger geworden, der hinter neuer Rhetorik die alten imperialen Ziele der Vereinigten Staaten verbarg (s.u.a. Senghaas: Rüstung und Militarismus, 95), ja der die Weltherrschaftsbestrebungen erst recht eigentlich in praktische Politik umzusetzen vermochte. Auf sein Konto wird der beispiellose qualitative Ausbau der amerikanischen Militärmacht (Senghaas: Rüstung..., 115 ff.) ebenso verbucht wie die Militarisierung des öffentlichen Lebens und der politischen Entscheidungsebenen (Krippendorff: Strategie, 133 ff., auch 439 ff.). Kurz: Kennedy und die Politik, für die er steht, gelten heute vielen, die sie zu ihrer Zeit als Wendepunkt zu etwas Neuem, Besseren begrüßten, als Wurzel allen Übels.
Dieser Wandel des Urteils ist als Ausschlag des Pendels einer ebenso unkritischen Kennedy-Euphorie nach der anderen Seite

psychologisch zwar verständlich, politologisch jedoch nicht
gerechtfertigt. Der gravierendste Einwand gegen diese Sichtweise ist methodischer Art: Wir haben es hier mit einer ex
post-Bewertung zu tun, die ihrem Gegenstand nicht gerecht
werden kann, weil sie unberücksichtigt läßt, was zu Anfang
der 6oer Jahre überhaupt denkmöglich war und an Konzepten für
die amerikanische Innen- und Außenpolitik zur Verfügung stand.
Daß 1963 oder 1964 die Weltführungsrolle der USA noch zu den
undiskutierten Selbstverständlichkeiten gehörte, beweist zunächst ein Blick auf ihre späteren Kritiker innerhalb der
politischen Eliten (die unter Johnson zu Kritikern gewordenen
"whiz kids" der Kennedy-Administration); darüber hinaus läßt
sich an diesem Punkt Krippendorff mit Krippendorff widerlegen.
Er selbst hat 1964 die Weltführungsrolle der USA noch fraglos
akzeptiert, s. Kennedy - Vision und Wirklichkeit, 7. Für eine
ausgewogene Beurteilung Kennedys auf dem Gebiet der Deutsch-
land- und Europa-Politik s. Knapp: Ein "Berliner" namens
John F. Kennedy.

81) House Committee on Foreign Affairs, 87/1, Committee Print,
Gold, 35; Senate Committee on Foreign Relations, 87/2, Report,
34; Senate Committee on Appropriations, 88/1, Hearings, 37.

82) Dazu die Hearings des Subcommittee on Economy in Government - seit 1971 Subcommittee on Priorities and Economy in
Government - des Joint Economic Committee, unter dem Vorsitz
von Sen. Proxmire (D., Wis.); vgl. auch Krell: Kritik der amerikanischen Rüstung. Für den Beitrag des Senate Committee on
Foreign Relations und seines langjährigen Vorsitzenden Fulbright (D., Ark.) s. Ders.: Reflections; und: Crippled Giant.

83) Die Abkehr der amerikanischen Außenpolitik vom Modell der
kollektiven Sicherheit und die Hinwendung zum Aufbau eines
durch Militärallianzen abgesicherten amerikanischen Sicherheitssystems untersucht Czempiel: Das amerikanische Sicherheitssystem, s. bes. 348 ff., 4o9 ff. Zum Verhältnis des ökonomischen
und des militärischen Instruments auch Ders.: Die Bundesrepublik und Amerika, 563 ff. - Generell ergibt sich die größere
Unabhängigkeit des ökonomischen Instruments daraus, daß die
langfristige Ziel-Mittel-Struktur der amerikanischen Außenpolitik den Primat des ökonomischen aufweist. Vgl. dazu
Schröder: Ökonomische Aspekte der amerikanischen Außenpolitik.

84) Die Meinungen darüber, wie bei der Entstehung des Marshallplans die Gewichte zwischen den ökonomischen Interessen der
USA an der Restaurierung Westeuropas als Absatzmarkt und Handelspartner einerseits und dem Interesse an der Abwehr kommunistischen Einflusses andererseits verteilt gewesen sind, gehen auseinander; ein gerütteltes Maß an ökonomischem Eigen-
interesse wird jedoch immer unterstellt. Für die These der
überragenden Bedeutung ökonomischer Interessen s. Kuklick:
American Policy and the Division of Germany, bes. Kap. 4.

85) Als erstes Beispiel dafür kann die merkbare Zurückhaltung
der USA bei den Verhandlungen zur Gründung der EFTA 1958 gelten,

als ihre eigenen sich abzeichnenden Zahlungsbilanz-Schwierigkeiten es ihnen geraten erscheinen ließen, entgegen ihrer
früheren Unterstützung aller europäischen Einigungsbestrebungen
die Bildung der Freihandelszone zumindest nicht aktiv zu unterstützen ("Hands-off policy"), vgl. Taber: Kennedy and a
Uniting Europe, 32.

86) Emerson: From Empire to Nation.

87) August 1959 Errichtung der Inter-American Development Bank
und des Inter-American Fund for Social Progress, den der Kongreß
196o auf Antrag der Eisenhower-Administration mit 5oo Mio. Dollar ausstattete, vgl. Barber: Alliance for Progress.

88) Dazu u.a. Kennedys "task force on economic aid", vgl.
Schlesinger: A Thousand Days, 586-589; Kennedy: State of the
Union Address (3o.1.1961).In: Public Papers 1961, 19-28; Ders.:
Special Message to the Congress on Foreign Aid (22.3.1961). In:
Public Papers 1961, 2o3-212. Kennedy formulierte den Kern des
kapitalistischen Entwicklungsmodells wie folgt: "Its fundament-
al task is to help make a historical demonstration that ...
economic growth and political democracy can develop hand in
hand." Special Message ... on Foreign Aid, 2o3. - Für die Darstellung der Entwicklungshilfe-Konzeption im Kongreß s. Rusk
in: House Committee on Foreign Affairs, 87/1, Hearings, 29 ff.

89) Zur Organisationsstruktur s. Senate Committee on Foreign
Relations, 87/2, Hearings, 211f.

9o) Senate Committee on Foreign Relations, 87/1, Hearings, The
Peace Corps. Zur Allianz vgl. die Deklaration und die Charta
von Punta del Este (17.8.1961), in: DoSB, 11.9.1961, 462-47o.
Ferner Kennedys Botschaft an den Kongreß, in: DoSB, 3.4.1961,
474-477. Für die Ziele der an der Formulierung des Konzepts
der Allianz beteiligten Präsidentenberater und Mitglieder der
Administration s. Dreier: Alliance for Progress.

91) Dies die Position von Lechner: Sozialwissenschaftliches
Krisenmanagement, 124 ff.; Stivers: The Will to Intervene.
Differenzierter, doch mit der gleichen Tendenz Senghaas:
Rüstung und Militarismus, 111 ff., 136 f., 2o1 ff.

92) Trotz der beträchtlichen Kürzungen der von der Administration geforderten Mittel lagen die Bewilligungen für die Entwicklungshilfe erheblich höher als in der Eisenhower-Zeit.

Bewilligungen für Wirtschaftshilfe einschließlich Supporting
Assistance (in Millionen Dollar)

FY	1956	1957	1958	1959	196o	1961	1962	1963
	1.5o6	1.627	1.62o	1.916	1.866	2.631	2.315	2.573

Quellen: FY 1956-1961 nach Statistical Abstract 1967, 821;
FY 1962 f. nach Senate Committee on Foreign Relations, 92/1,
Foreign Assistance Legislation, 372.

93) Deutlich wird dies im Dualismus der neuen Entwicklungshilfe-Konzeption und der Aufstockung der "sub-conventional
warfare" und "counter-insurgency"-Programme. Zu ihrem Stellenwert in der Strategie der "flexible response" kurz Senghaas:
Rüstung und Militarismus, 111 f., in Anlehnung an die allerdings etwas simplistische Darstellung von Raskin: Kennedy Hawks,
7o. - Der Sichtweise der Administration nahestehend Kaufmann:
The McNamara Strategy, Kap. 2; kritisch Walton: Cold War and
Counter Revolution, bes. 3-1o; Wolpin: Military Aid and Counterrevolution, passim; allgemein auch Barnet: Intervention and
Revolution. Für eine ausgewogene, kritische Darstellung der
Wirtschafts- und Militärhilfe im inneramerikanischen Kontext
und ihres Bezugs zu politisch-gesellschaftlichen Ordnungsvorstellungen s. Packenham: Liberal America and the Third
World.

94) Berechnet nach CQ Almanac 1963, 255, 258; und Senate Committee on Foreign Relations, 92/1, Foreign Assistance Legislation, 372.

95) Zu den Vorlagen der Kennedy-Administration vgl. u.a.
Kennedy: State of the Union Message (3o.1.1961) und State of
the Union Message (11.1.1962). In: Public Papers 1961, 19-28,
1962, 5-15.- Verabschiedet wurden 1962 ein revidiertes "welfare"-
Gesetz, erweiterte öffentliche Baumaßnahmen und das Gesetz über
"manpower retraining"; nicht verabschiedet bzw. abgelehnt
wurden folgende Entwürfe: "medical care for the aged", "youth
employment", "aid for urban areas". 1963 wurden folgende Entwürfe nicht behandelt: "social security medical care", "youth
employment", "national service corps", "area redevelopment",
s. S. Doc. No. 53, 88/2.

96) Vgl. Text of Report on U.S. Economy Prepared for Kennedy
by Task Force ("Samuelson Report"), CR, Vol. 1o7, 1o.1.1961,
468-471, bes. Abschnitt I; ferner Heath: Kennedy and the
Business Community, 24 ff.

97) Für die Arbeitslosenrate seit 1955 s. Economic Report of
the President (Nixon), 1974, 279; zum Wirtschaftswachstum
Statistical Abstract 1973, 321.

98) Vgl. Diebold: The United States and the Industrial World,
33; Willmann: Wirtschaftspolitische Konzeption, 186.

99) Kennedy: Special Message to the Congress: Program for
Economic Recovery and Growth (2.2.1961), In: Public Papers
1961, 41-53.

1oo) "In seeking over-all equilibrium, we must place maximum
emphasis on expanding our exports". Kennedy: Special Message
to the Congress on Gold and the Balance of Payments Deficit.
In: Public Papers 1961, 57-66, hier 6o. Für die binnenwirtschaftlichen Komplementärmaßnahmen s. Kennedy: Special Message
... Program for Economic Recovery and Growth (Anm. 99). Zum
Zahlungsbilanz-Konzept umfassend Pfaltzgraff: Future, 424 ff.;
ferner Taber: Kennedy and a Uniting Europe, 6o ff.; Willmannn
Wirtschaftspolitische Konzeption, 198 ff.

1o1) Kalthoff: Sanierung.

1o2) Willmann: Wirtschaftspolitische Konzeption, 96 f.

1o3) Gibert: Implications; umfassend Osgood: Nixon Doctrine and Strategy.

1o4) Kennedy: Special Message ... on Gold...(Anm. 1oo).
Taber: Kennedy and a Uniting Europe, 62, bezeichnet es als das Ziel der Administration, "... to increase its balance of payments sufficiently to pay for both military and foreign aid expenditures abroad and yet still allow American businessmen unrestricted investment in European markets."

1o5) Kennedy: Special Message ... on Gold (Anm. 1oo), II 5, 63.
Vgl. auch Willmann: Wirtschaftspolitische Konzeption, 199.

1o6) Taber: Kennedy and a Uniting Europe, 62.

1o7) Haas: The Uniting of Europe; und Taber (Anm. 1o6); ferner Link: Die Rolle der USA im westeuropäischen Integrationsprozeß.

1o8) Für die ökonomischen Auswirkungen der Gründung von EWG und EFTA auf die USA s. Krause: European Economic Integration.

1o9) Packenham: Liberal America and the Third World, 18 ff.;
Kuklick: American Policy and the Division of Germany, 1-18.

11o) Diebold: The United States and the Industrial World, 32.

111) Willmann: Wirtschaftspolitische Konzeption, 196 ff.

112) Diebold: The United States and the Industrial World, 33;
Taber: Kennedy and a Uniting Europe, 35, 69.

113) Grosse: Amerikanische Direktinvestitionen, 24.

114) Kaiser: Neue Abhängigkeit, 817 ff.

115) Taber: Kennedy and a Uniting Europe, 139; Diebold: The United States and the Industrial World, 32.

116) Statistical Abstract 1967, 838.

117) Heath: Kennedy and the Business Community, 89-93; Taber:
Kennedy and a Uniting Europe, 72.

118) Dazu die Abschnitte "Safeguards to American Industry" und "Trade Adjustment Assistance", in: Kennedy: Special Message to the Congress on Foreign Trade Policy (25.1.1962). In:
Public Papers 1962, 68-77, hier 73-77; vgl. auch Heath: Kennedy and the Business Community, 9o.

119) Die amerikanischen Exporte in die EWG wuchsen von 1958 bis 1965 um 48 %, die der EWG-Länder in die USA dagegen nur um 32 %, s. Pfaltzgraff: Future, 416; auch Heath: Kennedy and the Business Community, 93. Krause: European Economic Integration, 74, schätzt die Entwicklung der amerikanischen Exporte in den EWG- und EFTA-Raum weniger positiv ein.

12o) Kaiser: Neue Abhängigkeit, 82o; Taber: Kennedy and a Uniting Europe, 35.

121) Angell: International Payments Deficit, 2; Aubrey: Dollar in World Affairs, 9 f.; Grosse: Amerikanische Direkt-investitionen, 29.

122) Willmann: Wirtschaftspolitische Konzeption, 196.

123) Kaiser: Neue Abhängigkeit, 822.

124) Vgl. dazu Mendershausen: Troop Stationing, 43 ff., 58; Fried: The Military and the Balance of Payments; Kennedy: Special Message on Gold (Anm. 1oo), 63. Ferner House Committee on Appropriations, 87/1, Hearings, 169; Senate Committee on Appropriations, 87/ 2, Hearings, 151 f.; Joint Economic Com-mittee, 88/1, Balance of Payments, 79; Senate Committee on Appropriations, 88/1, Hearings, 67o f.

125) Rusk in: Senate Committee on Foreign Relations, 88/1, Hearings, 27; Kennedy: Special Message to the Congress on Free World Defense and Assistance Programs (2.4.1963). In: Public Papers 1963, 294-3o3, hier 298.

126) Fried: The Military and the Balance of Payments, 83.

127) Dieses Argument dient der Administration zur Absicherung ihrer Entwicklungs- und Militärhilfe-Programme im Kongreß, s. z.B. Senate Committee on Foreign Relations, 87/1, Hearings, 712; Kennedy: Special Message to the Congress on Foreign Aid (22.3.1961). In: Public Papers 1961, 2o3-212, hier 21o; Ders.: Special Message to the Congress on Free World Defense and Assistance Programs (2.4.1963), 298; Senate Committee on Foreign Relations, 87/2, Hearings, 2o.

128) Mendershausen: Troop Stationing, 58.

129) Fried: The Military and the Balance of Payments, 83.

13o) Belege s.u. Abschnitt 3.22.1

131) s.o. Anm. 124

132) Skizze der Diskussion um wirtschaftliche und politische Auswirkungen der gebundenen Hilfe bei Montgomery: Foreign Aid, 2o-23; ferner O'Leary: American Foreign Aid, 57 f., 85.

133) So die eher engagierte als analytische Studie von Hayter: Aid as Imperialism; ähnlich auch Turgeon: Auslandshilfe, 84 ff.

134) Wirtschaftshilfe als Instrument des amerikanischen Imperialismus kritisiert Fulbright: Crippled Giant, 16o ff. Wirtschaftliche Interessen in dieser Politik läßt F. allerdings weitgehend außer Acht, wie die liberalen Kritiker des "overcommitment"
generell.

135) Bereits 1962 Senate Committee on Foreign Relations, 87/2,
Report, 4 f.

136) Eine solche Einflußnahme konnte auch, wie im Konzept der
Allianz für den Fortschritt, positiv im Sinne von Demokrati-
sierung und sozialen Reformen angelegt sein, s. o. Anm. 88-9o.

137) Für Fulbright: Crippled Giant, 262, sind die entscheiden-
den Werte "...freedom of the mind and autonomy of the individual...".

138) Dazu Packenham: Liberal America and the Third World, 18-22.

139) Senate Committee on Foreign Relations, 92/1, Hearings,
Sen. Cooper (R., Ky.), 17o, 178; Sen. Aiken (R., Vt.), 281;
Sen. Hatfield (R., Oregon), 327-331; für die AID-Position
John A.Hannah, 268-273.

14o) Abschnitt 2.24 erschien in leicht veränderter Form u.d.T.
"'Burden-sharing' und Devisenausgleich als Problem der deutsch-
amerikanischen Beziehungen" in Manfred Knapp (ed.): Die deutsch-
amerikanischen Beziehungen nach 1945. Frankfurt - New York
1975, 188 - 227.

141) Eine Darstellung des "burden-sharing"-Konzepts in seinem
umfassenden politischen Kontext steht bis jetzt aus. Detail-
studien existieren im wesentlichen zu folgenden Aspekten: Zunächst zu den deutsch-amerikanischen Devisenausgleichs-Abkommen,
s. u.a. Boeck/Krägenau: Devisenausgleich; Duckwitz:
Truppenstationierung und Devisenausgleich; Thiel: Truppenstationierung und Devisenausgleich; dies.: Truppenstationierung
und Wirtschaft. - Einige dieser Arbeiten sprechen auch den Zusammenhang von Truppenstationierung und "burden-sharing" an.
Hierzu immer noch unentbehrlich Mendershausen: Troop Stationing;
s. auch ders.: Truppenstationierung in Deutschland; grundlegend
ferner Newhouse: U.S. Troops in Europe. - Die dritte Betrachtungsweise ist die sicherheitspolitische, dazu Baumann: Devisenausgleich und Sicherheit; Fried: The Military and the
Balance of Payments; ferner Horn: Europapräsenz, 113-163.

142) So Senghaas: Rüstung und Militarismus, 1o8.

143) So z.B. Fried: The Military and the Balance of Payments.
Horn: Europapräsenz, reserviert den Begriff des "burden-
sharing" für die "echte Lastenteilung" (Abschnitt 5.1: "Das
ökonomische Argument: die senatoriale Forderung nach "burden-
sharing"") und stellt diesem die Forderung nach Offset als
"finanzpolitisches Argument" (Abschnitt 5.2) gegenüber, 113-136
resp. 137-148. - Auch Thiel trennt zwischen Offset und "burden-
sharing" (echte Lastenteilung), s. Devisenausgleich und
Lastenteilung.

144) President Outlines Steps to Improve U.S.Balance-of-Pay-
ments Position. White House (Augusta, Ga.) press release
dated November 16, for release November 17. In: DoSB XLIII,
No. 1119, December 5, 1960, 860-863.

145) Vgl. die Diskussion in: House Committee on Foreign
Affairs, 87/1, Hearings, 1o1 ff.; Sen.Symington (D., Mo.) und
Sen. Fulbright (D., Ark.) in: Senate Committee on Foreign Re-
lations, 87/1, Hearings, 636 bzw. 7o1; Sen. Kuchel (R., Cal.)
in: Senate Committee on Appropriations, 88/2, Hearings,
365; Rep. Fraser (D., Minn.) in: House Committee on Foreign
Affairs, 88/1, Hearings, 1o24; Sen. Morse (D., Oregon) in:
Senate Committee on Foreign Relations, 88/1, Hearings, 212;
Sen. Proxmire (D., Wis.), CR, Vol. 1o7, 23.1. 1961, 1o55;
Sen. Ellender (D., La.), CR, Vol. 1o7, 13.2.1961, 2ooo; Sen.
Javits (R., N.Y.), CR, Vol. 1o7, 8.3.1961, 3216; Rep. Reuss
(D., Wis.), CR, Vol. 1o8, 25.1.1962, 861 und 31.8.1962, A
6576; Sen. Church (D., Idaho) zur Begründung seines Amendments
(Beendigung der Militärhilfe für Westeuropa), CR, Vol. 1o8,
5.6.1962, 8972 ff.

146) Vgl. u.a. McNamara in: Senate Committee on Appropriations,
87/1, Hearings, 152-164; ders.in: Senate Committee on Appropriations, 87/2, 37; ders. in: Senate Committee on Foreign
Relations, 87/2, Hearings, 61, 85; William P. Bundy, ebda.,
28o. - Ferner die folgenden Äußerungen Kennedys: State of the
Union Message (3o.1.1961). In: Public Papers 1961, 19-28, hier
21; Special Message to the Congress on Gold and the Balance
of Payments Deficit (6.2.1961). In: Public Papers 1961, 57-66;
Message to the Permanent Council of the North Atlantic Treaty
Organization (15.2.1961). In: Public Papers 1961, 9o f.;
State of the Union Message (11.1.1962). In: Public Papers 1962,
5-15, bes. 13 ff; Special Message to the Congress on Balance
of Payments (18.7.1963). In: Public Papers 1963, 574-584.

147) Mendershausen: Troop Stationing in Germany, 6o f; ferner
Baumann: Devisenausgleich und Sicherheit, 245. Für ein ähnlich
umfassendes Konzept s. Nerlich/Thiel: Burden-Sharing und Devisenausgleich, 5. Auch Nixon verstand unter "burden-sharing"
gleichermaßen Offset und echte Lastenteilung, s. seinen außenpolitischen Jahresbericht 1972: Structure of Peace, 45. Vgl.
ferner Senate Committee on Foreign Relations, 93/1, U.S.
Security Issues, 1.f.

148) Zu den Zahlungsbilanz-Effekten einer Truppenstationierung
im Ausland s. Boeck/Krägenau: Devisenausgleich und Burden-
Sharing, 25-35; zu Zahlungsbilanz und budgetären Kosten grundlegend Newhouse et al: U.S. Troops in Europe (Anm. 178),
1o2 ff.

149) "Burden-sharing" hier im Sinne von Offset; ein Hinweis
auf die Forderung nach 'echter Lastenteilung' findet sich in der
Erklärung von Augusta nicht. Auch das der Anderson-Dillon-
Mission - sie leitete die erste Runde der Devisenausgleichs-
verhandlungen mit der BRD ein - vorausgehende "Statement by
Secretary Anderson" (15.November 196o) enthält keinen Hinweis

auf echte Lastenteilung im Sinne einer Forderung nach Statio-
nierungskosten. Vielmehr wird der Gegenstand der Diskussion
bezeichnet als "... matters of mutual interest, in the international financial field, including the cost of United States
troops in West Germany and assistance to developing countries."
(Hervorhebung von mir, M.M.) Text in: DoSB, Vol. XLIII, No.
1119, Dec. 5, 196o, 864. Die Kontinuität betont auch Horn:
Europapräsenz, 141.

15o) Dazu die Zusammenfassung des inneramerikanischen Dis-
kussionsstandes der zweiten Hälfte der 6oer Jahre bei Newhouse: U.S. Troops in Europe, 5 - 17 und 141 ff.

151) Die Emphase, die die Kennedy-Administration auf die verstärkte Beteiligung der Alliierten an den Entwicklungshilfe-
Leistungen des Westens gelegt hatte, wurde in der Johnson-Ära
zurückgenommen. Gleichwohl ist auch heute noch die Entwicklungshilfe Bestandteil des "burden-sharing"-Konzepts, vgl. Baumann:
Devisenausgleich und Sicherheit, 247; s. auch Nixon: Structure
of Peace, 73-79. Für die umfassende Auslandshilfe-Konzeption
der Nixon-Administration vgl. President's Task Force on
International Development: U.S. Foreign Assistance in the
197o's.

152) So auch Boeck/Krägenau: Devisenausgleich und Burden-Sharing, 9 f.; Horn: Europapräsenz, 94 f.; und Nerlich/Thiel:
Burden-Sharing und Devisenausgleich.

153) Sen. Ellender (D., La.) in: Senate Committee on Appropriations, 87/1, Hearings, 114; Sen. Fulbright (D., Ark.) in:
Senate Committee on Foreign Relations, 87/1, Hearings, 7o1;
ferner Senate Committee on Foreign Relations, 87/2, Report,
4, 6. - Programmatisch für den Stellenwert der Entwicklungshilfe
im "burden-sharing"-Konzept s. Frank M.Coffin (AID) in: House
Committee on Foreign Affairs, 88/1, Hearings, 638 ff.

154) Senate Committee on Foreign Relations, 88/1, Hearings,
174 f., 251. Die BRD leistete ab 1963 Militärhilfe für Griechenland, ab 1964 für die Türkei, vgl. Brandt: Rüstung und
Wirtschaft, 331; zur NATO-Verteidigungshilfe der BRD auch
Haftendorn: Militärhilfe und Rüstungsexporte, 14-18.

155) Eine über die NATO-Hilfe hinausgehende Übernahme von amerikanischen Militärhilfe-commitments durch die Verbündeten hätte
einen Konsens über die politischen Ziele außerhalb des europäischen NATO-Bereichs vorausgesetzt, der sich jedoch wegen der
Interessendivergenz zwischen den USA als Globalmacht und den
westeuropäischen Staaten als Regionalmächten nicht her-
stellen ließ. Dazu umfassend Hoffmann: Gulliver's Troubles, 388
f., 47o ff. Zu den europäisch-amerikanischen Interessendiver-
genzen in bezug auf Vietnam s. Knapp: Vietnam, 68-74. Beispiele für die Forderungen nach direkter Beteiligung der Westeuropäer (durch Kampftruppen) in Vietnam, wie sie Mitte der
6oer Jahre im Kongreß laut wurden, bei Horn: Europapräsenz,
13o f.

156) Vgl. die Belege in Anm. 146. In jüngerer Zeit s.Sen.Syming-
ton (D., Mo.), 15.3.1973, zit. in CQ Weekly Report, Vol.XXXI,
No. 18, 5.5.1973, 1o82.

157) Vgl. die Belege in Anm. 153.

158) Dazu Horn: Europapräsenz, 94 f. 1961 stand das Senate
Committee on Foreign Relations unter dem Vorsitz Sen. Ful-
brights mit seiner - damals noch relativ milden - Kritik des
Militärhilfe-Programms ziemlich allein, s. Fulbright in: dass.
87/1, Hearings, 54o. Für die Entwicklung nach 1968 s. Military
Aid: Differing Views of Two Committees (Senate Committee on
Foreign Relations, House Committee on Foreign Affairs),
CQ Weekly Report, Vol. XXX, No. 27, July 1, 1972, 1588-1591.

159) Rep. Earl Wilson (D., Ind.), CR, Vol. 1o8, 5.7.1962,
A 5146; vgl. auch die Äußerungen von Sen. Ellender (D.,La.),
CR, Vol. 1o7, 13.2.1961, 2ooo f.; Sen. Morse (D., Oregon) in:
Senate Committee on Foreign Relations, 88/1, Hearings, 212;
Sen. Symington (D., Mo.), Sen. Hickenlooper (R., Iowa), in:
Senate Committee on Foreign Relations, 87/1, Hearings, 636
bzw. 692; Sen. Dworshak (R., Idaho), CR, Vol. 1o7, 4.8.1961,
13657; Rep. Reuss (D., Wis.), CR, Vol. 1o8, 25.1.1962, 861 f.

16o) Sen. Proxmire (D., Wis.), CR, Vol. 1o7, 23.1.1961,
1o54 ff.; Rep. Emanuel Celler (D., N.Y.), CR, Vol. 1o6, 2.9.196o,
A 6653 f.; Sen. Javits (R., N.Y.), CR, Vol. 1o7, 2o.4.1961, 6o44;
ders., CR, Vol. 1o7, 8.3.1961, 3261; Rep. Reuss (D., Wis.),
CR, Vol. 1o8, 25.1.1962, 862.

161) Vgl. Kennedy, State of the Union Message, Public Papers
1961, 3o.1.1961, 19-28, hier 21: " ... this country has con-
tinued to bear more than its share of the West's military
and foreign aid obligations ... A series of ... cooperative
efforts with our allies will get underway immediately, aimed
at ... - through OECD, NATO, and otherwise - sharing with
our allies all efforts to provide for the common defense of
the free world and the hopes for growth of the less developed
lands." Ebenso ders.: Economic Report of the President, CR,
Vol. 1o8, 22.1.1962, 493; vgl. ferner die Pressekonferenz
McNamaras vom 16.7.1962, Transkript in: Senate Committee on
Appropriations, 87/2, Hearings, 37.

162) Dazu u. Abschnitt 2.24.3

163) s.o. Anm. 154.

164) Dazu ausführlich Secretary Rusk: "The task of long-range
development ... can only flourish effectively if it has the
support by other industrialized nations and we believe that
this effort will be made. Those nations in Europe particularly
whose recovery our past aid has helped make possible are now
able and, I believe, are genuinely willing to undertake their
fair part in the common effort to assist the progress of the
less-developed nations." House Committe on Foreign Affairs,
87/1, Hearings, 33; vgl. auch die Belege in Anm. 153.

165) McNamara in: Senate Committee on Appropriations, 87/1,
Hearings, 152-163; Rusk in: House Committee on Foreign Affairs,
87/1, Hearings, 29-31; William P.Bundy in: dass., 88/1,
Hearings, 696.

166) Für diesen Zusammenhang bes. Horn: Europapräsenz, 33-45.

167) McNamara in: Senate Committee on Appropriations, 87/1,
Hearings, 152; vgl. auch die Diskussion in: House Committee on
Foreign Affairs, 87/2, Hearings, 66 f.

168) McNamara in: House Committee on Foreign Affairs, 87/2,
Hearings, 67; Senate Committee on Foreign Relations, 88/1,
Report, 25. Für die Finanzierungsstruktur Ende der 6oer Jahre
s. Senate Committee on Foreign Relations, 91, Hearings, U.S.
Security Agreements, 2295.

169) Rep. Earl Wilson (R., Ind.), CR, Vol. 1o8, 5.7.1962, A
5146; Sen. Ellender (D., La.), CR, Vol. 1o7, 13.2.1961, 2ooo f.

17o) Thiel: Truppenstationierung und Devisenausgleich, 222;
Duckwitz: Truppenstationierung und Devisenausgleich; Nerlich/
Thiel: Burden-Sharing und Devisenausgleich, 2; Baumann:
Devisenausgleich und Sicherheit, 249.

171) Statement William P.Tyler in: House Committee on Foreign
Affairs, 88/1, Hearings, 1o24; speziell für die Rüstungsexporte McNamara in: Senate Committee on Foreign Relations, 87/2,
Hearings, 81, und seine Diskussion mit Sen. Lausche (D., Ohio)
und Sen. Fulbright (D., Ark.), ebda., 82-85.

172) Vgl. die Äußerungen Kennedys (Anm. 161) ; und William
P. Bundy in: Senate Committee on Foreign Relations, 87/2,
Hearings, 28o.

173) Vgl. den zuverlässigen Überblick bei Stanley/Pearton:
International Trade in Arms, 85-9o.

174) Erklärung von Augusta (Anm. 144).

175) Mendershausen: Troop Stationing in Germany, 71 f; Duckwitz:
Truppenstationierung und Devisenausgleich, 471.

176) Zur regionalen Verteilung der FMS und zum Größenverhältnis von Bar- und Kreditverkäufen detailliert Senate Committee
on Foreign Relations, 92/1, Foreign Assistance Legislation,
4o2-4o8.

177) Brandt: Rüstung und Wirtschaft, 276 ff.

178) "We are encouraging military sales or sales of military
equipment as a replacement for grant aid." McNamara in:Senate
Committee on Appropriations, 87/2, Hearings, 14, vgl. auch 8.
Ferner ders.: Senate Committee on Appropriations, 87/1,
Hearings, 152.

179) Mit der Ausnahme eines geringen Betrages für "orientation training", s. Senate Committee on Appropriations, 87/1, Hearings, 192.

18o) Ein von Sen.Church (D., Idaho) 1961 und 1962 eingebrachtes, in der Formulierung im wesentlichen gleich gebliebenes Amendment zum Foreign Assistance Act sollte die Militärhilfe für Westeuropa auf ganz bestimmte Fälle beschränken, s. CR, Vol. 1o7, 16.8.1961, 14929 ff. und CR, Vol. 1o8, 5.6.1962, 8972 ff. Beide Anträge wurden abgelehnt.

181) Vgl. die Zusammenfassung der Diskussion bei Horn: Europapräsenz, 115-128.

182) So Thiel: Truppenstationierung und Wirtschaft, 471; Duckwitz: Truppenstationierung und Devisenausgleich, 471; Fried: The Military and the Balance of Payments, 81. Diese Aufrechnung nimmt auch vor Senate Committee on Foreign Relations, 93/1, U.S. Security Issues, 3.f.

183) So William P. Bundy in: Senate Committee on Foreign Relations, 87/2, Hearings, 28o; David Bell (AID) in: Senate Committee on Appropriations, 88/2, Hearings, 35o; Gen. Robert J.Wood, ebda., 672; ferner Senate Committee on Foreign Relations, 87/2, Report, 134.

184) Foreign Assistance Act of 1961, (PL 87-195 [S.1983], 75 Stat. 424), Sec. 5o3: General Authority, Sec. 5o7: Sales, as Amended. Ab 1968: Foreign Military Sales Act. A Bill To Consolidate and Revise Roreign Assistance Legislation Relating to Reimbursable Military Exports, (PL 9o-629 [H.R. 15681] , 82 Stat. 132o), as Amended.

185) Vgl. Calleo/Rowland: America and the World Political Economy, 97 f.

186) 1963 betrugen die Devisenkosten der Militärhilfe $ 317 Mio., die Einnahmen aus FMS rund $ 1,3 Mrd. Die Devisenkosten der Truppenstationierung im Ausland lagen dagegen bei $ 2,5 Mrd., s. Joint Economic Committee, U.S. Balance of Payments, 1oo.

187) Vgl. Senate Committee on Foreign Relations, 93/1, U.S. Security Issues, 8.

188) Dazu umfassend Knapp: Zum Stand der Forschung über die deutsch-amerikanischen Nachkriegsbeziehungen.

189) Damm/Goodhart: Euro-Gruppe; ferner Boeck/Krägenau: Devisenausgleich und Burden-Sharing, 54 f.; Thiel: Devisenausgleich und Lastenteilung, 36o f.

19o) House Committee on Armed Services, 92, Hearings, NATO Commitment, 12513.

191) Thiel: Truppenstationierung und Devisenausgleich, 221 f.; Boeck/Krägenau: Devisenausgleich und Burden-Sharing, 1o.

192)"U.S. and German Officials to Hold Financial Discussions"
(15.11.196o) (enthält Presseerklärung Secretary Anderson's and
eine Erklärung des Treasury Department). In: DoSB, Vol.
XLIII, No. 1119, December 5, 196o, 864 f.; "Gemeinsames
Kommuniqué zum Abschluß des Besuches des amerikanischen Finanz-
ministers Anderson und des Unterstaatssekretärs Dillon nach
ihrer Rückkehr in die Vereinigten Staaten" (26.1o.196o). In:
EA 15 (196o), D. 364 f.; ferner die Dokumentation: Die deutsch-
amerikanischen Verhandlungen über die Erhöhung des deutschen
Beitrages zur gemeinsamen Verteidigung und Entwicklungshilfe.
In: EA 16 (1961), D 163 - 166.
193) McNamara in: Senate Committee on Foreign Relations,87/2,
Hearings, 85.

194) Senate Committee on Foreign Relations, 87/1, Hearings,
712; dass., 87/2, Hearings, 2o; dass., 88/1, Hearings, 27.

195) Grundlegend Baring: Außenpolitik, 124-162 und 329-334;
Hanrieder: West German Foreign Policy, 38 f. und 67 ff.; s.
auch ders.: Stabile Krise, 135 - 165, bes. 147 f.

196) Hanrieder: West German Foreign Policy, 33-36; Czempiel:
Die Bundesrepublik und Amerika, 564 f.

197) Dazu Planck: Changing Status of German Reunification;
ferner End: Zweimal deutsche Außenpolitik, 27 f.

198) Stützle: Kennedy und Adenauer, 137 f.

199) An umfassenden Arbeiten zur außenpolitischen Konzeption
der Kennedy-Administration und zu ihrer Wirkungsgeschichte
fehlt es nicht. Neben den eher biographisch-historiographisch
orientierten Arbeiten - Schlesinger: A Thousand Days; Sorensen:
Kennedy; ders.: Kennedy Legacy; Salinger: With Kennedy - mit
stärker theoretischem Anspruch vor allem Hilsman: To Move a
Nation. In den jüngeren Arbeiten aus revisionistischer Sicht
tritt die Europa- und Deutschlandpolitik der Kennedy-Administration gegenüber anderen außenpolitischen Problembereichen
und Entscheidungen etwas in den Hintergrund. Die beste Ge-
samtdarstellung hier Walton: Cold War and Counterrevolution.
Zum deutsch-amerikanischen Verhältnis in der Nachkriegszeit
insg. Czempiel: Die Bundesrepublik und Amerika. Speziell für
die Kennedy-Zeit Knapp: Ein "Berliner" namens John F.Kennedy.

2oo) Ashkenasi: Reformpartei und Außenpolitik, 34 f.; neuerdings Hütter: SPD und nationale Sicherheit, 57 ff.

2o1) Zur Krise der deutsch-amerikanischen Beziehungen 1961/62
s. Borch: Anatomie einer Entzweiung. Umfassend Joffe: Germany
and the Atlantic Alliance, 345 - 458; ferner Czempiel: Die
Bundesrepublik und Amerika, 566-57o; Hanrieder: West German
Foreign Policy, 161-165.

2o2) Czempiel: Die Bundesrepublik und Amerika, 568; Taber:
Kennedy and a Uniting Europe, 112 f.

2o3) Zur Rolle der USA in der Planungsphase und bei Beginn der
Neuen Ostpolitik s. Knapp: Zusammenhänge.

2o4) Bes. Boeck/Krägenau: Devisenausgleich und Burden-Sharing,
12-18; und Thiel: Truppenstationierung und Devisenausgleich.
Für den größeren Zusammenhang vor allem Mendershausen: Troop
Stationing in Germany, 59-122.

2o5) Mendershausen: Troop Stationing, 74.

2o6) Brandt: Rüstung und Wirtschaft, 276 ff.

2o7) "Mutual Defense Assistance: Military Equipment,
Materials, and Services. Agreement supplementing the agreement
of October 8, 1956, as amended" (November 24, 1961), TIAS 49o3
(Vol. 12, 1961). - Zur Vorgeschichte, beginnend mit Eisenhowers
Erklärung von Augusta und der Anderson-Dillon-Mission, s. die
dokumentierten Zusammenfassungen: Die Bemühungen zum Ausgleich
der amerikanischen Zahlungsbilanz. In: EA 15 (196o), D 358 -
D 366; Die deutsch-amerikanischen Verhandlungen über die Erhöhung ... (Anm. 192).

2o8) Die deutsche Fassung des Absatz 1 lautet: "Die Regierung
der Vereinigten Staaten wird für die Bundesrepublik die Beschaffung von Gegenständen durchführen, ... , und zwar unter
der Voraussetzung, daß die Regierung der Bundesrepublik ihre
Beschaffungen auf einer Höhe hält, die für die Regierung der
Vereinigten Staaten annehmbar ist." TIAS 49o3 (Anm. 2o7).

2o9) Dies verdeutlicht folgende Zusammenstellung:
a) Entwicklungshilfe: 13.1.1961 Beschluß der Finanzminister der
11 Bundesländer, ein zinsloses Darlehen für die Entwicklungshilfe in Höhe von DM 5oo Mio. zur Verfügung zu stellen (s.
Archiv der Gegenwart 31 (1961), 5861); zusätzlich zu den DM
8oo Mio. aus Bundesmitteln wurden aufgebracht: DM 1,5 Mrd. als
Anleihe der Industrie und DM 5oo Mio. aus dem Erlös des Volks-
wagenwerks. Zum deutschen Entwicklungshilfe-Beitrag s. "Vorschläge der Bundesregierung zur Entlastung der amerikanischen
Zahlungsbilanz" (2.2.1961), auszugsweise in EA 16 (1961), Z 46;
Abschlußkommuniqué des Besuchs Außenministers von Brentano in
Washington, 12. - 17.2.1961, EA 16 (1961), D 164;
b) NATO-Infrastrukturprogramm: s. "Vorschläge der Bundesregierung zur Entlastung ... (o. in dieser Anm.).
c) Die Aufwertung der DM um 4,75 % am 5.3.1961, vgl. EA 16
(1961), Z 65. - Der Steuerung der kurzfristigen Kapitalbewegungen diente der Beschluß des Zentralbankrats der Deutschen
Bundesbank vom 19.1.1961, den Diskontsatz von 4 auf 3,5 % zu
senken, s. Archiv der Gegenwart 31 (1961), 8871 (aus der
Presseerklärung des Zentralbankrats).

21o) Sen. Javits (R., N.Y.), CR, Vol. 1o7, 8.3.1961, 3216;
Pressemitteilung des Treasury Department zur Aufwertung der
DM, abgedruckt in CR, Vol. 1o7, 8.3.1961, 3217.

211) Dazu am informativsten Mendershausen: Troop Stationing in
Germany, 96-1o4; ferner Thiel: Truppenstationierung und De-
visenausgleich; Boeck/Krägenau: Devisenausgleich und Burden-
Sharing, 15 f.

212) Thiel: Die atlantischen Beziehungen im Zeichen währungspolitischer Veränderungen, 38.

213) Thiel: Truppenstationierung und Wirtschaft, 473.

214) Czempiel: Die Bundesrepublik und Amerika, 573.

215) Cooper: Future of the Dollar.

216) "Devisenausgleich ohne Geschäftsgrundlage". In: SZ, 23.7.
1975, 4.

217) Dazu Russett: The Americans' Retreat.

218) Zur Geschichte der Mansfield-Amendments ausführlich Horn:
Europapräsenz, 94-111; seit 1971 s. U.S. Troops in Europe
Debated Again in Congress. In: CQ Weekly Report, Vol. XXXI,
No. 18, 1o79-1o83. Vgl. auch Yochelson: The American Military
Presence in Europe.

219) Dazu U.S. Troops in Europe Debated Again in Congress
(Anm. 218); ausführlich auch Kohl: The Nixon-Kissinger Foreign-
Policy System, 27 ff.

22o) Newhouse: U.S. Troops in Europe, 5 - 17, 141 ff.;
Czempiel: Die Bundesrepublik und Amerika, 57o f.; ders.: Entwicklungslinien der amerikanisch-europäischen Beziehungen,
784.

221) Daß die Kennedy-Administration eine expansive Konzeption
der amerikanischen commitments vertrat, scheint inzwischen hinreichend nachgewiesen, s. vor allem Pentagon Papers, 79-114;
in nennenswertem Umfang hat erst die Vietnam-Erfahrung die Problematik des "peace is indivisible"-Arguments deutlich gemacht.
- Zu Kennedys außenpolitischer Konzeption kritisch und differenziert Walton: Cold War and Counterrevolution, 3-1o und 6o-74.

222) Sen. Hartke (D., Ind.) führt in der Senatsdebatte über
die SALT-Vereinbarungen aus:"... for more than a quarter of a
century now we have imprisoned ourselves in a tiger cage of our
own devising, the tiger cage of militant, imperial anticommu-
nism. Korea, Vietnam, and an intolerably wasteful arms race
are only the measurable consequences of that folly. Immeasurable
- and immeasurably more important - are the consequences we
now must live with in the way of a nation divided, its spirit .
sapped, its self-confidence eroded, its world image tarnished
beyond recognition, its constitutional system endangered, its
finances in disarray, its priorities disordered, its youth in
revolt, its very purpose called into question." CR, Vol. 118,
3.8.1972, 12622.

223) Czempiel: Entwicklungslinien der amerikanisch-europäischen
Beziehungen, 784; Thiel: Devisenausgleich und Lastenteilung,
361 f.

224) Taber: Kennedy and a Uniting Europe, 59; Czempiel: Die
Bundesrepublik und Amerika, 559 f.

225) Zum Konzept der "Atlantic partnership", beginnend mit
Kennedy, s. Hoffmann: Gulliver's Troubles, 466 - 48o; Link:
Die Rolle der USA im westeuropäischen Integrationsprozeß,11 ff.

226) Kennedy hat das Konzept zuerst in der sog. "Declaration
of Interdependence" entfaltet, s. Address at Independence Hall,
Philadelphia (July 4, 1962). In: Public Papers 1962, 537-539;
ferner in seiner Rede in der Frankfurter Paulskirche, in: Public Papers 1963, 516-521. Vgl. auch Kaiser: Neue Abhängigkeit.
- Kissingers Rede vom 23.April 1973 in deutscher Übersetzung
in EA 28 (1973), D 22o - D 225.

227) Es lohnt sich , die Rede Kissingers (Anm. 226) daraufhin
im einzelnen zu überprüfen: "Wir können jedoch die Tatsache
nicht übersehen, daß der wirtschaftliche Erfolg Europas und
seine Verwandlung aus einem Empfänger unserer Hilfe in einen
starken Konkurrenten, gewisse Reibungen erzeugt hat. Es hat in
den internationalen Währungsbeziehungen Störungen sowie gewisse
Rivalitäten gegeben". (D 222). "... eine ungezügelte wirtschaftliche Konkurrenz kann die Impulse für eine gemeinsame
Verteidigung entscheidend schwächen." (D 223 f.) Vgl. auch die
Interpretation bei Hoffmann: Choices, 16 f.

228) Zum Smithsonian Agreement s. Cooper: Future of the Dollar,
9 f. - Zum Jahr Europas die Beiträge in Orbis XVII (Spring 1973)
- Special Issue "Year of Europe"-, s. Pfaltzgraff: The United
States and Europe; Kohl/Taubman: American Policy Toward Europe;
Kaltefleiter: Europe and the Nixon Doctrine; Serfaty: America
and Europe in the 197o's. Neuerdings auch Kohl: The Nixon-
Kissinger Foreign Policy System, 15 ff.

229) Krell: Kritik der amerikanischen Rüstung; für den Zusam-
menhang von "burden-sharing" und Neuordnung der Prioritäten auch
Newhouse: U.S. Troops in Europe, 5-17, 141 ff.; und Nerlich/
Thiel: Burden-Sharing und Devisenausgleich, 2.

23o) "America has the human and material resources to meet the
demands of national security and the obligations of world
leadership while at the same time advancing well-being at
home". Kennedy: Special Message to the Congress: Program
for Economic Recovery and Growth (2.2.1961). In: Public Papers
1961, 41-53, hier 41.

231) Dazu Fulbright: Reflections.

232) Fulbright: Crippled Giant. F.'s Buch ist wohl die kon-
sistenteste Darstellung dieser Position.

233) Czempiel: Das amerikanische Sicherheitssystem, 8 f.;
vgl. auch die Überlegungen bei Link: Amerikanische Außenpolitik aus revisionistischer Sicht, 218 ff. In ihrer Einschätzung von Gesellschaftsstruktur und Außenpolitik gehen
beide Autoren weitgehend mit Fulbright konform.

234) Mit aller Vorsicht lassen sich solche Voraussetzungen
ausmachen in der gesellschaftlichen Organisation - ein libe-
raler Konkurrenzkapitalismus, breiter Konsens über die Grund-
werte innerhalb der "political nation" - und - im internationalen System - die Freiheit von "entangling alliances",
das Fehlen eines weltpolitischen Gegners mit antagonistischem
Gesellschaftssystem. Keine dieser Voraussetzungen ist heute
mehr gegeben. Die Charakterisierung des "wirtschaftenden
Einzelnen" als "Bezugseinheit aller gesellschaftlichen und
politischen Regulierungen" (Czempiel: Das amerikanische
Sicherheitssystem, 8) entspricht eher dem Selbstverständnis
der amerikanischen Gesellschaft als der Realität eines oligo-
politischen Kapitalismus und eines extensiven politischen
Einflusses wirtschaftlicher Machtgruppen. Von hier her fällt
einiges Licht auf die Durchsetzungschancen der von Fulbright
geforderten Neuorientierung - in seinem Sinne Rückbe-
sinnung auf liberale Traditionen - der amerikanischen Außenpolitik; angesichts der Erosion der sozialstrukturellen
Basis einer solchen Politik erscheint Skepsis angebracht.

Kap. 3: Das Entscheidungssystem in der Rüstungsexport-Politik:
Interesse und realisierter Einfluß

1) Der Terminus Einheit deckt hier sowohl organisatorische Einheiten im Regierungssystem als auch Interessengruppen, die nach
Zugehörigkeit und Organisationsstruktur hinreichend bestimmbar
und in ihren politischen Aktivitäten hinreichend kontinuierlich
sind. E. wird hier dem Akteurs-Begriff vorgezogen, da dieser
ein Spektrum vom Individuum bis zur Internationalen Organisation abdeckt, also zu umfassend ist. Vgl. dazu Seidelmann:
Akteur und Interesse.

2) Abgeleitet aus den verfassungsmäßigen Rechten und der Funktion des Präsidenten als Chief Executive (Art. II Sect. 1),
Chief Diplomat (treaty power Art. II Sect. 2 Abs. 2, right of
reception Art. II Sect. 3) und Commander in Chief (Art. II
Sect. 2 Abs. 1).

3) Art. I Sect. 7 und Sect. 9 Abs. 7

4) Kriegserklärungsrecht (Art. I Sect. 8 Abs. 11), Recht der
Aushebung von Streitkräften (Art. I Sect. 8 Abs. 12 ff.);
Recht der Führung des Außenhandels (Art. I Sect. 8 Abs. 3). Für
den Senat, die Befugnisse bei der Ratifizierung von Verträgen
und der Zustimmung zu Ernennungen (Art. II Sect. 2 Abs. 2).

5) PL 87-195 (S. 1983), 75 Stat. 424, und PL 9o-629 (H.R.
15681), 82 Stat. 132o. Der Foreign Military Sales Act, in den
administrativen Bestimmungen weitgehend am Foreign Assistance
Act of 1961 orientiert, ersetzt Chapter 3, Sect. 521-Sect. 525
des letzteren; für die gesetzlichen Grundlagen umfassend Senate
Committee on Foreign Relations/House Committee on Foreign
Affairs, 92/1, Legislation on Foreign Relations.

6) z. B. Mutual Defense Assistance Control Act of 1951, as
Amended (Battle Act) PL 87-195 (S. 1983), 75 Stat. 424; ferner
Department of State: International Traffic in Arms. Zur Geschichte der Regulierung der Waffenausfuhr aus den USA s. Atwater: American Regulation of Arms Exports.

7) Zu den Quellen vgl. oben Abschnitt 1.3

8) Im Repräsentantenhaus ist der Speaker die Adresse der Halb-
jahresberichte des Secretary of Defense über FMS, im Senat
das Committee on Foreign Relations, s. Foreign Military Sales
Act, as Amended (Anm. 5), Sect. 3 (3) und Executive Order 115o1,
December 22, 1969, 34 f., 2o169: Administration of Foreign
Military Sales, beide abgedruckt in: Legislation on Foreign
Relations (Anm. 5), 21o-225.

9) Secretary of ... schließt jeweils die nachgeordneten Amts-
träger ein, an die Funktionen im Bereich von FMS delegiert
wurden. Zum Secretary of State vgl. Foreign Assistance Act of
1961, as Amended (Anm. 5), Sect. 2, Sect. 42 (c); Executive
Order No. 1o973, November 3, 1961, as Amended, Sect. 1o1 (in:
Legislation on Foreign Relations, 185-19o); State Department Dele-

gation Authority No. 1o4, November 3, 1961, as Amended (in: Legislation on Foreign Relations, 191-197); Executive Order 11-5o1: Administration of Foreign Military Sales (Anm. 8), Sect.1, Sect. 2

1o) Foreign Assistance Act of 1961, Sect. 623; Foreign Military Sales Act, Sect. 42; Executive Order No. 1o973 (Anm.9), Part II; State Department Delegation of Authority No. 1o4 (Anm. 9), Sect. 5; Executive Order 115o1: Administration of Foreign Military Sales (Anm. 8).

11) Foreign Assistance Act of 1961, Sect. 612, 613; Executive Order No. 11973, Sect. 3o1; Executive Order 115o1, Sect. 3.

12) State Department Delegation of Authority No. 1o4 (Anm. 9), Sect. 2; Executive Order 115o1, Sect. 3.

13) Executive Order 115o1, Sect. 3.

14) Empfehlungen bei der Formulierung von Länderprogrammen, komplementäre Verhandlungsführung mit auswärtigen Käufern auf nachgeordneter Ebene, Administrationsaufgaben; s. Foreign Assistance Act of 1961, Sect. 5o9; Foreign Military Sales Act, Sect. 42 (c)

15) Foreign Military Sales Act, as Amended (Anm. 5), Sect. 2 (b)

16) Vgl. Sect. 622 (c)

17) Sect. 42 (c) des Foreign Military Sales Act spezifiziert u.a. folgende Aufgaben: Festlegung der militärischen Erfordernisse für die zu beschaffenden Gegenstände; Durchführung/Überwachung der Beschaffung; Einweisung des ausländischen Militärpersonals; Zulieferung.

18) Foreign Assistance Act of 1961, Sect. 623; Foreign Military Sales Act, Sect. 42 (c).

19) S.o. Anm. 11.

2o) Executive Order 115o1: Administration of Foreign Military Sales (Anm. 8), Sect. 3

21) Dazu ausführlich State Department Delegation of Authority No. 1o4, as Amended (Anm. 9), Sect. 6 (b).

22) Einen Überblick über die interne Struktur von ISA vor 1961 gibt Bingley, Thomas: The Office of International Security Affairs. In: United States Naval Institute Proceedings 92 (April 1966), 61-72.- Über die Kompetenzverteilung innerhalb des Pentagon geben die Organisations-Direktiven (vgl. o.Anm. 9) nur bis zur Ebene des Assistant Secretary of Defense, ISA, Auskunft. Auch die die Gründung des ILN betreffenden Anweisungen sind nicht zugänglich. Aus der DoD-Direktive 51oo.27, die diese Umorganisation bestimmt und die Ziele der Rüstungsexport-Politik

formuliert, wird ein kurzer Abschnitt zitiert bei Feigl, Peter:
ASPR Changes Made to Assist Military Sales. In: DIB 1(1965),
No. 5, 2-5, hier 2. Die Pentagon-internen Anordnungen sind auch
auszugsweise veröffentlicht in: Information and Guidance on
Military Assistance.

23) Vgl.dazu Lt. Gen. Robert H.Warren: DoD Administration of
Military Assistance Program and Foreign Military Sales. In:
DIB 5 (1969), No. 6, 28-3o.

24) Dazu Wagner: How the U.S. Organizes for World-wide Arms
Sales. In: AFM 13 (Jan. 1967), 45-51.

25) SIG bestand von 1966 bis 1969, vgl. dazu Lt. Gen. Warren:
DoD Administration of Military Assistance Program and Foreign
Military Sales (Anm. 23); ferner Military Export Guide, 16.
September 1966, 2.

26) Vgl. o. Anm. 14, und Information and Guidance on Military
Assistance 8 (1964), 18-25.

27) DIAC wurde durch die DoD-Direktive 5o3o.22 vom 23.Mai 1962
eingerichtet, vgl. Bothmer: Defense Industry Advisory Council.
In: DIB 2 (1966), No. 4, 1 f.

28) Die Lizenzierungspflicht geht zurück auf den Neutrality
Act of 1935; zur Gründung des Office of Munitions Control s.
Atwater: American Regulation of Arms Exports; Liebling:
Munitions Export Control and Security Policy Administration.
In: DIB 1 (1965), No. 1o, 5 f., 25.

29) Zu den Hintergründen den informativen Aufsatz von Schlesinger: Congress and the Making of American Foreign Policy,
94-1o1; für die 5oer Jahre auch Hilsman: Congressional-Executive Relations.

3o) Darunter werden hier die Fragen des Rüstungshaushalts und
der Beschaffungen verstanden, s. Moyer: House Voting on
Defense, 1o7, 114.

31) So Huntington: Common Defense, 123-146; Kolodziej: Uncommon Defense and Congress, 325 ff.

32) Vgl. z.B. House Committee on Foreign Affairs, 89/2, Hearings,
477-5o5; Senate Committee on Foreign Relations, 89/2, Hearings:
176-182, 694 ff.; Dass., 89/2, Report, passim. Die gleiche
Datierung der Umbruchsperiode bei Moyer (Anm. 3o), 114.

33) Vgl. dazu das Kap. "The Spectrum of Defense Issues" in
Russett: What Price Vigilance, 26-55.

34) Ein besonders schwaches Beispiel Cobb: Defense Spending and
Foreign Policy ; fast ebenso Cimbala: Foreign Policy as an
Issue Area. Moyer: House Voting on Defense, bezieht mit Hilfe
qualitativer Methoden gewonnene Hypothesen mit ein; am weites-
ten führt Russett (Anm. 33).

192

35) Der Fehler der Dichotomisierung in "Pro" und"Kontra" findet sich jedoch nicht nur bei quantifizierend verfahrenden Arbeiten, s.z.B. die Isolationismus-Definition bei Farnsworth: The Senate Committee on Foreign Relations, 146.

36) Senate Committee on Appropriations, 87/2, Hearings, 127, 149, 152 ff.; Senate Committee on Foreign Relations, 87/2, Hearings, 2o, 6o, 82; House Committee on Foreign Affairs, 88/1, Hearings, 675, 677 f., 696 f., 1o19.

37) Senate Committee on Foreign Relations, 88/1, Hearings, 195, 2o8; Dass., 88/2, Hearings, 565 ff.

38) Dazu weiter unten in diesem Abschnitt.

39) Rep. McVicker (D., Colo.) in: House Committee on Foreign Affairs, 89/1, Hearings, 721; und Rep. Gross (R., Iowa), ebda, 725.

4o) Vgl. auch Moyer: House Voting on Defense, 1o7, Anm. 4. Die erste kontroverse Abstimmung über FMS (voice vote) gelangte 1964 über den Senat nicht hinaus, vgl. CQ Almanac XX (1964), 3o8.

41) Russett: What Price Vigilance, folgert, daß "general convictions" stärker als "bread-and-butter interests" die Haltung der Senatoren zu Rüstung , Verteidigung und Außenpolitik bestimmen (38 f.); ebenso Moyer (Anm. 4o).

42) Zu diesen ökonomischen Argumenten s. Senate Committee on Foreign Relations, 87/2, Hearings, 2o; Dass., 87/2, Report, 34; House Committee on Foreign Affairs, 88/1, Hearings, 678; Dass., 89/2, Hearings, 471-491. Zum Zahlungsbilanz-Argument s.o. Abschnitt 2.2.

43) "... the U.S.Government, while protecting its necessary security and economic interests, should not unduly interfere with or compete with private business activity." House Committee on Foreign Affairs, 87/1, Report, 6o. Weitere Beispiele für diese Position: House Committee on Foreign Affairs, 87/2, Report, 27 f.; Rep. Farbstein (D., N.Y.), Rep. Frelinghuysen (R., N.J.) in: Dass., 88/1, Hearings, 1o15 f.; ferner die Zusammenfassung in CQ Almanac XVIII (1962), 3o9.

44) An folgenden Gesetzesentwürfen, die nur z.T. verabschiedet wurden, festzumachen: minimum wage, welfare revision, manpower retraining, youth employment, area redevelopment, s.S. Doc. No. 53, 88/2. Zum Argument der "fiscal responsibility" Heath: Kennedy and the Business Community, 31-41.

45) Die wichtigsten Argumente in CQ Almanac XVII (1961), 293 -31o; XVIII (1962), 3o1-313; XIX (1963), 255-288; XX (1964), 296-311. Zu den Kürzungen für FY 1963 die Tab. in CQ Almanac 1963, 255. - Epstein: Das Kennedy-Bild heute, 9, macht für das Repräsentantenhaus folgende Rechnung auf: Für die Kennedy-Regierung 165 nordstaatliche Demokraten, plus 35 südstaatl.

Demokraten plus 2o liberale Republikaner, ergibt 22o Abgeordnete. Gegen die Regierung 152 Republikaner plus 64 südstaatl.
Demokraten, ergibt 216 Abgeordnete. Im Senat waren unter den
63 Demokraten 2o Südstaatler. Zur Gruppe der mit der Regierung kooperierenden liberalen Republikaner zählten maximal
12 Senatoren.

46) Die Diskussion im Anschluß an die jährlichen Statements
McNamaras vor den auswärtigen Ausschüssen wurde von diesem
Gesichtspunkt beherrscht. Die Opposition war im Senat auf
Ellender (D., La.) und Morse (D., Oregon) beschränkt, im Re-
präsentantenhaus äußerten sich Gross (R., Iowa) und Derwinski
(R., Ill.) kritisch, Belege s.u. Anm. 53 ff. Im 88.Kongreß
differenziert sich das Bild; im Senate Foreign Relations
Committee spielte das Argument der kommunistischen Bedrohung
nun eine deutlich geringere Rolle als im House Foreign Affairs
Committee, s. für ersteres die Diskussion zwischen Fulbright
(D., Ark.), Sparkman (D., Ala.), Aiken (R., Vt.), Lausche
(D., Ohio), Morse (D., Oregon), 88/1, Hearings, 198-22o.

47) FMS wurden zu dieser Zeit zu mehr als 9o % mit verbündeten Industrienationen abgewickelt, s. Tab. 2.

48) Vgl. o. Abschnitt 2.23.

49) Die Operationalisierung entspricht der der Gegenposition,
s. o. Anm. 44.

5o) Zum Nebeneinander sozialreformerischer und antikommu-
nistischer Auslandshilfe-Konzeptionen in der Kennedy-Zeit s.
Packenham: Liberal America and the Third World, 59-85;
Walton: Cold War and Counterrevolution, 3-1o. Zu den ideolo-
gischen Instrumenten Knapp: Stimme Amerikas, 91 ff.

51) Das Argument findet sich im 87. und 88. Kongreß in jedem
Statement McNamaras vor den Auswärtigen Ausschüssen, s.z.B.
House Committee on Foreign Affairs, 87/1, Hearings, 65 ff.,
77; Senate Committee on Foreign Relations, 88/1, Hearings,
2o5-2o8.

52) Zu diesem Schluß kommen Moyer: House Voting on Defense,
114; und Russett:What Price Vigilance, 34-55; vgl. neuerdings auch ders.: The Americans' Retreat,12-16.

53) Die Abgrenzung des Mittleren Westens und des Südens folgt
hier der offiziellen Einteilung des Bureau of the Census.
Der Mittlere Westen (North Central) setzt sich zusammen aus
den Regionen East North Central und West North Central und umfaßt 12 Staaten: Ohio, Mich., Ind., Wis., Ill., Minn.,
Iowa, Mo., N.Dak., S.Dak., Nebr., Kansas. Der Süden umfaßt die
Regionen South Atlantic, East South Central, West South Central, mit insg. 16 Staaten.

54) Zum House Committee on Appropriations Fenno: Power of the
Purse, Kap. 1 - 9; zum Foreign Affairs Committee Carroll: The
House of Representatives and Foreign Affairs, 28 ff.

55) Zum Senate Committee on Appropriations Fenno (Anm. 54),
Kap. 1o ff.; zum Foreign Relations Committee Farnsworth:
The Senate Committee on Foreign Relations.

56) Diese Koalition bildete sich während der Roosevelt-Ära,
im Zuge der Veränderungen des demokratischen Südens heraus,
vgl. Westerfield: Foreign Policy and Party Politics, 28 ff.
Margolis' Konzeption einer "conservative coalition" (Südstaaten-Demokraten und Republikaner) wird der geographischen
Differenzierung bei den R. nicht gerecht, s. The Conservative
Coalition in the United States Senate. Ähnlich Moore: Conservative Coalition.

57) Morse lehnte die Tonking-Golf-Resolution ab, mit ihm
allein Sen. Gruening (D., Alaska). Im Gegensatz zum Gros
der innenpolitisch liberalen Senatoren war er von Anfang an
ein beharrlicher Kritiker des Vietnamkrieges; schon im
87. Kongreß befürwortete er sowohl Kürzungen der Militärhilfe als auch des engeren Rüstungshaushalts, eine damals
seltene Kombination (s. Russett: What Price Vigilance, 5o). Für
seine Auslandshilfe-Konzeption s.: Individual Views of Sena-
tor Morse, Senate Committee on Foreign Relations, 88/2, Report.

58) Neben Parteizugehörigkeit und Region ideosynkratische Faktoren und "constituency"-Merkmale; für letztere die MIC-Hypo-
thesen, s. z.B. Cobb: The United States Senate and the Impact
of Defense Spending Concentrations; ferner Gray/Gregory: Military Spending and Senate Voting.

59) Dazu Russett: What Price Vigilance, 46, 53.

6o) Für die Abgeordneten Gross (R., Iowa), Derwinski (R., Ill.)
und Thompson (R., Wis.) s. ihre Minority Views, z.B. House
Committee on Foreign Affairs, 88/1, Report, 123-144; Dass.,
89/2, Report, 66-91. Rep. Passman (D., La.) in: House Committee on Appropriations, 88/2, Hearings, 512 f., 574 f. Für Sen.
Ellender s. die Begründung seines Amendments (Verbot von Re-
gierungsgarantien für private Rüstungsexporte), auszugweise
in CQ Almanac XX (1964), 3o8.

61) Rep. Gross gegen Rüstungsexporte und gegen MLF, in: House
Committee on Foreign Affairs, 89/1, Hearings, 725; vgl. Sen.
Ellender, CR, Vol. 1o7, 13.2.1961, 2oo1 f.; Sen. Morse wendet
sich mit diesem Argument gegen die NATO, s. Senate Committee
on Foreign Relations, 88/1, Hearings, 356.

62) "I hope we have not reached a point that it is going to
take promoting abroad the sale of military equipment, ..., to
keep a certain industry alive in America." Rep. Passman in:
House Committee on Appropriations, 88/2, Hearings, 575. Vgl.
ferner die Diskussion zwischen Rep. Gross und Chairman Morgan
(D., Pa.) in: House Committee on Foreign Affairs, 89/1,
Hearings, 725 f.; Sen. Morse in: Senate Committee on Foreign
Relations, 89/2, Report, Military Assistance and Sales Act,
14 f. (Minority Views).

63) Vgl. die ältere Arbeit von Weinberg: Isolation. Problem-
aufriß und Übersicht über die verschiedenen Erklärungsmodelle
bei Rieselbach: Roots of Isolationism, 7-31.

64) Zu diesem Ergebnis kommt auch Russett in seinem Vergleich
zwischen 87. und 9o. Kongreß, s. What Price Vigilance, 5o ff.

65) Farnsworth: The Senate Committee on Foreign Relations,
145 ff.; Rieselbach: Roots of Isolationism, 17, 1o7.

66) Jewell: Decline of Southern Internationalism; Moore:
Conservative Coalition.

67) Der Terminus I. sollte der hier als "alter Isolationismus"
bezeichneten Position vorbehalten bleiben; schon seine Übertragung auf die Südstaaten-Demokraten (mit dem Zusatz "Neo",
z. B. Lerche: Southern Congressmen and the "New Isolationism")
ist unhistorisch. Die Bezeichnung Neo-Isolationismus für die
liberale Kritik der letzten Jahre am "over-commitment" be-
zweckt in der Regel die Diskreditierung einer unliebsamen
politischen Richtung, vgl. Fulbright: Crippled Giant, 16o f.

68) Jewell: Evaluating the Decline of Southern Internationalism; Rieselbach: Roots of Isolationism, 17.

69) Rep. Passman in: House Committee on Appropriations, 88/2,
Hearings, 574; Rep. Gross in: House Committee on Foreign
Affairs, 89/2, Hearings, 492. Für die Gruppe Gross, Derwinski,
Thompson s. auch die Belege in Anm. 6o.

7o) Für die erstgenannte Sichtweise Rieselbach (Anm. 68), 26,
113; für die zweite Marwell: Party, Region, 385.

71) Dies schon 1961, s.u.a. CR, Vol. 1o7, 13.2.1961, 2ooo;
E. spricht sich an dieser Stelle auch für die Multilateralisierung von Entwicklungshilfe aus; vgl. ferner Senate Committee on Appropriations, 88/2, Hearings, 223 f.

72) Vgl. dazu Russett: What Price Vigilance, 5o-53.

73) Freeland: Truman Doctrine, bes. 135 ff., 178-2oo.

74) Moyer's Prognose, der Fiskalkonservatismus werde sich in
absehbarer Zeit auch auf den engeren Rüstungshaushalt erstrek-
ken, hat sich als zu optimistisch erwiesen, s. House Voting
on Defense, 135.

75) Die respektiven Kürzungen der Budgetanträge des Präsidenten
betrugen(in %)

FY	1962	1963	1964
Wirtschaftshilfe	19,9	25,6	36,o
Militärhilfe	15,1	11,7	28,8

Berechnet nach CQ Almanac 1961, 294, 31o; 1962, 3o1, 313;
1963, 255, 258.

76) Vgl. House Committee on Foreign Affairs, 89/1, Hearings, 765 f., 679 ff.; ferner die Minority Views in: Dass., 88/2, Report, 44-75.

77) Dazu Moyer: House Voting on Defense; und Russett: What Price Vigilance, 26-55.

78) Senate Committee on Foreign Relations, 9o/1, Staff Study, Arms Sales and Foreign Policy; wieder abgedruckt in:Joint Economic Committee, 92/1, Economic Issues in Military Assistance, 7-23.

79) House Committee on Banking and Currency, 9o/1, Hearings, Export-Import Bank and Credit Sales; Senate Committee on Banking and Currency, 9o/1, Hearings: Export-Import Bank Participation and Financing in Credit Sales.

8o) Für die frühen 7oer Jahre s. auch Military Aid: Differing Views of Two Committees, CQ Weekly Report XXX (1972), 1588-1591.

81) Senate Committee on Banking and Currency (Anm. 79), 7, 12; Senate Committee on Foreign Relations, 9o/1, Arms Sales to Near East and South Asian Countries, 94 f.; Dass., 9o/1, Hearings, 272-275.

82) So Sen. Ellender (D., La.) in: Senate Committee on Banking and Currency (Anm. 79), 7 f.

83) Verkürzt deshalb, weil es ebenso um die Treaty Power geht, vgl. umfassend Schlesinger: Congress and the Making of American Foreign Policy. Von deutscher Seite Dauses/Wolf: Die verfassungsrechtliche Problematik der 'War Powers'.

84) Die Existenz dieses sich selbst auffüllenden Fond (die Kreditrückzahlungen flossen in ihn zurück) wurde vielen Kongreßmitgliedern erst durch die Studie "Arms Sales and Foreign Policy" (Anm. 78) bekannt.

85) CQ Almanac XXIII (1967), Vote 154, S. 37-S

86) CQ Almanac XXIII (1967), Vote 148, S. 35-S

87) H.R. 6649 (S. 1155): Export-Import Bank Act Extension, vgl. die Zusammenfassung in CQ Almanac XXIII (1967), 96o f.

88) s.o. Anm. 77

89) Moyer: House Voting on Defense, 134 f.

9o) Vgl. vor allem Senate Committee on Foreign Relations, 9o/1, Hearings, Arms Sales to Near East and South Asian Countries, passim; vgl. ferner: Arms Sales and Foreign Policy (Anm. 78). Selbst strenge Kritiker nahmen die Differenzierung zwischen Rüstungsverkäufen in verbündete Industrienationen und Entwicklungsländer vor, s.Sen. Fulbright in: Senate Committee on Foreign Relations, 91/2, Hearings, 12.

91) Die früheste und beste Zusammenfassung in: Arms Sales
and Foreign Policy (Anm. 78), passim.

92) Sen. Church (D., Idaho) in: Senate Committee on Foreign
Relations, 9o/1, Hearings, Foreign Assistance Act of 1967,
21o; Arms Sales and Foreign Policy (Anm. 78), 9 f.; House
Committee on Foreign Affairs, 91/2, Hearings, die Diskussion
47 ff. Sogar der damalige Deputy Assistant Secretary of
State, Kitchen, gibt diese Friktionen zu, s. Arms Sales to
Near East and South Asian Countries (Anm. 9o), 91 f.

93) Arms Sales and Foreign Policy (Anm. 78), 4, 9.

94) So z.B. Senate Committee on Foreign Relations, 89/2,
Report, 8; Sen. McCarthy (D., Minn.), Sen. Symington (D.,
Mo.) in: Arms Sales to Near East and South Asian Countries,
(Anm. 9o) 7 f., 37, 6o; Sen. Sparkman (D., Ala.) in: Senate
Committee on Foreign Relations, 9o/2, Hearings, 9; House
Committee on Foreign Affairs, 91/2, Report, 7.

95) Russett: What Price Vigilance, 46; vgl. auch die Sichtweise der ILN nahestehenden Armed Forces Management Association: "The liberals, who desired restricted arms sales,
allied with the conservatives, who wanted to pair the aid
budget..." AFM 14 (April 1968), 1oo.

96) Angaben für den 9o. Kongreß nach Russett (Anm. 95),43-45.
R. gelangt zu 4 Skalen: General Defense, NASA, Gun Control,
Arms Sales. Die Skalierung geht von O (entspricht der konser-
vativsten Position) bis n (= Anzahl der verkodeten Abstimmungen). Zur eigenen Berechnung der Arms-Sales-Skala im
91. Kongreß s.u. Anm. 1o9.

97) Zur Variable Administration Krippendorff: Strategie, 78-
8o; Zur Rolle der Parteiloyalität auch Westerfield: Foreign
Policy and Party Politics, 5 f., 83 f.

98) Moyer: House Voting on Defense.

99) Das Argument findet sich vielfach in: Arms Sales to Near
East and South Asian Countries (Anm. 9o); vgl. auch Arms
Sales and Foreign Policy (Anm. 78), 11 f.

1oo) House Committee on Foreign Affairs, 9o/2, Hearings, 44;
Dass., 91/2, Report, 9; Dass., 91/2, Hearings, 44 ff; für
das Plenum des Repräsentantenhauses vgl. die Diskussion des
Coughlin (R., Pa.) -Amendment, CQ Almanac XXVI (197o), 929 f.

1o1) Senate Committee on Foreign Relations, 89/2, Report, 3.

1o2) Sen. Sparkman (D., Ala.) in: Senate Committee on Foreign
Relations, 9o/2, Hearings, 9; Sen. Fulbright in: Dass.,
91/2, Hearings, 12.

1o3) Dieses Thema beherrscht vor allem die Hearings des Jahres
197o, nach der Invasion in Kambodscha, vgl. Sen. Cooper

(R., Ky.), Symington (D., Mo.), Church (D., Idaho), Williams
(R., Del.) in: Senate Committee on Foreign Relations, 91/2,
Hearings, 36-39, 85, 88, 1o1 u. passim; Dass., 91/2, Report,
3.

1o4) Vgl. o. Abschnitt 3.21.1. Im gleichen Sinne Rep. Gross,
Derwinski in: House Committee on Foreign Affairs, 91/2, Hearings, 25 f.

1o5) Dazu Senate Committee on Foreign Relations, 91, Hearings,
U.S. Security Agreements; für eine knappe Zusammenfassung s.
Final Report of the Subcommittee, ebda, Vol. II, 2415-2442.

1o6) Dazu Senate Committee on Foreign Relations, 91/2, Report,
5 f.

1o7) Vgl. Anm. 1o3

1o8) Für eine Zusammenfassung der Diskussion CQ Almanac XXVI
(197o), 927-952.

1o9) Für die Rüstungsexport-Skala im 91. Kongreß wurden aus
16 mamentlichen Abstimmungen zu H.R. 15628 (Foreign Military
Sales, 197o) diejenigen ausgewählt, die neben einer klaren
Alternative zu den Rüstungsexporten - Position (a) = Pro-FMS
(Unterstützung der Nixon-Administration), Position (b) = Anti-
FMS - auch eine Aussage zur Kontrollproblematik enthielten,
im Falle (b) für eine Stärkung der legislativen Kontrolle. Ein
Votum für Position (a) wurde mit "-" verkodet, Position (b)
mit "+". Rang "O" ("-" in allen 5 Abstimmungen) bedeutet durchgängige Unterstützung der FMS-Politik; Rang "5" ("+" in allen
5 Fällen) signalisiert durchgängige Kritik. Folgende Abstimmungen wurden verkodet (Nummerierung nach CQ Almanac XXVI
(197o): No. 168 Hartke amendment; No. 18o Cooper-Church amendment; No. 138 Dole amendment; No. 145 Dominick amendment;
No. 178 Griffin amendment.

11o) What Price Vigilance, 26-55.

111) In der linken Spalte die Regionen: Nordost, Mittelwest,
Süd, Mountain, Pacific.

112) Die Aufstellung für den 87. Kongreß bei Russett (Anm.11o),
51-53.

113) Dazu Russett (Anm. 11o), 43-45.

114) Quellen (für beide Übersichten): Russett: What Price
Vigilance, 42-55; eigene Berechnungen (Anm. 1o9).

115) Paradigmatisch Sen. Fulbright, Church, in: Senate Committee on Foreign Relations, 91/2, Hearings, 12 f., 77, 79 f.

116) Vgl. z.B. McNamara in: House Committee on Foreign Affairs,
9o/1, Hearings, 118 f.; ders.in: Senate Committee on Foreign

Relations, 9o/1, Hearings, Foreign Assistance Act of 1967,
249 ff.; ferner Statement Paul C. Warnke in: Senate Committee
on Foreign Relations, 9o/2, Hearings, 6 - 8.

117) Zusammenfassung der Plenardiskussion in CQ Almanac XXIV
(1968), 523-525.

118) So explizit der damalige Verteidigungsminister Clifford
in: House Committee on Foreign Affairs, 9o/2, Hearings, 7.

119) So William P. Bundy in: House Committee on Foreign Affairs,
88/1, Hearings, 696; vgl. auch Frank K.Sloan in: House Committee on Appropriations, 88/2, Hearings, 575.

12o) "We pursue a fundamentally negative military sales policy ... Our aim is not to sell arms; we do so only when it is
demonstrably in the overall U.S. national interests. Indeed,
the magnitude of political sales which are turned down by the
United States annually far exceeds the value of actual sales
consummated."Eugene Rostow in: House Committee on Banking
and Currency, 9o/1, Export-Import Bank, 9; vgl. auch Jeffrey
Kitchen in: Senate Committee on Foreign Relations, 9o/1, Arms
Sales to Near East and South Asian Countries, 87; ferner
Warnke und Kuss in: Senate Committee onForeign Relations,
9o/2, Hearings, 6-8 bzw. 14 f.; Lt. Gen. Warren spricht in
House Committee on Foreign Affairs, 91/2, Hearings, 48, von
"früheren Verfehlungen".

121) Vgl. die Diskussion zwischen Rep. Rosenthal (D., N.Y.) und
Secretary of Defense Clifford in: House Committee on Foreign
Affairs, 9o/2, Hearings, 33 f.

122) Gemeint sind Verkäufe zu dem Zweck, die Käufer daran zu
hindern, sich einer anderen Quelle zuzuwenden. So als Vertreter
der Administration z.B. Joseph W. Barr in: House Committee on
Banking and Currency, 9o/1, Export-Import Bank, 7; ferner
Rostow, ebda, 7; ders. in: Senate Committee on Banking and
Currency, 9o/1 Export-Import Bank, 22; Warnke in: Senate
Committee on Foreign Relations, 9o/2, Hearings, 42.

123) Paradigmatisch Sen. Symington (D., Mo.), Sen. Lausche
(D., Ohio) in: Senate Committee on Foreign Relations, 9o/2,
Hearings, 42. Symington schwenkt im 91. Kongreß in die Gruppe
der Kritiker über,Lausche scheidet aus. Im House s. Rep.
Morgan (D., Pa.), Farbstein (D., N.Y.), Broomfield (R., Mich.)
in: House Committee on Foreign Affairs, 91/2, Hearings, 14-18.
Insgesamt sind die Kritiker der FMS in den Auswärtigen Ausschüssen beider Häuser überrepräsentiert; vgl. auch CQ Almanac XXVI (197o), 935 - 948.

124) Senate Committee on Foreign Relations, 9o/2, Hearings,
23; Das., 9o/1, Arms Sales to Near East and South Asian Countries, 26; Joint Economic Committee, 92/1, Economic Issues in
Military Assistance, 41 f., 117, 124 f.

125) "The committee is not impressed with the argument that if the United States does not sell military equipment, the Latin Americans will buy it in Europe. One might as well argue for legalizing slot machines in the District of Columbia on the grounds that otherwise people will go to southern Maryland to gamble." Senate Committee on Foreign Relations, 89/2, Report, 7 f.

126) Z.B. Lt. Gen. Warren in: House Committee on Foreign Affairs, 91/2, Hearings, 43 f.; U.Alexis Johnson in: Senate Committee on Foreign Relations, 91/2, Hearings, 3.

127) Richard M. Nixon: Strategy for Peace, 41.

128) Exponent dieser Position war das House Foreign Affairs Committee, s. 91/2, Report, 7-9; ferner Chairman Morgan, Rep. Farbstein, Rep. Broomfield in: Dass., 92/1, Hearings, 8, 14-18; ferner CQ Almanac XXVI (197o), 946 - 948.

129) Verstanden als "monetary and manpower burden", vgl. Sen. Cooper (R., Ky.), Senate Committee on Foreign Relations, 91/2, Hearings, 34.

13o) So Rep. Fraser (D., Minn.), Rep. Roybal (D., Cal.) in: House Committee on Foreign Affairs, 91/2, Hearings, 22 f., 7o-72; Sen. Fulbright in: Senate Committee on Foreign Relations, 91/2, Hearings, 2, 13; Sen. Church, ebda, 77-8o.

131) Quellen wie Anm. 1o9 und 114.

132) Dazu Schlesinger: Congress and the Making of American Foreign Policy, 78-83.

133) Joint Resolution to Promote the Maintenance of International Peace and Security in Southeast Asia (1o.8.1964), PL 88-4o8, 78 Stat. 384.

134) So damals Sen. Morse (D., Oregon) in: CR, Vol. 11o, 5.8. 1964, 17548, 17551.

135) Dauses/Wolf: Die verfassungsrechtliche Problematik der 'War Powers', 214-222; Schlesinger: Congress and the Making of American Foreign Policy, 98-1o4.

136) Für eine ausführliche Zusammenfassung der Debatte (mit den wichtigsten "roll-calls"), s. CQ Almanac XXVI (197o), 927-948.

137) Supplemental Foreign Aid Authorization, H.R. 19911; Text des Cooper-Church-Amendments auch in CQ Almanac XXVI (197o) 944; den Widerruf der Tonking-Golf-Resolution enthält PL 91-672 (H.R. 15.628) (An Act to Amend the Foreign Military Sales Act, and for other purposes), Sec. 12.

138) Senate Committee on Foreign Relations, 91/2, Report, 6.

139) Dies anknüpfend an meine Überlegungen in: Das Konzept des
"Military-Industrial Complex".

14o) Senate Committee on Foreign Relations, 9o/1, Arms Sales
and Foreign Policy, 12 f.; Sen. Lausche (D., Ohio), Sen. Sparkman (D., Ala.), Sen. Symington (D., Mo.) in: Senate Committee
on Foreign Relations, 9o/2, Hearings, 9, 42; ferner House
Committee on Foreign Affairs, 91/2, Report, 7.

141) Senate Committee on Foreign Relations, 9o/1, Arms Sales
to Near East and South Asian Countries, 1.

142) Im einzelnen s.o. die Ausführungen zu dieser Position in
Abschnitt 3.21.1 und 3.21.2; ferner Rep. Gross (R., Iowa) in:
House Committee on Foreign Affairs, 91/2, Hearings, 25 f.

143) Symptomatisch für diese Haltung, die von der Bekämpfung
von "waste" und "inefficiency" ausging, dann jedoch zu grundsätzlicherer, die Zieldimension mit einbeziehender Kritik vor-
stieß, Joint Economic Committee, 92/1, Economic Issues in
Military Assistance.

144) Im Foreign Relations Committee ist diese Position stark
vertreten, vgl. Sen. Church (D., Idaho), Fulbright (D., Ark.)
Williams (R., Del.) in: Senate Committee on Foreign Relations,
92/1, Hearings, 12 f., 77-79, 1o1 und passim. Für Fulbright
s. ferner: The Crippled Giant, 154 ff., 2o8; im House Rep.
Frelinghuysen   (R., N.J.), Roybal (D., Cal.) in: House
Committee on Foreign Affairs, 91/2, Hearings, 13, 32 f.

145) Vgl. z.B. Sen. Church (D., Idaho) in: Senate Committee
on Foreign Relations ... (wie Anm. 144), 79 f.

146) Aus verfassungsrechtlicher Perspektive ausführlich
Dauses/Wolf: Die verfassungsrechtliche Problematik der 'War
Powers'.

147) Belege s.o. Anm. 14o; ferner explizit Sen. Cooper (R., Ky.)
in: Senate Committee on Foreign Relations (Anm. 144), 1.

148 PL 91-171 (H.R. 15.o9o)

149) Foreign Military Sales Act of 1968 (Anm. 5), Sec. 33;
PL 91-672, Sec. 2 (H.R. 15.628) setzte für alle nachfolgenden
Fiskaljahre eine obere Begrenzung der FMS für Lateinamerika
von je $ 75 Mio., für Afrika von je $ 4o Mio. fest.

15o) Vgl. die Diskussion über militärisches Überschußmaterial in: Senate Committee on Foreign Relations (wie Anm. 144),
36-39. H.R. 15628 (s. Anm. 149) setzt eine obere Grenze
für militärisches Überschußmaterial fest, das den Verbündeten zur Verfügung gestellt werden darf ($ 1oo Mio. pro Fiskal-
jahr), und führt eine Berichtspflicht gegenüber dem Kongreß
ein (s. Sec. 8).

151) Vgl. dazu o. Abschnitt 3.1

152) ISA-Where Strategy and Foreign Policy are Married. In:
AFM 9 (Nov. 1962), 95-98.

153) Die Aufgabenstellung zitiert ausführlich "ISA: Pipeline
on Foreign Affairs". In: AFM 8 (Nov. 1961), 72-74; ferner
Bingley : The Office of International Security Affairs. In:
United States Naval Institute Proceedings 92 (April 1966),
61-72, hier 7o.

154) Zitiert nach Feigl: ASPR Changes Made to Assist Military
Sales. In: DIB 1 (May 1965), 2-5, hier 2.

155) s.o. Anm. 17

156) Dazu Kuss: Military Exports und World Affairs. In:
DIB 2 (June 1966), 6-7 u. 2o-21, hier 2o f.; Jefferson:
Patents, Proprietary Rights and Military Exports. In: DIB 1
(June 1965), 2, 24; Murray: International Cooperation in the
Development of Military Aircraft. In: DIB 2 (Jan. 1966), 15-
18; Leavitt: International Cooperation in Military Research
and Development. In: Air Force /Space Digest International
2 (May 1966), 2o-25.

157) Bingley: The Office of International Security Affairs
(Anm. 153), 68 ff.

158) Vgl. dazu die Ausführungen des Kuss-Nachfolgers Lt. Gen.
Warren : DOD Administration of Military Assistance Program
and Foreign Military Sales. In: DIB 5 (June 1969), 28-3o;
ferner den Abschnitt "Military Assistance and Sales" in:
Approaches to the FY 197o-74 Defense Program and FY 197o De-
fense Budget. Statement by the then Secretary of Defense Clark
M. Clifford on Jan. 6, 1969, auszugweise abgedruckt in:
DIB 5 (March 1969), 1-8, hier 3; außerdem die Rede von Gen.
F.J. Chesarek (USA) vor der Jahresversammlung der Armed
Forces Management Association (2o.8.197o) u.d.T. "Indepen-
dence", auszugsweise abgedruckt in: DIB 6 (Oct. 197o), 17-19.

159) Biographie in: Senate Committee on Foreign Relations,
9o/1, Arms Sales to Near East and South Asian Countries, 2f.

16o) In der Regierungszeit Präsident Eisenhowers waren die er-
sten Vorschläge im Bericht des Draper Committee enthalten, s.:
The President's Committee to Study the U.S. Military Assistance
Program (Draper Committee): Composite Report, 27-56. Für den
Beitrag der von Kuss geleiteten Militärhilfe-Planungsgruppe
s. "Arms Sales to Near East and South Asian Countries" (Anm.
159) und Bingley: The Office of International Security Affairs
(Anm. 153), 67 f.

161) Mit Erscheinen des DIB, s. vor allem: Military Exports
Bring Big Returns. In: DIB 1 (Jan. 1965), 16-18; American

Business and U.S.Government Cooperate in ∮ 6 Billion Military
Export Market. In: DIB 1 (April 1965), 4 f., und den programma-
tischen Artikel von Kuss: Military Exports and World Affairs.
In: DIB 2 (June 1966), 6-7 u. 2o-21.

162) Angaben nach: Military Exports Bring Big Returns (Anm.
161), 16.

163) Wagner: How the U.S. Organizes for Worldwide Arms Sales.
In: AFM 13 (June 1967), 45-51.

164) Zur vom Gesetzgeber intendierten Hierarchie im Rüstungsexport-System s.o. Abschnitt 3.1

165) So Jeffrey Kitchen in: Arms Sales to Near East and South
Asian Countries (Anm. 159), 83 ff.; U.Alexis Johnson und
Thomas Pickering in: House Committee on Foreign Affairs, 91/2,
Hearings, 5-8, 5o ff.; ferner diess. in: Senate Committee on
Foreign Relations, 91/2, Hearings, 2-6, 83 f.

166) Seit 1965 sind die 5-Jahres-Projektionen jeweils auszugsweise abgedruckt in der März-Nummer des DIB, vgl. z.B.
DIB 1 (March 1965). 2 f.: 2 (March 1966). 3 f.;
vgl. ferner House Committee on Foreign Affairs, 89/2, Hearings,
272; dass., 9o/1, Hearings, 118; Senate Committee on Foreign
Relations, 9o/1, Foreign Assistance Act of 1967, 25o.

167) Erstes Erscheinen von Kuss s. House Committee on Foreign
Affairs, 88/2, Hearings, 5o9-515; von da ab jährlich vor
dem House Committee on Foreign Affairs, s. 89/1, Hearings,
8o5-8o8; 89/2, Hearings, 477-481; ferner in: Arms Sales to
Near East and South Asian Countries (Anm. 159), 2-5; zum
letzten Mal 1968, s. Senate Committee on Foreign Relations,
8o/2, Hearings, 14 f., 31 f. - Die drei Ziele werden ferner
zitiert in dem Kuss-Interview, das dem Artikel "American
Business und U.S. Government Cooperate in ∮ 6 Billion Military
Export Market " (DIB 1, April 1965, 4) zugrunde liegt; s.
ferner Feigl, in: DIB 1 (May 1965), 5; Gownley/Alne, in: DIB
2 (Sept. 1966), 28. Die Beispiele liessen sich vermehren.

168) Dazu ausführlich unten in diesem Abschnitt. Paradigmatisch die Kuss-Zitate in Borklund: What Military Exports Can
Mean. In: AFM 11 (Jan. 1965), 27-31.

169) Die Direktive wird - ohne Nennung der Nummer - zitiert
in: ISA: Where Strategy and Foreign Policy are Married (Anm.
152), 96; Ausschnitte auch in Bingley: The Office of International Security Affairs (Anm. 153), 66. Zur Zahlungsbilanz-
Sanierung und Offset s. Pt. 7-1o.

17o) Es taucht in der Direktive vom Juni 1962 (Anm. 169)
überhaupt nicht auf.

171) Noch im Januar 1967, d.h. zum Zeitpunkt des Erscheinens

der Studie "Arms Sales and Foreign Policy" des Senate Commit-
tee on Foreign Relations, hieß es in AFM: "In their Defense
Appropriations and Foreign Assistance Hearings, members of
Congress sometimes probe into the foreign military sales pro-
gram but generally do not interfere with its daily conduct."
Wagner: How the U.S. Organizes for Worldwide Arms Sales. In:
AFM 13 (Jan. 1967), 45-51, hier 48.

172) "By selling military material to meet force and equipment
goals, we preserve and extend U.S. politico-military influence
and help meet our economic goals at the same time." Kuss, nach
einem Zitat (ohne Quellenangabe) in: Farrington, Robert F.:
Military Assistance at the Crossroads. In: United States Naval
Institute Proceedings 92 (June 1966), 68-76, hier 7o. Den Zusammenhang zwischen den drei Dimensionen stellt Kuss auch her
in dem von Wagner (Anm. 171) zitierten Interview.

173) Kuss: Military Exports and World Affairs (Anm. 161), 7.
Die gleichen Gedankengänge finden sich im Statement Kuss in:
House Committee on Foreign Affairs, 89/1, Hearings, 8o6;
und ders.: House Committee on Foreign Affairs, 89/2, Hearings,
478. Offensichtlich unter dem Eindruck der wachsenden Kritik
formulierte Kuss 1969 etwas vorsichtiger, s. Military Sales
Bolster Free World Defenses. In: AFM 15 (Jan. 1969), 55-57,
hier 57 (Interview mit Kuss und seinem Stellvertreter Alne).

174) Bingley: The Office of International Security Affairs
(Anm. 153), hier 68.

175) Kuss im Januar 1967, zitiert nach Wagner: How the U.S.
Organizes for Worldwide Arms Sales (Anm. 163), 48.

176) So die Wiedergabe des Selbstverständnisses bei DuPre:
International Logistics. In: Marine Corps Gazette 5o (Oct.
1966), 43-46.

177) Dazu ausführlich Borklund: What Military Exports Can
Mean (Anm. 168), 3o f.

178) Wagner: How the U.S. Organizes (Anm. 163), 48.- Die
Dienste der MAAG's gegenüber amerikanischen Produzenten sol-
len nach der Konzeption des ILN einschließen:
"Government briefing on the country situation;
Government advice of likely country receptivity to the compa-
ny and its product;
Government assistance in arranging presentations, field demon-
strations, transmission on a government-to-government basis of
classified data."
Zitiert nach Borklund (Anm. 168), 31.

179) s. Military Exports May Hit $ 1 - 1 1/2 Billion. In:
Armed Forces Management 14 (May 1968), 26.

18o) Kuss, zitiert nach Borklund: What Military Exports Can
Mean (Anm. 168), 31; an anderer Stelle werden Kuss'Qualitäten
in bezug auf "sales promotion" charakterisiert als "...being

something of a cross between a Yankee horsetrader and a Lebanese
jewel merchant...", International Logistics. In: AFM 11 (Nov.
1964), 1o2.

181) Kuss:A NATO Common Defense Market.In:DIB 1 (Nov.1965),5-6
u. 24-25; ders.: Military Exports and World Affairs (Anm. 156),
ferner die Gedankengänge in: American Business and U.S. Government Cooperate in $ 6 Billion Military Export Market (Anm. 161).

182) Bereits 1961 berichtet Armed Forces Management - eine
wegen ihrer Exportfreudigkeit unverdächtige Quelle - von Spannungen im Verhältnis zu Frankreich und Großbritannien, s.:
NATO's New Super-Salesmen, Vol. 7. (August 1961), 25; How
the U.S.May Solve NATO Dilemma, Vol. 7 (July 1961), 55-57;
Double Talkes Across the Water, Vol. 7 (Sept. 1961), 29-3o.

183) Ausführlich o. Abschnitt 2.24.3

184) Dazu o. Abschnitt 2.15

185) Einen Abschnitt des Artikels "Military Exports and World
Affairs" (Anm. 156) überschreibt Kuss mit "Problems from a
Protectionist Point of View" (S. 2of.). Tenor der Argumentation: "...defense export programs will be increasingly counter
productive without the acceptance of the same concept of free
flow of trade which dominates international commercial markets." ibid., 21.

186) "Military Exports and World Affairs" (Anm. 156), 21; "A
NATO Common Defense Market" (Anm. 181), 24.

187) Dazu Powell: Arms Sales is More than just a Military
Question. In: AFM 14 (Jan. 1968), 72-81; Collective Defense
Hinges on Military Assistance. In: AFM 14 (April 1968), 1oo f.

188) So bewertet Kuss kurz vor seiner Ablösung das, was er
als Mißverständnis des Kongresses bezeichnet, lediglich als
"public relations problem", s. Military Sales Bolster Free
World Defenses. In: AFM 15 (Jan. 1969), 55-57, hier 56.

189) DIAC wurde durch DOD-Direktive 5o3o.22 (23.5.1962)
eingesetzt, vgl. Bothmer: Defense Industry Advisory Council.
In:DIB 2 (April 1966), 1-2.

19o) International Security Affairs. In: AFM 1o (Nov. 1963),
73-76.

191) Vgl. Kuss: A NATO Common Defense Market. In: DIB 1 (Nov.
1965), 6.Liste der Mitglieder des DIAC-Subcommittee in: MER,
October 6, 1966, 319 f. - Zu den exportabhängigen Produzenten
im einzelnen o. Abschnitt 2.14

192) Vgl. Yates: What Technology Markets Mean both to Government and to U.S.Industry. In: AFM 13 (Jan. 1967), 76.

193) Diese 4 werden genannt bei Thayer: War Business, 183.

Military Export Reporter (Anm. 191) führt nur die produzie-
renden Konzerne auf.

194) Kuss: A NATO Common Defense Market (Anm. 191), 6. - Einen
ausführlichen Überblick über die wichtigsten Associations -
nach Mitgliedschaft, Organisationsstruktur, Zielsetzungen -
gibt Congressional Quarterly: The Military Lobby. Its Impact
on Congress, Nation. Auszugsweise abgedruckt in: CR, Vol. 1o7,
27.3.1961, 4557 - 4567, hier 4558 f. Definiert werden die
Associations als "..organizations engaged in promoting the
mutual interests of the armed sevices and their contractors
in national security matters." 4558.

195) Ausführlich weiter unten in diesem Abschnitt.

196) Ausnahme s. Reeves: A Strong Defense and a Healthy Economy. In: Air Force/Space Digest International 2 (May 1966),
26-3o.

197) Borklund: Role of the Defense Industry Association.
In: AFM 11 (April 1965), 31-32, hebt besonders NSIA hervor,
bezeichnet aber auch die Aerospace Industries Association
und die Electronic Industries Association als "working, not
partying" (32).

198) Die Einrichtung dieses Subcommittee wird als "...response
to a Department of Defense request to the NSIA to broaden
industry participation in the military export field ..." bezeichnet, s. NSIA Annual Report, 1963, 32. Diese Quelle veröffentlicht jährlich eine Liste der Mitglieder des International Advisory Committee.

199) Siehe z.B. Editorial "Is the Military Export Market
Worth More Intensive Cultivation? It is - Let's Get At It!"
In: MER, 31.8.1966, 275-277.

2oo) Vgl. Kuss, zitiert in MER, 27.1o.1966, 342; Yates: What
Technology Markets Mean... (Anm. 192), 76; NSIA Annual Report,
1965, 32.

2o1) Zitat nach MER, 27.1o.1966, 342; s. ferner Kuss: American
Business and U.S. Government Cooperate in $ 6 Billion Military
Export Market. In: DIB 1 (April 1965), 5; ders., zitiert in
Borklund: What Military Exports Can Mean (Anm. 168), 31; eben-
so "Military Exports Bring Big Returns". In: DIB 1 (Jan. 1965),
16.

2o2) "How Industry Sees the Budding Export Market".In: AFM
11 (Jan. 1965), 37-38, hier 37. "There are, to be sure, some
industrial giants trying to take large waves in this business.
But there are a lot more giants sprawling around in America's
pasture taking a snooze", s. Military Exports: Whose Fault is
Failure? In: AFM 11 (Jan. 1965), 7; ferner: NSIA Heading for
Third Year of Effort to Make the Military Exporter a Fuller
Partner of Government. In: MER, 14.9.1966, 294.

2o3) How Industry Sees ... (Anm. 2o2), 37.

2o4) Programmatisch: The Vast Secondary Military Export Market is Officially Disclosed by the U.S. Defense Department. In: MER, 12.1.1967, 1o f. (zitiert ausführlich Kuss und seinen Mitarbeiter Gownley); ferner: Defense Department Urges Increased Emphasis on U.S. Military Export Sales Program. In: MER, 27. 1o.1966, 342 f.;

2o5) Kuss, zitiert in: U.S.Military Export Sales Program being Reshaped to Include Component Builders. In: MER, 8.12.1966, 388; ferner ders., anläßlich des Jahrestreffens der American Ordnance Association (2o.1o.1966), zit. in Wagner: How the U.S. Organizes ... (Anm. 163), 49.

2o6) Allgemein: U.S. Military Export Sales Program being Reshaped... (Anm. 2o5); Foreign Sales Offer a Market for Subcontractors. In: AFM 13 (March 1967), 94; NSIA Heading for Third Year of Effort ... (Anm. 2o2); DOD - NSIA Cooperation Foreseen in Program to Help More Companies Enter the Military Export Program. In: MER, 27.1o.1966, 341 f.; Industry - Defense - Commerce Land Tripartite Effort to Expand U.S. Military Export Sales. In: MER, 15.12.1966, 396 f.; Commerce Survey Isolates Most Saleable U.S. Aerospace Components in Europe. In: MER, 22.9.1966, 3o1.

2o7) Zitiert in: Survey Indicates Hight Export Sales Interest. In: AFM 14 (June 1968), 1o5. Im NSIA International Advisory Committee, das bei seiner Gründung 1963 19 rüstungsindustrielle Mitglieder umfaßt hatte, waren 1969 91 Konzerne vertreten, s. NSIA Annual Report, 1969, 16 f.

2o8) Zitiert nach: Military Export Interest on Upswing. In: AFM 14 (May 1968), 34.

2o9) Joint Economic Committee, 92/1, Economic Issues in Military Assistance, 57.

21o) "In view of growing Congressional concern over U.S. arms exports programs, the government is playing down its role and expecting industry to take up the slack." Zitat eines ungenannten Pentagon-Abteilungsleiters in: The Booming World Trade in Arms. In: Business Week, 23.5.197o, 114-118, hier 114. Der Artikel beruft sich auch auf Deputy Assistant Secretary of State for Politico-Military Affairs Ronald J.Spiers.

211) s.o. Tab. 2

212) Das folgende faßt die Abschnitte 3.21 bis 3.23 zusammen; dort die Belege.

213) Dazu Abschnitt 3.23

214) Krippendorff: Strategie, 451-484, formuliert diese These ausführlich.

215) Hoopes war 1964 - 1967 Deputy Assistant Secretary of

Defense, ISA (Near East, South Asia and Military Assistance Program Policy Review), und 1967-1969 Under Secretary of the Air Force, s. sein Statement in: Joint Economic Committee, 92 /1, Economic Issues in Military Assistance, 87-93.

216) Vgl. z.B. Krippendorff (Anm. 214), 2o9 - 212.

217) So auch Hoopes (Anm. 215).

218) Das folgende greift besonders auf Abschnitt 3.21.3 zurück.

QUELLEN- UND LITERATURVERZEICHNIS

Übersicht

1. Quellen

1.1 Materialien der US-Regierung

1.2 Materialien des US-Kongresses

1.3 Zeitschriften und Periodika zu den Rüstungsexporten

1.4 Sonstige Materialien

2. Literatur

Vorbemerkungen:

Die Materialien der US-Regierung werden mit Kurztiteln bzw. Abkürzungen zitiert (im Quellenverzeichnis unterstrichen), die AID-Materialien lediglich mit der Jahresangabe.

Nachweise aus dem Congressional Record werden zitiert als CR, mit Angabe der Bandnummer (1o7 ff.) und des Datums. "A" vor der Seitenzahl steht für Appendix.

Die Materialien der Kongreß-Ausschüsse werden mit dem Namen des betreffenden Ausschusses, der Legislativ- und Sitzungs- periode, nötigenfalls als "Hearing" oder "Report" und/oder mit einem Kurztitel zitiert, also z.B. Senate Committee on Foreign Relations, 87/1, Report; oder: Senate Committee on Foreign Relations, 9o/1, Arms Sales and Foreign Policy.

Um das Quellenverzeichnis nicht über Gebühr anschwellen zu lassen, wurde darauf verzichtet, die einzelnen Artikel aus den Zeitschriften und Periodika zu den Rüstungsexporten auf- zunehmen. Sie werden lediglich in den Anmerkungen zitiert.

Literaturtitel werden in den Anmerkungen mit Verfassernamen und einem Kurztitel zitiert.

1.1 Materialien der US-Regierung

Bureau of the Census: Statistical Abstract of the United States.
U.S.GPO., Washington, D.C. (jährlich), Ausgabe 1961 ff.

Historical Statistics of the United States. Colonial Times
to 1957 (Continuation to 1961 and Revisions), U.S. GPO.,
Washington, D.C. 197o

Executive Office of the President/Bureau of the Budget: The
Budget of the United States Government. U.S. GPO., Washington, D.C. (jährlich), Ausgabe FY 1962 ff.

Office of Federal Register, General Services Administration:
U.S. Government Organization Manual 1962-63, revised as of
June 1, 1962, U.S. GPO., Washington, D.C., 1962, Ausgabe
1962-63 - 1969-7o

General Accounting Office: Survey of Selected Aspects of Administration of the Foreign Military Sales Fund, Department of
Defense. April 16, 1969 (hektographiert)

Department of Commerce: Defense Indicators (monatlich), 1966-
1974

Survey of Current Business. Vol. 41 (1961) - Vol. 49 (1969)

Department of Defense. Office of the Assistant Secretary of
Defense (International Security Affairs): Military Assistance and Foreign Military Sales Facts. 1.Ausgabe Washington, D.C. 197o (jährlich), 197o - 1972

Office of the Assistant Secretary of Defense
(Public Affairs): Defense Industry Bulletin (DIB), Vol. 1
(1965) - Vol. 6 (197o)

U.S. Air Force, Directorate on Military Assistance: Information and Guidance on Military Assistance, 5th ed.
(1961) - 1oth ed. (1966)

Department of State (General Foreign Policy Series): International Traffic in Arms. Regulations Issued by the Secretary of State Governing Registration and Licensing under
section 414 of the Mutual Security Act of 1954 and Related
Laws (11th edition). U.S. GPO., Washington, D.C. 1958

United States Treaties and Other International Agreements
(TIAS), Vol. 12 (1961) - Vol. 19 (1968)

Department of State Bulletin (DoSB), Vol. XLIII (196o)
- Vol. XLVI (1963)

Public Papers of the Presidents of the United States: John
    F. Kennedy, 1961, 1962, 1963 (3 Vol.), U.S. GPO., Washing-
    ton, D.C. 1962, 1963, 1964

The President's Committee to Study the U.S. Military Assis-
    tance Program (Draper Committee): Composite Report, Vol.I
    Washington, D.C. 1959

Committee to Strengthen the Security of the Free World (Clay
    Committee): The Scope and Distribution of United States
    Military and Economic Assistance Programs. Report to the
    President. U.S. GPO., Washington, D.C. 1963

President's Task Force on International Development : U.S.
    Foreign Assistance in the 1970's: A New Approach (Report
    to the President), U.S. GPO., Washington, D.C. 1970

Nixon, Richard M.: United States Foreign Policy for the
    1970's. A New Strategy for Peace. A Report by the Presi-
    dent of the United States to the Congress (February 18,
    1970). U.S. GPO., Washington, D.C. 1970

    U.S. Foreign Policy for the 1970's. The Emerging Structure
    of Peace. A Report to the Congress by the President.
    (9.2.1972). U.S. GPO., Washington, D.C.1972

    Economic Report of the President. Transmitted to the
    Congress January 1974. Together with the Annual Report
    of the Council of Economic Advisors. U.S. GPO., Washing-
    ton, D.C. 1974

Agency for International Development: Proposed Mutual Defense
    and Assistance Programs FY 1964. U.S. GPO., Washington,
    D.C. 1963

    Background Material on Mutual Defense and Development
    Programs, FY 1965. U.S. GPO., Washington, D.C. 1964

    Background Material. Foreign Assistance Act, FY 1968.
    U.S. GPO., Washington, D.C. 1967

    Background Material. Foreign Assistance Act, FY 1970.
    U.S. GPO., Washington, D.C. 1969

Arms Control and Disarmament Agency: World Military Expen-
    ditures and Arms Trade 1963-1973. U.S. GPO., Washington,
    D.C. o.J. (1974)

Report of the Committee on the Economic Impact of Defense and
    Disarmament. U.S. GPO., Washington, D.C. 1965

Review Committee for Balance of Payments Statistics: The
    Balance of Payments Statistics of the United States: A
    Review and Appraisal. U.S. GPO., Washington, D.C. 1965

1.2 Materialien des US-Kongresses

Congressional Record (CR), Vol. 1o7 (87/1 Congress), 1961;
Congressional Record, Vol. 1o8 (87/2 Congress), 1962;
  ferner einzelne Debatten aus Vol. 1o6, Vol. 118, Vol. 12o

Senate/House
  92/1 Congress. Senate Committee on Foreign Relations/House
  Committee on Foreign Affairs: Legislation on Foreign Relations (with Explanatory Notes). U.S. GPO., Washington,
  D.C. 1971

Joint Economic Committee
  88/1 Congress. United States Balance of Payments - Perspectives and Policies. Staff Materials. U.S. GPO., Washington, D. C. 1963

  92/1 Congress. Subcommittee on Economy in Government.
  Hearings: Economic Issues in Military Assistance. U.S.
  GPO., Washington, D. C. 1971

House of Representatives

Committee on Appropriations, Hearings

  87/1 Congress. House. Committee on Appropriations. Hearings:
  Foreign Operations Appropriations, FY 1962.
  U.S. GPO., Washington, D. C. 1961

  87/2 Congress. Foreign Operations Appropriations, FY 1963.
  U.S. GPO., Washington, D.C. 1962

  88/2 Congress. Foreign Operations Appropriations, FY 1965,
  U.S. GPO., Washington, D.C. 1964

Committee on Armed Services

  92 Congress. House. Committee on Armed Services. Special
  Subcommittee on North Atlantic Treaty Organization Commit-
  ments. Hearings: The American Commitment to NATO. U.S.
  GPO., Washington, D.C. 1972

  92 Congress. House. Committee on Armed Services. Special
  Subcommittee on North Atlantic Treaty Organization Commit-
  ments. Report: The American Commitment to NATO. U.S. GPO.,
  Washington, D.C. 1972

Committee on Banking and Currency

  9o/1 Congress. House. Committee on Banking and Currency.
  Hearings: Export-Import Bank and Credit Sales of Defense
  Articles. U.S. GPO., Washington, D.C. 1967

Committee on Foreign Affairs, Hearings:

  87/1 Congress. House. Committee on Foreign Affairs.
  Hearings: The International Development and Security Act.
  U.S. GPO., Washington, D.C. 1961

87/2 Congress. Foreign Assistance Act of 1962. U.S. GPO.,
Washington, D.C. 1962

88/1 Congress. Foreign Assistance Act of 1963. U.S. GPO.,
Washington, D.C. 1963

88/2 Congress. Foreign Assistance Act of 1964. U.S.GPO.,
Washington, D.C. 1964

89/1 Congress. Foreign AssistanceAct of 1965. U.S. GPO.,
Washington, D.C. 1965

89/2 Congress. Foreign Assistance Act of 1966. U.S. GPO.,
Washington, D.C. 1966

9o/1 Congress. Foreign Assistance Act of 1967. U.S. GPO.,
Washington, D.C. 1967

9o/2 Congress. Foreign Military Sales Act   (June 26,27,
1968), U.S. GPO., Washington, D.C. 1968

91/2 Congress. To Amend the Foreign Military Sales Act.
U.S. GPO., Washington, D.C. 197o

93/1 Congress. House. Committee on Foreign Affairs. Subcommittee on National Security Policy and Scientific De-
velopments. Hearings: War Powers. U.S. GPO., Washington,
D.C. 1973

Committee on Foreign Affairs, Report:

87/1 Congress. House. Committee on Foreign Affairs. Report:
Mutual Security Act of 1961. U.S. GPO., Washington, D.C.
1961

87/2 Congress. Foreign Assistance Act of 1962. U.S. GPO.,
Washington, D.C. 1962

88/1 Congress. Foreign Assistance Act of 1963. U.S. GPO.,
Washington, D.C. 1963

88/2 Congress. Foreign Assistance Act of 1964. U.S. GPO.,
Washington, D.C. 1964

89/1 Congress. Foreign Assistance Act of 1965. U.S. GPO.,
Washington, D.C. 1965

89/2 Congress. Foreign Assistance Act of 1966. U.S. GPO.,
Washington, D.C. 1966

91/2 Congress. Amending the Foreign Military Sales Act.
U.S. GPO., Washington, D.C. 197o

Committee on Foreign Affairs, sonstige Materialien:

87/1 Congress. House. Committee on Foreign Affairs: Gold and United States Balance of Payments Deficit. (Prepared by Legislative Reference Service, Library of Congress) U.S. GPO., Washington, D.C. 1961

87/1 Congress. Staff Memorandum on Background Material on the Foreign Aid Program. U.S. GPO., Washington, D.C. 1961

88/2 Congress. Staff Memorandum on Major Foreign Aid Authorizations and Appropriations since World War II. U.S. GPO., Washington, D.C. 1964

93/2 Congress. Committee Print: The International Transfer of Conventional Arms. A Report to the Congress from the U.S. Arms Control and Disarmament Agency (April 12,1974). U.S. GPO., Washington, D.C. 1974

Senate

Committee on Appropriations, Hearings:

87/1 Congress. Senate. Committee on Appropriations. Hearings: Foreign Assistance and Related Agencies Appropriations for 1962. U.S. GPO., Washington, D.C. 1961

87/2 Congress. Foreign Assistance and Related Agencies Appropriations for 1963. U.S. GPO., Washington, D.C. 1962

88/1 Congress. Foreign Assistance and Related Agencies Appropriations for 1964. U.S. GPO., Washington, D.C. 1963

88/2 Congress. Foreign Assistance and Related Agencies Appropriations for 1965. U.S. GPO., Washington, D.C. 1964

88/2 Congress. Senate. Committee on Appropriations/Committee on Armed Services. Hearings: Department of Defense Appropriations, FY 1965. U.S. GPO., Washington, D.C. 1964

Committee on Banking and Currency

9o/1 Congress. Senate. Committee on Banking and Currency. Hearings: Export-Import Bank Participation and Financing in Credit Sales of Defense Articles. U.S. GPO., Washington, D.C. 1967

Committee on Foreign Relations, Hearings:

87/1 Congress. Senate. Committee on Foreign Relations. Hearings: International Development and Security. U.S. GPO., Washington, D.C. 1961

87/1 Congress. The Peace Corps. U.S. GPO., Washington, D.C. 1961

87/2 Congress. Foreign Assistance Act of 1962. U.S. GPO., Washington, D.C. 1962

88/1 Congress. Foreign Assistance Act of 1963. U.S. GPO., Washington, D.C. 1963

88/2 Congress. Foreign Assistance Act of 1964. U.S. GPO., Washington, D.C. 1964

89/1 Congress. Foreign Assistance Act of 1965. U.S. GPO., Washington, D.C. 1965

89/2 Congress. Foreign Assistance Act of 1966. U.S. GPO., Washington, D.C. 1966

9o/1 Congress. Foreign Assistance Act of 1967. U.S. GPO., Washington, D.C. 1967

9o/1 Congress. Senate. Committee on Foreign Relations. Subcommittee on Near Eastern and South Asian Affairs. Arms Sales to Near East and South Asian Countries. U.S. GPO., Washington, D.C. 1967

9o/2 Congress. Senate. Committee on Foreign Relations. Foreign Military Sales. U.S. GPO., Washington, D.C. 1968

91 Congress. Senate. Committee on Foreign Relations. Hearings before the Subcommittee on United States Security Agreements and Commitments Abroad. Vol. I, pts. 1 - 4; Vol. II, pts. 5 - 11; U.S. GPO., Washington, D.C. 1971

91/2 Congress. Senate. Committee on Foreign Relations. Foreign Military Sales Act Amendment, 197o, 1971. U.S. GPO., Washington, D.C. 197o

92/1 Congress. Senate. Committee on Foreign Relations. Foreign Assistance Legislation, Fiscal Year 1972. U.S. GPO., Washington, D.C. 1971

Committee on Foreign Relations, Report:

87/1 Congress. Senate. Committee on Foreign Relations. Report: Foreign Assistance Act of 1961. U.S. GPO., Washington, D.C. 1961

87/2 Congress. Foreign Assistance Act of 1962. U.S. GPO., Washington, D.C. 1962

88/1 Congress. Foreign Assistance Act of 1963. U.S. GPO., Washington, D.C. 1963

88/2 Congress. Foreign Assistance Act of 1964. U.S. GPO., Washington, D.C. 1964

89/2 Congress. Military Assistance and Sales Act. U.S. GPO., Washington, D.C. 1966

91/2 Congress. Amending the Foreign Military Sales Act.
U.S. GPO., Washington, D.C. 197o

Committee on Foreign Relations, sonstige Materialien:

9o/1 Congress. Senate. Committee on Foreign Relations.
Staff Study: Arms Sales and Foreign Policy. U.S. GPO.,
Washington, D.C. 1967

93/1 Congress. Senate. Committee on Foreign Relations. Staff
Report Prepared for the Use of the Subcommittee on U.S.
Security Agreements and Commitments Abroad: U.S. Security
Issues in Europe: Burden-Sharing and Offset, MBFR and Nucle-
ar Weapons. (September 1973), U.S. GPO., Washington, D.C.
1973

Senate, sonstige Materialien

87/2 Congress. Senate. Select Committee on Small Business.
Hearings: Impact of Defense Spending on Labor Surplus
Areas. U.S. GPO., Washington, D.C. 1962

88/2 Congress. Senate Document, No. 53. Summary of the
Three-Year Kennedy Record and Digest of Major Accomplish-
ments of the 87th Congress and the 88th Congress, 1 st.
Session. U.S. GPO., Washington, D.C. 1964

1.3 Zeitschriften und Periodika zu den Rüstungsexporten

Aerospace International (U.S. Air Force Association),
1966 - 1972

Air Force and Space Digest (U.S. Air Force Association),
Vol. 44 (1961) - Vol. 48 (1965)

Air Force/ Space Digest International (U.S. Air Force
Association), 1962 - 1966 (im Nov. 1966 eingestellt.
Nachfolgepublikation: Aerospace International)

Air University Library Index to Military Periodicals.
(Air University Library, Maxwell Air Force Base, Alabama),
1963 - 1968

Armed Forces Management (AFM) (American Aviation Publications -
Armed Forces Management Association), Vol. 9 (Oct. 1962 -
Sept. 1963) - Vol. 16 (Oct. 1969 - Sept. 197o)

Marine Corps Gazette (Marine Corps Association), Vol. 5o
(1966)

Military Export Reporter (MER) (American Aviation Publications
- Armed Forces Management Association), Vol. 1 (1965) -
Vol. 4 (1968)

National Security Industrial Association (NSIA) Annual Report
    (o.O.), 1961 - 1968

United States Naval Institute Proceedings, 1963 - 1968

1.4 Sonstige Materialien

Congressional Quarterly (CQ) Almanac, Vol. XVII (1961) -
    XXVI (1970)

Congressional Quarterly (CQ) Weekly Report, 1967 - 1972

Aviation Week and Space Technology: Aerospace Facts and
    Figures, 1972/73. (New York 1972)

Global Defense. U.S. Military Commitments Abroad.
    (Congressional Quarterly) Washington, D.C.,
    September 1969

SIPRI (Stockholm International Peace Research Institute):
    Yearbook of World Armaments and Disarmament,
    1969/1970. Stockholm 1970

SIPRI (Stockholm International Peace Research Institute):
    The Arms Trade with the Third World. Stockholm 1971

2. Literatur

Albrecht, Ulrich: Der Handel mit Waffen. München 1971

Ders.: The Study of International Trade in Arms and Peace Research. In: JoPR 9 (1972), 165 - 178

Alker, Hayward R.: The Long Road to International Relations Theory: Problems of Statistical Nonadditivity. In: Czempiel (ed.): Die Lehre von den Internationalen Beziehungen, 258 - 3oo

Angell, James W.: The United States International Payments Deficit: Dilemmas and Solutions. In: PSQ, Vol. LXXIX, No.1, März 1964, 1 - 24

Aron, Raymond: Hauptströmungen des soziologischen Denkens. 2 Bde., Köln 1971

Ashkenasi, Abraham: Reformpartei und Außenpolitik. Die Außenpolitik der SPD Berlin - Bonn. Köln und Opladen 1968

Atwater, Elton: American Regulation of Arms Exports. Washington, D.C. (Carnegie Endowment for International Peace) 1941, Reprint 1971

Aubrey, Henry G.: The Dollar in World Affairs. An Essay in International Financial Policy. New York 1964

Bachrach, Peter: Die Theorie demokratischer Elitenherrschaft. Frankfurt 197o

Ders./Baratz, Morton S.: Power and Poverty. Theory and Practice. New York 197o

Barber, William F.: Can the Alliance for Progress Succeed? In: Annals (January 1964),81 - 91

Baring, Arnulf: Außenpolitik in Adenauers Kanzlerdemokratie. Bonns Beitrag zur Europäischen Verteidigungsgemeinschaft. (Schriftenreihe des Forschungsinstituts der Deutschen Gesellschaft für Auswärtige Politik, Bd. 28). München und Wien 1969

Barnet, Richard J.: Intervention and Revolution. The United States in the Third World. New York 1968

Baumann, Gerhard: Devisenausgleich und Sicherheit. In: Wehrkunde 17 (Mai 1968), 245 - 251

Bernholz, Peter: Währungskrisen und Währungsordnung. Hamburg 1974

Beloff, Max: Foreign Policy and the Democratic Process. Baltimore, Md. 1966[3]

Benoit, Emile/Boulding, Kenneth B. (eds.): Disarmament and the Economy. New York 1963

Boeck, Klaus/Krägenau, Henry: Devisenausgleich und Burden-Sharing. HWWA - Institut für Wirtschaftsforschung. Hamburg 1971

Boeck, Klaus: Zahlungsbilanzeffekte und Kosten des Devisen-ausgleichs. In: Wehr und Wirtschaft 15 (1971), 587 - 589

Bolton, Roger E.: Defense and Disarmament. The Economics of Transition. Englewood Cliffs, N.J. 1966

Ders.: Defense Purchases and Regional Growth. Washington, D.C. 1966

Borch, Herbert von: Anatomie einer Entzweiung. In: Außenpoli-tik 13 (1962), 357 - 36o

Bracher, Karl Dietrich: Kritische Betrachtungen über den Primat der Außenpolitik. In: Faktoren der politischen Entscheidung. Festgabe für Ernst Fraenkel zum 65. Geburts-tag. Berlin 1963, 115 - 148

Brandt, Gerhard: Rüstung und Wirtschaft in der Bundesrepublik. (Studien zur politischen und gesellschaftlichen Situation der Bundeswehr, Bd. 5, hrsg. v. Georg Picht) Witten und Berlin 1966

Boulding, Kenneth E./Mukerjee, Tapan: Unprofitable Empire: Britain in India, 18oo - 1967. A Critique of the Hobson-Lenin Theses on Imperialism. In: Peace Research Society Papers 16 (1971), 1 - 21

Burton, John W.: International Relations. A General Theory. Cambridge 1967[2]

Calleo, David P./Rowland, Benjamin M.: America and the World Political Economy. Atlantic Dreams and National Realities. Bloomington and London 1973

Carroll,Holbert N.: The House of Representatives and Foreign Affairs. Pittsburgh 1958

Cimbala, Stephen J.: Foreign Policy as an Issue Area: A Roll Call Analysis. In: APSR 63 (1969), 148 - 156

Cobb, Stephen: Defense Spending and Foreign Policy in the House of Representatives. In: JoCR 13 (1969), 358 - 369

Cobb, Stephen: The United States Senate and the Impact of De-
    fense Spending Concentrations. In: Rosen, Steven (ed.):
    Testing the Theory of the Military-Industrial Complex.
    Lexington, Mass. 1973, 197 - 223

Cooper, Richard N.: The Economics of Interdependence. Economic
    Policy in the Atlantic Community. New York 1968

Ders.: The Balance of Payments in Review. In: Journal of
    Political Economy, LXXIV (August 1966), 379 - 395

Ders.: Economic Interdependence and Foreign Policy in the
    Seventies. In: WP XXIV (Jan. 1972), 159 - 181

Ders.: The Future of the Dollar. In: FP No. 11, Summer 1973,
    3 - 23

Czempiel, Ernst-Otto: Das amerikanische Sicherheitssystem
    1945 - 1949. Studie zur Außenpolitik der bürgerlichen
    Gesellschaft. Berlin 1966

Ders. (ed.): Die Lehre von den Internationalen Beziehungen.
    Darmstadt 1969

Ders.: Schwerpunkte und Ziele der Friedensforschung.
    München 1972

Ders.: Der Primat der Auswärtigen Politik. Kritische
    Würdigung einer Staatsmaxime. In: PVS 4 (1963), 266 - 287

Ders.: Die Entwicklung der Lehre von den Internationalen
    Beziehungen. In: PVS 6 (1965), 27o - 29o

Ders.: Probleme demokratischer Außenpolitik. In: Offene
    Welt, Juni 1968, 295 - 3o1

Ders.: Entwicklungslinien der amerikanisch-europäischen Be-
    ziehungen. In: EA 28 (1973), 781 - 79o

Ders.: Die Bundesrepublik und Amerika. Von der Okkupation
    zur Kooperation. In: Löwenthal, Richard/Schwarz, Hans-
    Peter (eds.): Die zweite Republik. 25 Jahre Bundesre-
    publik Deutschland - eine Bilanz.
    Stuttgart 1974, 554 - 579

Damm, Carl/Goodhart, Philip: Die Euro-Gruppe im Atlantischen
    Bündnis. Ein Ansatz westeuropäischer Verteidigungszusammen-
    arbeit. In: EA 28 (1973), 137 - 146

Dauses, Manfred A./Wolf, Dieter O.A.: Die verfassungsrecht-
    liche Problematik der "War Powers" in den Vereinigten
    Staaten. In: PVS 15 (Juni 1974), 213 - 244

Dencik, Lars: Plädoyer für eine revolutionäre Friedensforschung.
     In: Senghaas (ed.): Kritische Friedensforschung. Frank-
     furt 1971, 247 - 27o

Diebold, William, Jr.: The United States and the Industrial
     World. American Foreign Economic Policy in the 197o's.
     New York 1972

Donovan, James A.: Militarism, U.S.A. New York 197o

Dreier, John C.(ed.): The Alliance for Progress. Problems
     and Perspectives. Baltimore, Md. 1963

DuBoff, Richard B.: Pentagonism or Imperialism? In:Schiller,
     Herbert I./Phillips, Joseph D. (eds.): Superstate.
     Readings in the Military-Industrial Complex. Urbana 197o,
     1o5 - 114

Duckwitz, Georg F.: Truppenstationierung und Devisenausgleich.
     In: Außenpolitik 8/1967, 471 ff.

Emerson, Rupert: From Empire to Nation. The Rise and Self-
     Assertion   of Asian and African Peoples. Boston 196o

End, Heinrich: Zweimal deutsche Außenpolitik. Internationale
     Dimensionen des innerdeutschen Konflikts 1949 - 1972.
     Köln 1973

Epstein, Klaus: Das Kennedy-Bild heute. In: Aus Politik und
     Zeitgeschichte B 13/1966, 3o.3.1966, 1 - 32

Farnsworth, David N.: The Senate Committee on Foreign
     Relations. Urbana 1961

Feis, Herbert: From Trust to Terror: The Onset of the Cold
     War, 1945 - 195o. New York 197o

Fenno, Richard F.: The Power of the Purse. Appropriations
     Politics in Congress. Boston 1966

Frank, Lewis A.: The Arms Trade in International Relations.
     New York 1969

Freeland, Richard M.: The Truman Doctrine and the Origins of
     McCarthyism. Foreign Policy, Domestic Politics, and
     Internal Security 1946 - 1948. New York 1972

Fried, Edward R.: The Military and the Balance of Payments.
     In: Annals, Vol. 4o6 (March 1973), 8o - 85

Friedrich, Carl J.: Inevitable Peace. Cambridge, Mass. 1948

Fulbright, J.William: The Crippled Giant. American Foreign
     Policy and Its Domestic Consequences. New York 1972

Fulbright, J.William: Reflections. In Thrall to Fear. In: The
    New Yorker, Jan. 8, 1972, 42 - 62

Gaddis, John Lewis: The United States and the Origins of the
    Cold War 1941 - 1947. New York 1972

Gantzel, Klaus Jürgen: Eine Disziplin ohne "Disziplin"? In:
    PVS 8 (1967), 2oo - 211

Ders.: Rüstungswettläufe und politische Entscheidungsbe-
    dingungen. In: Czempiel (ed.): Die anachronistische Sou-
    veränität. PVS, Sonderheft 1, Köln und Opladen 1969,
    11o - 137

Ders.: Zwischenbilanz der "International Relations". In:
    NPL 1974, H.3, 281 - 295

Gibert, Stephen P.: Implications of the Nixon Doctrine
    for Military Aid Policy. In: Orbis XVI (Fall 1972),
    66o - 681

Gray, Charles H./Gregory, Glenn W.: Military Spending and
    Senate Voting: A Correlational Study. In:
    JoPR 5 (1968), 44 - 54

Gray, Colin S.: The Arms Race is About Politics. In: FP
    No. 9 (Winter 1972-73), 117 - 129

Grosse, Niels: Amerikanische Direktinvestitionen in Europa.
    In: EA 22 (1967), 23 - 32

Haas, Ernst B.: The Uniting of Europe. Political, Social
    and Economic Forces 195o - 1957. Stanford, Cal. 1968[2]

Ders.: The Balance of Power. Prescription, Concept, or
    Propaganda? In: WP 5 (1953), 442 - 477

Habermas, Jürgen: Legitimationsprobleme im Spätkapitalismus.
    Frankfurt 1973

Haftendorn, Helga: Militärhilfe und Rüstungsexporte der BRD.
    Düsseldorf 1971

Haftendorn, Helga: Militärhilfe im außenpolitischen Instru-
    mentarium der BRD und der USA. In: PVS 13 (1972), 374-424

Hanrieder, Wolfram F.: West German Foreign Policy 1949 - 1963.
    International Pressure and Domestic Response. Stanford,
    Cal. 1967

Ders.: Die stabile Krise. Ziele und Entscheidungen der bundes-
    republikanischen Außenpolitik 1949 - 1969. Düsseldorf 1971

Ders.: Compatibility and Consensus: A Proposal for the Concep-
    tual Linkage of External and Internal Dimensions of Foreign
    Policy. In: APSR LXI (1967), 971 - 982

Hayter, Theresa: Aid as Imperialism. Harmondsworth 1971

Heath, Jim F.: John F. Kennedy and the Business Community. Chicago 1969

Hein, Wolfgang/Simonis, Georg: Theoretische und methodische Probleme einer kritischen Theorie internationaler Politik. In: PVS 14 (März 1973), 85 - 1o6

Hellmann, Rainer: Auslandsinvestitionen und Europäische Souveränität. In: EA 23 (1968), 676 - 684

Hilsman, Roger: To Move a Nation. The Politics of Foreign Policy in the Administration of John F. Kennedy. Garden City, N.Y. 1967

Ders.: Congressional-Executive Relations and the Foreign Policy Consensus. In: APSR 52 (Sept. 1958), 725 - 744

Hoffmann, Stanley H.: The State of War. Essays on the Theory and Practice of International Politics. New York 1968[4]

Ders.: Gulliver's Troubles, Or the Setting of American Foreign Policy. New York 1968

Ders.: International Relations. The Long Road to Theory (1959). In: Czempiel (ed.): Die Lehre von den Internationalen Beziehungen, 187 - 227

Ders.: Choices. In: FP No. 12, Fall 1973, 3 - 42

Hofmann, Werner: Gesellschaftslehre als Ordnungsmacht. Die Werturteilsfrage - heute. Berlin 1961

Ders.: Wissenschaft und Ideologie. In ders.: Universität, Ideologie, Gesellschaft. Beiträge zur Wissenschaftssoziologie. Frankfurt 1968, 49 - 66

Horn, Harald: Europapräsenz und "flexible response": Die amerikanische Stationierungspolitik in Westeuropa in den 6oer Jahren (unter besonderer Berücksichtigung der Bundesrepublik Deutschland). Diss. Marburg 1974

Hovey, Harold A.: United States Military Assistance. New York 1965

Hütter, Joachim: SPD und nationale Sicherheit. Internationale und innenpolitische Determinanten des Wandels der sozialdemokratischen Sicherheitspolitik 1959-1961. Meisenheim 1975

Huntington, Samuel P.: The Common Defense. Strategic Programs in National Politics. New York 1966[3]

Jahn, Egbert: Das Problem der Identifizierung von Interessen im Internationalen System. In: Internationale Beziehungen als System. PVS, Sonderheft 5/1973, Köln und Opladen 1973, 347 - 384

Ders./Rittberger, Volker (eds.): Die Ostpolitik der Bundesrepublik. Triebkräfte, Widerstände, Konsequenzen. Opladen 1974

Jalée, Pierre: Das neueste Stadium des Imperialismus. München 1971

Janowitz, Morris: The Professional Soldier. Glencoe, ILL. 1964

Javits, Jacob K./Hitch, Charles J./Burns, Arthur F.: The Defense Sector and the American Economy. New York 1968

Jewell, Malcolm E.: Evaluating the Decline of Southern Internationalism through Senatorial Poll Call Votes. In: Journal of Politics 21 (Nov. 1959), 624 - 646

Joffe, Josef: Germany and the Atlantic Alliance. The Politics of Dependence, 1961 - 1968. In: Cromwell, William C.(ed.): Political Problems of Atlantic Partnership. National Perspectives. Bruges (College of Europe) 1969, 321 - 454

Johannson, Kurt: Vom Starfighter zum Phantom. Frankfurt 1969

Kahn, Herman: On Termonuclear War. Princeton, N.J. 1960

Ders.: Thinking About the Unthinkable. New York 1962

Kaiser, Karl: Die neue Abhängigkeit der atlantischen Staaten. Präsident Kennedys Grand Design: Vorgeschichte und Entwicklungsmöglichkeiten. In: EA 17 (1962), 815 - 830

Ders.: Transnationale Politik. Zu einer Theorie der multinationalen Politik. In: Czempiel (ed.): Die anachronistische Souveränität. PVS, Sonderheft 1, Köln und Opladen 1969, 80 - 119

Ders.: Das Internationale System der Gegenwart als Faktor der Beeinträchtigung demokratischer Außenpolitik. In: Probleme der Demokratie heute. PVS, Sonderheft 2/1970, Köln 1971, 340 - 358

Kaltefleiter, Werner: Europe and the Nixon Doctrine: A German Point of View. In: Orbis XVII (Spring 1973), 75 - 94

Kalthoff, Othmar: Das Programm zur Sanierung der amerikanischen Zahlungsbilanz. In: EA 23 (1968) 211 - 218

Kaplan, Morton A.: The New Great Debate: Traditionalism vs. Science in International Relations. In: WP XIX (1966), 1 - 20

Kaufmann, William W.: The McNamara Strategy. New York 1964

Kindleberger, Charles P.: International Economics. Homewood, Ill. 1968[4]

Kissinger Henry A.: Kernwaffen und auswärtige Politik. (Nuclear Weapons and Foreign Policy, 1957). München 1959

Knapp, Manfred: Die Stimme Amerikas. Auslandspropaganda der USA unter der Regierung John F. Kennedys. Köln und Opladen 1972

Knapp, Manfred: Zum Stand der Forschung über die deutsch-amerikanischen Nachkriegsbeziehungen. In: Ders. (ed.): Die deutsch-amerikanischen Beziehungen nach 1945. Frankfurt und New York 1975, 7 - 85

Ders.: Vietnam als Belastung des Verhältnisses zwischen den Vereinigten Staaten und ihren Verbündeten. In: Die Internationale Politik 1966 - 1967. Jahrbücher des Forschungsinstituts der Deutschen Gesellschaft für Auswärtige Politik, hrsg. v. Karl Carstens et al., München und Wien 1973, 68 - 74

Ders.: Zusammenhänge zwischen der Ostpolitik der BRD und den deutsch-amerikanischen Beziehungen. In: Jahn/Rittberger (eds.): Die Ostpolitik der Bundesrepublik, 157 - 179

Ders.: Ein "Berliner" namens John F. Kennedy. Zur Deutschland- und Europa-Politik der Kennedy-Administration. In: Frankfurter Hefte 29 (Mai 1974), 326 - 336

Kohl, Wilfrid L.: The Nixon-Kissinger Foreign Policy System and U.S.- European Relations: Patterns of Policy Making. In: WP 28 (October 1975), 1 - 43

Ders./Taubman, William: American Policy Toward Europe: The Next Phase. In: Orbis XVII (Spring 1973), 51 - 74

Kolko, Gabriel: The Roots of American Foreign Policy. Boston 1969

Ders./Kolko, Joyce: The Limits of Power. The World and the United States Foreign Policy, 1945 - 1954. New York 1972

Kolodziej, Edward: The Uncommon Defense and Congress, 1945 - 1963. Columbus, Ohio 1966

Krakau, Knud: Missionsbewußtsein und Völkerrechtsdoktrin in den Vereinigten Staaten von Amerika. Frankfurt 1967

Krause, Lawrence B.: European Economic Integration and the United States. Washington, D.C. 1968

226

Krell, Gert: Die Kritik der amerikanischen Rüstung und die
    Debatte um die "National Priorities". In: PVS 14 (Dezember
    1973), 527 - 566

Krippendorff, Ekkehart (ed.): Friedensforschung. Köln und
    Berlin 1968

Ders.: Die amerikanische Strategie. Entscheidungsprozeß und
    Instrumentarium der amerikanischen Außenpolitik. Frank-
    furt 197o

Ders. (ed.): Probleme der internationalen Beziehungen.
    Frankfurt 1972

Ders.: John F.Kennedy - Vision und Wirklichkeit. In: Aus
    Politik und Zeitgeschichte 14, 22. Jan. 1964, 3 - 15

Ders.: Der unkontroverse John F.Kennedy. In: NPL 13 (1968),
    5o3 - 512

Ders.: Das Internationale System zwischen Stabilisierung und
    Klassenkampf. In: ders. (ed.): Probleme der internationa-
    len Beziehungen. Frankfurt 1972, 9 - 3o

Ders.: Internationale Beziehungen - Versuch einer polit-
    ökonomischen Rahmenanalyse. In: PVS 13 (1972), 348 - 373

Kuklick, Bruce: American Policy and the Division of Germany.
    The Clash with Russia over Reparations. Ithaca 1972

Lafeber, Walter: America, Russia, and the Cold War:
    1945 - 1966. New York 1968

Lapp, Ralph E.: The Weapons Culture. New York 1968

Lasswell, Harold D.: The Scientific Study of International
    Relations. In: The Yearbook of World Affairs 1958, 1 - 28

Layton, Christopher: Trans Atlantic Investments. Paris 1966

Lechner, Norbert: Sozialwissenschaftliches Krisenmanagement in
    Lateinamerika. In: Danckwerts/Pfütze/Lechner/Stiebitz
    (eds.): Die Sozialwissenschaften in der Strategie der Ent-
    wicklungspolitik. Frankfurt 197o, 111 - 157

Lenin, W.J.: Der Imperialismus als höchstes Stadium des Kapi-
    talismus (1916). Berlin 1966

Lerche, Charles O.: Southern Congressmen and the 'New Isola-
    tionism'. In: PSQ LXXV (196o), 321 - 337

Lieberson, Stanley: An Empirical Study of Military-Industrial
    Linkages. In: American Journal of Sociology 76 (1971),
    562 - 584

Link, Werner: Die Allgegenwart des Machtkampfes. Über die Prä-
    missen der Theorie Hans J.Morgenthaus. In: NPL X (1965),
    17 - 22

Ders.: Die amerikanische Außenpolitik aus revisionistischer
    Sicht. In: NPL 26 (1971), 2o5 - 22o

Ders.: Die Rolle der USA im westeuropäischen Integrations-
    prozeß. In: Aus Politik und Zeitgeschichte 14/1972, 1.4.
    1972, 3 - 14

Liska, George: International Equilibrium. Cambridge, Mass.
    1957

Luhmann, Niklas: Funktion und Folgen formaler Organisation.
    Berlin 1964

Lutz, Christian: Das unmündige Europa. Bilanz eines Krisen-
    jahres. In: EA 29 (1974), 1 - 8

Magdoff, Harry: The Age of Imperialism. The Economics of
    U.S. Foreign Policy. New York 1969

Margolis, Joel: The Conservative Coalition in the United
    States Senate, 1933 - 1968. Paper Presented at 1972
    APSA Annual Meeting, Sept. 5 - 9, 1972, Washington, D.C.

Marwell, Gerald: Party, Region and the Dimensions of Conflict
    in the House of Representatives, 1949 - 1954. In: APSR
    61 (1967), 38o - 399

Medick, Monika: Das Konzept des "Military-Industrial Complex"
    und das Problem einer Theorie demokratischer Kontrolle.
    In: PVS 14 (1973), 499 - 526

Melman, Seymour (ed.): The War Economy of the United States.
    Readings on Military, Industry and Economy. New York 1971

Mendershausen, Horst: Troop Stationing in Germany. Value and
    Cost. Santa Monica, Cal. (RAND Memorandum RM-5881-PR) 1968

Ders.: Truppenstationierung in Deutschland - ein dauerhaftes
    Provisorium? In: Wehrkunde 18 (1969), 56o - 563

Mikesell, Raymond F. (ed.): U.S. Private and Government In-
    vestment Abroad. Eugene, Oregon 1962

Montgomery, John D.: Foreign Aid in International Politics.
    Englewood Cliffs, N.J. 1967

Moore, John R.: The Conservative Coalition in the United
    States Senate, 1942 - 1945. In: Journal of Southern
    History 33 (1967), 368 - 376

Morgenthau, Hans J.: Macht und Frieden. Grundlegung einer
    Theorie der internationalen Politik. (Politics Among
    Nations. New York 1948) Gütersloh 1963

228

Moskos, Charles C., Jr.: The New Extrangement: Armed Forces
    and American Society. In: Ders. (ed.): Public Opinion
    and the Military Establishment. Beverly Hills, Cal.
    1971, 271 - 294

Moyer, Wayne: House Voting on Defense: An Ideological Ex-
    planation. In: Russett/Stephan, Alfred (eds.): Military
    Force and American Society. New York 1973, 1o6 - 141

Nerlich, Uwe/Thiel, Elke: Burden-Sharing und Devisenausgleich.
    Unveröffentlichtes Arbeitspapier für die Sitzung der
    Studiengruppe für Internationale Sicherheit der Deutschen
    Gesellschaft für Auswärtige Politik, 1.2.1971

Neuendorff, Hartmut: Der Begriff des Interesses. Eine Studie
    zu den Gesellschaftstheorien von Hobbes, Smith, Marx.
    Frankfurt 1973

Newhouse, John, et al.: U.S. Troops in Europe. Issues, Costs
    and Choices. Washington, D.C. (The Brookings Institution)
    1971

Nye, Joseph S./Keohane, Robert O.: Transnationale Beziehungen
    und Weltpolitik. In: Haftendorn, Helga (ed.): Theorie
    der internationalen Politik. Hamburg 1975, 69-88

Offe, Klaus: Klassenherrschaft und politisches System. Die
    Selektivität politischer Institutionen. In: Ders.: Struk-
    turprobleme des kapitalistischen Staates. Frankfurt 1972,
    65 - 1o5

Osgood, Robert E.: The Nixon Doctrine and Strategy. In:
    Ders. /Tucker et al.: Retreat from Empire, 1 - 27

Ders. /Tucker, Robert W. et al.: Retreat from Empire? The
    First Nixon-Administration. (America and the World, Vol. II).
    Baltimore und London 1973

O'Leary, Michael Kent: The Politics of American Foreign Aid.
    New York 1967

Packenham, Robert A.: Liberal America and the Third World.
    Political Development Ideas in Foreign Aid and Social
    Science. Princeton, N.J. 1973

Paul, Roland R.: American Military Commitments Abroad. New
    Brunswick, N.J. 1973

The Pentagon Papers. Written by Neil Sheehan et al. New York
    1971

Pfaltzgraff, Robert L., Jr.: The Future of Atlantic Economic
    Relationships. In: Orbis X (1966), 4o8 - 438

Pfaltzgraff, Robert L., Jr.: The United States and Europe:
    Partners in a Multipolar World? In: Orbis XVII (Spring
    1973), 31 - 5o

Piere, Andrew: Was wird aus dem "Jahr Europas"? In: EA 29
    (1974), 131 - 141

Planck, Charles R.: The Changing Status of German Reunifi-
    cation in Western Diplomacy, 1955 - 1966. Baltimore,
    Md. 1967

Polk, Judd/Meister, Irene W./Veit, Lawrence A.: U.S. Pro-
    duction Abroad and the Balance of Payments. New York 1966

Preiser, Erich: Die Imperialismusdebatte. Rückschau und Bilanz.
    In: Wirtschaft, Geschichte und Wirtschaftsgeschichte.
    Festschrift zum 65. Geburtstag von Friedrich Lütge.
    Stuttgart 1966, 355 - 37o

Proxmire, William: Report from Wasteland. America's Military-
    Industrial Complex. New York 197o

Raskin, Marcus G.: The Kennedy Hawks Assume Power from the
    Eisenhower Vultures. In: Rodberg/Shearer (eds.):
    The Pentagon Watchers, 65 - 98

Richardson, J.L.: Cold-War Revisionism: A Critique. In:
    WP XXIV (July 1972), 579 - 612

Rieselbach, Leroy N.: The Roots of Isolationism. Congressional
    Voting and Presidential Leadership in Foreign Policy.
    Indianapolis 1966

Robinson, James A./Snyder, Richard C.: Decision-Making in
    International Politics. In: Kelman, Herbert C. (ed.):
    International Behavior. A Social-Psychological Analysis.
    New York 1965, 435 - 463

Rodberg, Leonhard S./Shearer,Derek (eds.): The Pentagon
    Watchers. Students Report on the National Security State.
    Garden City, N.Y. 197o

Rosenau, James N.: Domestic Sources of Foreign Policy. New
    York 1967

Ders.: Linkage Politics. Essays on the Convergence of National
    and International Systems. New York 1969

Ders.: The Adaptation of National Societies: A Theory of Poli-
    tical System Behavior and Transformation. New York 197o

Ders.: Pre-theories and Theories of Foreign Policy. In:
    Farrell, R. Barry (ed.): Approaches to Comparative and
    International Politics. Evanston 1966, 27 - 92

Rosenau, James N.: Compatibility, Consensus, and an Emerging
     Political Science of Adaptation. In: APSR LXI (1967),
     983 - 988

Russett, Bruce M.: What Price Vigilance? The Burdens of
     National Defense. New Haven/London 1970

Ders.: The Americans' Retreat from World Power. In: PSQ 90
     (Spring 1975), 1-21

Ders./Stephan, Alfred (eds.): Military Force and American
     Society. New York 1973

Salinger, Pierre: With Kennedy. New York 1967

Schelling, Thomas G.: The Strategy of Conflict. Cambridge,
     Mass. 1960

Schlesinger, Arthur M.: A Thousand Days. John F. Kennedy in
     the White House. Boston 1965

Ders.: Congress and the Making of American Foreign Policy.
     In: Foreign Affairs 51 (October 1972), 78 - 113

Schmid, Herman: Politics and Peace Research. In: JoPR 5 (1968),
     217 - 232

Schröder, Hans-Jürgen: Ökonomische Aspekte der amerikanischen
     Außenpolitik 1900 - 1923. In: NPL 17 (1972), 298-321

Schumpeter, Joseph: Zur Soziologie des Imperialismus.
     In: Ders.: Aufsätze zur Soziologie. Tübingen 1963, 72-146

Schwarzenberger, Georg: Power Politics. A Study of Inter-
     national Security. London 1951

Seidelmann, Reimund: Akteur und Interesse als analytische Kon-
     zepte zur Erfassung von Beziehungen am Beispiel USA-
     Südafrikanische Republik. In: PVS 15 (Dezember 1974),
     313 - 390

Seitz, Konrad: Die EWG-Länder und der Dollar. In: FA 22
     (1967), 637 - 646

Senghaas, Dieter: Abschreckung und Frieden. Studien zur Kritik
     organisierter Friedlosigkeit. Frankfurt 1969

Ders. (ed.): Kritische Friedensforschung. Frankfurt 1971

Ders.: Rüstung und Militarismus. Frankfurt 1972

Ders.: Horizonte einer Disziplin. Anmerkungen zur Theorie
     der internationalen Politik. In: PVS 6 (1965), 375 - 410

Senghaas, Dieter/Rittberger, Volker/Luber,Burkhardt: MBFR: Aufrüstung durch Rüstungskontrolle? In: Aus Politik und Zeitgeschichte B 13/73, 31.3.1973, 26 - 54

Serfaty, Simon: America and Europe in the 197o's: Integration or Disintegration? In: Orbis XVII (Spring 1973), 95-1o9

Simpson, John/Gregory, Frank: West European Collaboration in Weapons Procurement. In: Orbis XVI (1972), 435 - 461

Singer, J.David: The Level-of-Analysis Problem in International Relations. In: Knorr, Klaus/Verba, Sidney (eds): The International System. Theoretical Essays. Princeton, N.J. 1961, 77 - 92

Snyder, Richard C./Bruck, H.W./Sapin, B.: Decision-Making as an Approach to the Study of International Politics. Princeton, N.J. 1954

Sorenson, Theodore C.: Kennedy. New York 1965

Ders.: The Kennedy Legacy. New York 1969

Standke, Klaus Heinrich: Amerikanische Investitionspolitik in der EWG. Berlin, Köln, Frankfurt 1966

Stanley, John/Pearton, Maurice: The International Trade in Arms. London (The International Institute for Strategic Studies) 1972

Steel, Ronald: Did Anyone Start the Cold War? In: New York Review of Books, XVII, 2.9.1971, 23 - 28

Ders.: The Power and Old Glory. In: New York Review of Books, XX, 31.5.1973, 29 - 34

Ders.: The Good Old Days. In: New York Review of Books, XX, 14.6.1973, 33 - 36

Stevens, Robert W.: Balance-of-Payment Adjustments. In: Benoit, Emile/Boulding, Kenneth B. (eds.): Disarmament and the Economy. New York 1963, 223 - 245

Stivers, William: The Will to Intervene. In: Rodberg/Shearer (eds.): The Pentagon Watchers, 145 - 183

Stützle, Walter: Kennedy und Adenauer in der Berlin-Krise 1961 - 1962. Berlin 1973

Taber, George M.: John F. Kennedy and a Uniting Europe. Bruges, Belgium (College of Europe) 1969

Thayer, George: The War Business. The International Trade in Armaments. London 1969

232

Thiel, Elke: Die atlantischen Beziehungen im Zeichen währungspolitischer Veränderungen. Eine Untersuchung der politischen und sicherheitspolitischen Zusammenhänge.(Stiftung
Wissenschaft und Politik, Forschungsinstitut für Internationale Politik und Sicherheit), Ebenhausen 1972

Dies.: Truppenstationierung und Wirtschaft. Betrachtungen zum
Devisenausgleich. In: Wehrkunde XVII (Sept. 1968), 47o-474

Dies.: Truppenstationierung und Devisenausgleich. Vor Verhandlungen über ein neues deutsch-amerikanisches Offset-
Abkommen. In: EA 24 (1969), 221 - 228

Dies.: Devisenausgleich und Lastenteilung im Atlantischen
Bündnis. In: EA 26 (1971), 353 - 362

Treviranus, Hans D.: Außenpolitik im demokratischen Rechtsstaat. Tübingen 1966

Turgeon, Lynn: Auslandshilfe. In: Krippendorff (ed.): Probleme
der internationalen Beziehungen, 76 - 1o2

Vagts, Alfred: A History of Militarism. Civilian and
Military (1937). Rev. ed. New York 1967

Walton, Richard J.: Cold War and Counterrevolution. The
Foreign Policy of John F. Kennedy. New York 1972

Waltz, Kenneth N.: Foreign Policy and Democratic Politics. The
American and British Experience. Boston 1967

Ders.: Man, the State, and War. A Theoretical Analysis (1959).
New York 197o

Warner, W.Lloyd et al.: The American Federal Executive. New
Haven 1963

Wehler, Hans-Ulrich (ed.): Imperialismus. Köln und Berlin
197o

Weidenbaum,Murray L.: Problems of Adjustment for Defense
Industries. In: Benoit/Boulding (eds.): Disarmament, 66 -
86

Weinberg, Albert K.: The Historical Meaning of the American
Doctrine of Isolation. In: APSR 34 (June 194o), 539 - 574

Westerfield, H.Bradford: Foreign Policy and Party Politics.
Pearl Harbor to Korea. New Haven 1955

Wilkenfeld, Jonathan (ed.): Conflict Behavior and Linkage
Politics. New York 1973

Willmann, Joachim: Die wirtschaftspolitische Konzeption der Regierung Kennedy. In: EA 16 (1961), 184 - 2o6

Wolfers, Arnold: The Pole of Power and the Pole of Indifference. In: WP 4 (1952), 39 - 63

Ders./Martin, Laurence W. (eds.): The Anglo-American Tradition in Foreign Affairs. New Haven 1956

Wolpin, Miles D.: Military Aid and Counterrevolution in the Third World. Lexington, Mass. 1972

York, Herbert: Race to Oblivion. A Participant's View of the Arms Race. New York 197o

Yochelson, John: The American Military Presence in Europe: Current Debate in the United States. In: Orbis XV (Fall 1971), 784 - 8o7

MARBURGER ABHANDLUNGEN ZUR POLITISCHEN WISSENSCHAFT

Herausgegeben von Wolfgang Abendroth

Band

13 Hans Manfred Bock
Syndikalismus und Linkskommunismus von 1918–1923
Zur Geschichte und Soziologie der Freien Arbeiter-Union Deutschlands
(Syndikalisten) der Allgemeinen Arbeiter-Union Deutschlands und der
Kommunistischen Arbeiter-Partei Deutschlands
1969 – XIV, 480 Seiten – broschiert 57,– DM – ISBN 3-445-00663-6

14 Olaf Ihlau
Die roten Kämpfer
Ein Beitrag zur Geschichte der Arbeiterbewegung in der Weimarer
Republik und im Dritten Reich
1969 – XIV, 223 Seiten – broschiert 29,50 DM – ISBN 3-445-00670-9

15 Wolfgang Steiner
SPD-Parteitage 1964 und 1966
Analyse und Vergleich
1970 – VI, 92 Seiten – broschiert 15,– DM – ISBN 3-445-00727-6

16 Lothar Döhn
Politik und Interesse
1970 – XIV, 459 Seiten – broschiert 69,50 DM – ISBN 3-445-00753-5

17/1 Margrit Twellmann
Die Deutsche Frauenbewegung
Ihre Anfänge und erste Entwicklung 1843–1889
1972 – XIV, 246 Seiten – broschiert 51,50 DM – ISBN 3-445-00921-X

17/2 Margrit Twellmann
Die Deutsche Frauenbewegung
Ihre Anfänge und erste Entwicklung – Quellen 1843–1889
1972 – XVIII, 570 Seiten, 4 Tafeln – broschiert 93,50 DM – ISBN 3-445-00999-6

18 Klaus-Dieter Zöberlein
Die Anfänge des Deutschschweizerischen Frontismus
Die Entwicklung der politischen Vereinigungen NEUE FRONT und
NATIONALE FRONT bis zu ihrem Zusammenschluß im Frühjahr 1933
1970 – X, 275 Seiten – broschiert 49,50 DM – ISBN 3-445-00745-4

VERLAG ANTON HAIN · 6554 MEISENHEIM

MARBURGER ABHANDLUNGEN ZUR POLITISCHEN WISSENSCHAFT

Herausgegeben von Wolfgang Abendroth

Band

21 Wilhard Grünewald
    Die Münchener Ministerpräsidentenkonferenz 1947
    Anlaß und Scheitern eines gesamtdeutschen Unternehmens
    1972 – XVI, 555 Seiten, 6 Bilder – broschiert 93,50 DM – ISBN 3-445-00873-6

22 Reimund Seidelmann
    Simulation in Internationaler und Auswärtiger Politik
    Die Inter-Nation Simulation (INS) und ihre Verwertbarkeit für Analyse
    und Prognose
    1973 – VIII, 192 Seiten – broschiert 48,50 DM – ISBN 3-445-01068-4

23 Hans-Dieter Bamberg
    Die „Deutschland-Stiftung e. V." und ihre „Adenauer-Preise"
    1975 – ca. 248 Seiten – broschiert ca. 43,– DM

24 Wilhelm Frenz
    Eine wahlsoziologische Untersuchung
    Die politische Entwicklung in Kassel von 1945–1969
    1974 – VIII, 533 Seiten, 4 Tafeln – broschiert 106,– DM – ISBN 3-445-01124-9

25 Heinrich Weiler
    Vietnam
    Eine völkerrechtliche Analyse des amerikanischen Krieges und seiner
    Vorgeschichte. Zweite erweiterte Auflage
    1973 – XVIII, 362 Seiten – broschiert 53,– DM – ISBN 3-445-01096-X

26 Erhard Lange
    Wahlrecht und Innenpolitik
    Entstehungsgeschichte und Analyse der Wahlgesetzgebung und Wahl-
    rechtsdiskussion im westlichen Nachkriegsdeutschland 1945–1956
    1975 – XVIII, 883 Seiten – broschiert 145,– DM – ISBN 3-445-01152-4

27 Ilias Katsoulis
    Sozialismus und Staat
    Demokratie, Revolution und Diktatur des Proletariats im Austromarxis-
    mus
    1975 – XVI, 448 Seiten – broschiert 49,– DM – ISBN 3-445-01247-4

Prospekt auf Anforderung.

VERLAG ANTON HAIN · 6554 MEISENHEIM